온작품 읽기,
아이들의 삶을
만나다

전국초등국어교과 대구모임 눈부시개

전국초등국어교과 대구모임 눈부시개

온작품 읽기,
아이들의 삶을 만나다

3쇄 발행 ｜ 2018년 12월 26일
초판인쇄 ｜ 2018년 02월 15일

글쓴이 ｜ 전국초등국어교과 대구모임 눈부시개

등 록 ｜ 399-2016 -000-007
편 집 ｜ 세종피앤피
주 소 ｜ 경기도 하남시 덕풍서로65, 505-1204
전 화 ｜ 031-792-6038
이메일 ｜ yy0117@hanmail.net

ISBN : 979-11-958030-8-8 (03370)

값 17,000원

■ 잘못된 책은 구입한 서점에서 바꿔 드립니다.

머리말

#장면 1

흉내 내는 말을 공부하던 아이들이 갑자기 궁금한 것이 꼬리에 꼬리를 물었는지 이것저것 묻기 시작한다.

교육과정을 벗어나긴 했지만 선생님은 아이들에게 낱말 공부를 위한 자료로 '사전'을 알려 주려고 한다. 교실에 준비된 사전이 없었던 선생님은 스마트폰을 꺼내는데, 대뜸 한 아이가 이렇게 말한다.

"저 봐라, 휴대폰 없으면 아무것도 못 하제?"

#장면 2

한 아이가 책상 사이를 지나가다 책상 위에 덜 마신 채 놓인 우유를 건드려 떨어뜨린다. 그리곤 자신도 모르게 밟아 우유가 사방으로 흩뿌려진다. 무슨 일인지 알아본 선생님은 아이에게 치우자고 대수롭지 않게 말한다. 아이는 화를 내며 따진다.

"왜 나한테만 닦으라고 해요?"

"그래? 그럼 누구랑 같이? 친구들이 도와줄까?"

그러자 아이는 이렇게 말한다.

"아니, 얘요! 우유 주인 애도 닦아야죠. 얘가 우유를 다 먹었으면 내가 떨어뜨려 터질 일이 없을 텐데, 얘가 덜 먹고 놔둬서 내가 지나가다 터트렸으니 얘 잘못도 있잖아요!"

#장면 3
졸업식 노래를 연습하고 있는 6학년 음악 교실. 선생님은 아이들에게 좀 더 의미 있는 시간이 되고자 가사를 하나하나 짚어본다.
" '새 나라의 새 일꾼이 되겠습니다.' 각자 자기가 좋아하는 일이 있고, 잘 하는 일이 있어요. 우리 모두 멋진 일꾼이 되겠지요?"
한 아이가 이렇게 대꾸한다.
"샘 우리한테 저주한다."
참을 인자를 마음에 새긴 선생님은 차분히 설명한다.
"일꾼이란 자기 일을 열심히 일하는 사람 모두를 말하는 거예요."
아이가 소리친다.
"나는 그런, 몸으로 일하는 사람, 일꾼, 그런 사람 되기 싫어요!"

우리가 몸담고 있는 초등학교 교실의 실제 모습이다.

자기 생각 안에 갇힌 채 조금이라도 해가 될 것 같으면 발끈하고, 상대에 대한 존중은커녕 기본 예의조차 잊고 사는 아이들……
이런 아이들을 대할 때 우리는 당황하곤 한다.

그렇다면 묻지 않을 수 없다. 우리는 우리가 만나는 아이들이 어떤 사람이 되기를 바라는가? 어떻게 살기를 바라는가?
아이들과 함께 가꾸고픈 삶의 모습은 무엇인가?

우리는 그 답을 온작품 읽기에서 찾았다. 이야기 안에 다양한 빛깔을 지닌 '삶'이 들어있기 때문이다.

이야기는 한껏 가다듬은 말과 글로 생김새, 기질, 환경이 다른 이웃과 지구 반대편의 사람들을 만나게 하고, 과거와 미래의 삶까지도 들려준다. 그래서 우리에게 재미를, 때로는 슬기를, 때로는 이해와 공감으로 위로를 건넨다.

예의, 겸손, 품위, 절제와 같은 아름다운 가치들, 정직한 노동으로 올바른 대가를 얻는 일, 저마다 좋은 것을 생산하고 아름다움을 창조하는 일, 세상의 부조리함에 눈을 뜨고 꿈과 용기로 더 나은 세상을 가꾸는 일, 생명에 대한 경외와 돌봄까지.

작품에서 만난 사람들과 삶에 대해 서로의 생각을 이야기하다 보면 더 나은 삶으로 나아갈 힘을 얻게 된다. 이 만남이 얼마나 벅찬 일인지! 이 벅참을 아이들과 나누기 위해 온작품 읽기 수업을 줄곧 해왔다.

나를 가꾸다
더불어 살아가다
떳떳하게 일하다
정의롭게 내딛다
생명을 돌보다

다양한 이야기를 찾아 읽으면서, 이야기가 풀어내는 삶의 모습을 이와 같은 영역으로 갈라보았다. 그리고 아이들이 이를 통해 자신의 모습을 스스로 살피고, 나와 다른 세상이 어떤 관계를 맺는지 생각하도록 이끌었다. 그리하여 아이와 어른이 더불어 성장하는 시간으로 삼을 수 있었다. 많은 선생님들이 이 책을 따라가며 그 흔적을 하나하나 나누면 좋겠다.

온작품 읽기가 이제 온 나라에 두루 퍼져 간다. 선생님들마다 처한 자리에 따라 각자의 방식으로 다채롭게 펼치고 있다.

우리 모임은 그동안 책을 쓰려고 여러 번 시도했으나 이런저런 까닭으로 결실을 맺지 못했다. 그러다가 올해 다시 시작하기로 하면서 그동안 모아두었던 자료를 찾아보았다. 그러나 대개 조각난 채 뿔뿔이 흩어져 그대로 쓰기에는 곤란한 점이 많았다. 그래서 전체 줄기부터 다시 잡고 많은 작품을 읽으며 아이들과 이야기하고픈 것들을 찾아냈다. 최근에 나온 작품들뿐 아니라 예전에 다루었던 작품도 다시 읽어보고 새로이 계획을 세워 더 알차게 수업하였다. 반갑게도 모임 선생님들이 1학년에서부터 6학년까지 골고루 담임을 맡아 모든 학년의 수업 내용을 한 책에 담을 수 있었다.

온작품을 읽고 계획을 짜 수업하고, 그것을 원고로 정리하여 검토한 뒤 고치고 고치기를 거듭하였다. 쓰고 나면 언제나 부끄럽기 마련이지만, 많은 선생님들이 이 책이 너덜너덜해질 때까지 넉넉히 이용하기를 바란다.

책을 읽어주는 선생님들과 아이들이 평범하지만 일상을 소중히 여기고, 이웃과 더불어 서로 행복하기를, 살아가는 것을 알아가는 기쁨이 넘치기를 응원한다.

전국초등국어교과 대구모임 눈부시개

온작품 읽기, 아이들의 삶을 만나다

차 례

나를 가꾸다

- 010 눈물바다
- 021 소피가 화나면, 정말 정말 화나면
- 027 줄무늬가 생겼어요
- 033 프레드릭
- 041 야쿠바와 사자
- 047 내 꿈은 토끼
- 053 초정리 편지
- 065 불량한 자전거 여행

더불어 살다

- 078 안녕 해리
- 085 개구리네 한솥밥
- 092 마녀 위니
- 099 구합니다! : 완벽한 애완동물
- 106 기타등등 삼총사
- 112 엄마 사용법
- 120 꽃밭의 장군

차례

온작품 읽기, 아이들의 삶을 만나다

떳떳하게 일하다

- 130   대단한 밥
- 139   오늘도 마트에 갑니다
- 148   엄마는 해녀입니다
- 159   우리는 내일의 전태일입니다

정의롭게 내딛다

- 168   검정연필 선생님
- 174   오메 돈 벌자고?
- 185   기호 3번 안석뽕
- 204   노잣돈 갚기 프로젝트
- 217   서찰을 전하는 아이
- 231   새 나라의 어린이

생명을 돌보다

- 244   사라지는 물고기
- 250   안녕, 아이반
- 258   돼지 이야기
- 267   자존심

나를 가꾸다

#나_찾기 #내_삶의_주인은_나
#나는_무엇을_좋아하는가
#자존감 #자긍심 #자아존중
#꿈 #꿈을_꾸다 #몰두하는_기쁨
#도전 #모험
#성장 #자아실현
#자기_돌봄 #감정조절 #나를_돌보는_시간
#회복탄력성 #내재적_힘
#용기 #선택
#어떤_사람이_되고_싶은가
#어떤_삶을_살_것인가 #어떻게_살고_싶은가 #행복한_삶

모든학년 그림책

나를 가꾸다

눈물바다

서현 글·그림 / 사계절

● 책이야기

> 모두들 미안해요.
> 하지만……
> 시원하다, 후아!

누구에게나 울고 싶은 날이 있다. 특별히 잘못한 것도 없는데 매번 일이 꼬인다. 아이들이라고 그런 날이 없을까? 어른들에 의해 잘 짜여진 시간표 속에서 무한한 경쟁력을 키워야 하는 아이들은 말할 것도 없을 것이다. 학교에 가면 온갖 공부에, 시험에, 선생님의 야단에 시달리다가 네 군데 정도 학원까지 도는 날이 계속이라면 날마다 울고 싶을지도 모른다. 이 그림책의 주인공이 그렇다.

아침부터 시험에, 맛없는 급식을 먹고 오후 수업 시간에는 잘못도 없이 선생님께 혼난다. 억울하고 짜증이 나 죽겠는데 집에 가려고 하니 순식간에 먹구름이 끼고 비가 내린다. 우산도 없어 종이박스를 얼굴에 쓰고 간다. 비를 쫄딱 맞고 집에 가니 엄마 아빠는 싸우고 있고, 그 악다구니하는 모습이 마치 공룡처럼 보인다. 밥맛이 있을 리 없는데 엄마는 저녁밥을 남겼다고 야단이다. 자려는데 자꾸만 눈물이 흐른다.

주인공은 눈물을 펑펑 쏟아내어 상상의 바다를 만든다. 눈물바다는 주인공을 속상하게 했던 사람들을 쓸어간다. 그 속에서 '나'는 허우적대는 사람들을 구경하며 노를 젓기도 하고 급류를 타며 환호성을 지르기도 한다. 한바탕 파도가 몰아친 뒤 주인공은 부모님과 선생님, 그리고 친구들을 건져내 주고 자기를 괴롭히던 짝꿍을 드라이어로 말려 주는 여유까지 보인다. 마음이 개운해졌기 때문이다.

이 책은 어른이 보아도 힘겨웠던 하루를 위로받을 수 있다. 『눈물바다』는 아이들이라면 누구나 겪을 법한 상황을 설정하여 괴로운 아이의 마음을 위로하고, 눈물을 긍정으로 바꿀 수 있는 책이다. '그래, 네 맘 알아. 울고 싶으면 실컷 울어 버리렴.'이라고 말하는 듯한 이 책은 인물의 세세한 감정을 구구절절 글로 설명하지 않고 상황 설정과 그림으로 나타냄으로써 인물의 감정을 풍부하게 표현한다.

● 6학년 수업이야기

1~2차시	3~4차시
이야기 예측하기 책 읽어주기	토의하기 주인공에게 쪽지 쓰기

흐름	활동
읽기 앞서	**책 주제와 관련된 경험 되살리기** 여러분은 특별히 잘못한 것도 없는데 내 생각이랑 다르게 일이 꼬여서 너무 속상했던 날이 있나요? • 시험공부 정말 열심히 했거든요. 근데 시험지 받았는데 하나도 모르겠는 거예요. 기분이 진짜 안 좋았거든요. 근데 집에 가니까 엄마가 방청소도 안 해놨냐고 혼내는 거예요. 그날 정말 안 좋았어요. • 엄마가 이상한 옷을 줘서 입고 가라고 해서 입고 왔는데요. 반에 못 들어가겠는 거예요. 그래서 어떻게 할까 생각하면서 화장실에 숨어 있었는데 종이 치는 거예요. 종치니까 지각했다고 혼날까 봐 또 못 들어오겠는 거예요. 그래서 엄마한테 전화했는데 옷이 뭐 어떻다고 못 들어가냐고 혼나고, 그래서 교실에 들어오니까 선생님한테는 지각했다고 혼나고, 쉬는 시간에는 애들이 옷 신기하다고 막 그러

고, 그날 완전 부끄럽고 기운 빠지고 그랬어요. 다시는 그 옷 안 입고 올 거예요.

이야기 예측하기

모둠별로 봉투에 들어있는 네 장의 그림으로 ①일이 일어난 순서 맞추기 ②모둠끼리 이야기 만들기 ③제목 짓기를 해 봅시다.

읽기 앞서

'『눈물바다』에서 일부 그림 발췌'

표지 읽기

표지를 한번 볼까요? 지금 이 아이의 표정이 어때요?

읽으면서
- 표정은 웃고 있는데 눈물이 맺혀 있어요. / 입은 웃고 눈은 울어요.

이번에는 눈물을 자세히 한번 볼까요?
- 눈물이 파도모양으로 그려져 있어요. / 눈물 안에 파란색 바다가 있어요. / 바다 안에 사람들이 빠져서 허우적거리고 있어요.

- 혼났는데 사람들이 바다에 빠져서 통쾌해서요. / 속이 시원해서요.

여러분 말대로 아이가 울고 있는데 표정은 웃고 있네요. 왜 울면서 웃고 있을까요?

읽어주기

⏸ '훌쩍 훌쩍 훌쩍'(침대에 혼자 누워 우는 장면)까지 읽어주기

이 아이 지금 심정이 어떨 것 같아요?
- 아……. 정말 속상할 것 같아요.

어떤 것 때문에요?
- 정말 우울한 날이에요. 되는 게 하나도 없어요.
- 엄마 아빠가 싸우는 걸 보고 엄청 속상했을 것 같아요.

왜 그 장면에서 특히 속상했다고 생각하나요?
- 그림에……. 혼자 비 맞고 왔는데 엄마 아빠는 봐주지도 않고 싸우고만 있잖아요. / 원래 다 그렇다.

읽으면서

주은이도 그런 적 있어요?
- 그냥, 원래들 많이 싸우잖아요. 짜증나죠.

그래. 이 아이도 엄청 속상했나 봐요. 결국엔 누워서 혼자 울고 있네요. ('눈물이 난다. 자꾸만……. 자꾸만…….' 장면의 달 그림을 가리키며) 달도 같이 울고 있네요. 다음 이야기가 어떻게 되는지 계속 봅시다.

⏸ '바다다……'(방이 바다로 변한 장면)까지 읽어주기

아까 선생님이 나눠줬던 그림이에요.(2) 바다가 어떻게 생겼어요?
- 울어서 눈물이 넘쳤어요.

네. 아이가 마술을 부려 바다가 생긴 게 아니라 너무 슬퍼서 흘린 눈물이 바다가 되었네요. 바다에 아이를 속상하게 만든 사람들이 모두 빠졌네요.

끝까지 읽어주기

모둠별로 그림책 다시 보기

모둠별로 다시 읽으면서 그림이든 글이든 마음에 드는 장면 한 가지를 고르고, 마음에 드는 까닭을 간단히 적어 봅시다.

토의하기

세 가지 이야깃거리 중 모둠별로 두 개 정도를 골라 친구들과 함께 이야기해 봅시다.

읽고 나서

맛내기

토의 주제 3가지를 안내한다.
- 그림책 앞쪽 속표지 속 아이의 얼굴 표정과 뒤쪽 속표지 속 아이의 얼굴 표정이 달라요. 왜 이렇게 달라진 걸까요?
- 17쪽 그림을 보면 아이가 물에 빠진 사람들을 구하고 있어요. 이 때 아이의 마음은 어떨까요?
- 마지막 그림의 의미는 무엇인가요?

다 함께 대화 나누기

이 그림책을 누구에게 권하고 싶은가요? 그 까닭은 무엇인가요?

주인공에게 쪽지 쓰기

울고 있는 주인공에게 해 주고 싶은 말을 쪽지에 적어 봅시다.

● 아이들이야기

모둠별로 봉투에 들어있는 네 장의 그림으로 ①일이 일어난 순서 맞추기 ②모둠끼리 이야기 만들기 ③제목 짓기를 해 봅시다.

❶ 모둠 대화 내용

- (4번 그림을 가리키며) 이 그림은 뭐야? 누가 잡아당기고 있는 거야?
- (4번 그림을 가리키며) 이 그림에 호박 모양 이 아이 표정이 이상해. 울고 있는 것 같은데 아니야. 비웃는 것 같아.
- 밤톨 모양 노란 아이는 호박 모양 여자 아이를 손가락질 하고 있는데?
- 야, 야. 그냥 쉽게 여자 애는 호박아이, 남자 애는 밤톨아이라고 부르자.
- (4번 그림을 가리키며) 야. 여기 쪽지에 바보라고 적혀 있어.
- 호박애가 놀렸네. 그래서 밤톨애가 때리려고 하다가 들켜서 자기가 혼나는가 보네.
- (1번 그림을 가리키며) 이 아줌만 또 뭐야?
- (웃음) 이 그림들 진짜 신기하다.
- 이 사람이 아줌마야? 여자야?
- 그래. 보면 알잖아. 파마머리에 치마 같잖아.
- 근데 이빨이 왜 이래?
- 귀신같다.
- 엄마 아니가? 밥 들고 따라가는데?
- 밤톨애가 놀라가 도망치네. 밥 먹다가 안 먹어서 엄마한테 혼나는 거 아니가?
- 근데 엄마가 왜 귀신모양이야?
- 엄마가 싫은 거겠지.
- 그러면 4번에서 밤톨 동생 때매 혼나고 1번에서 엄마한테 또 혼난 거지.
- 그래. 근데 그 다음은?
- (웃음) 그림이 이상해.
- 2번이 바다야.
- 바다에 그 아줌마 있네. 아! 엄만가?
- 아! (박수치며) 알았다. 알았다. 밤톨이 호박이 때문에 억울하게 혼나고, 엄마한테 밥 안

먹었다고 혼나고 화가 나가 바다를 만들어 버린 거지.
- 야, 사람이 바다를 어떻게 만들어?
- 울었는 거지.
- 그래, 그래. (4번 그림을 가리키며) 혼나고 그래서 울어서 (2번 그림을 가리키며) 바다가 된 거지. 거기에 배 띄어놓고 자기만 살고 사람들은 다 빠지고.
- (2번 그림을 가리키며) 얘 봐라. 웃고 있다. 다 빠졌는데.
- 아! 4번에 귀 잡아 땅기는 초록색 손! (2번 그림 왼쪽 밑의 사람을 가리키며) 이거 아니가?
- 오! 초록색이네.
- 자기 괴롭히던 사람이 다 빠졌나 보네. 웃고 있는 거 보니.
- 그럼 3번은? 얘 뭐하는 거야?
- 그니까 바다에 동생도 빠진 거지.
- 그래도 지 동생이니까 건져서 빨랫줄에 널어놓고 말려 주네.
- 완전 웃긴다.
- 화해했나 보네.
- 그럼 순서는?
- 4번이 먼저고 그 다음 1번.
- 1번이 먼저 해도 될 것 같은데.
- 그냥 1번이나 4번이나 비슷하다.
- 그럼 4번, 그 다음 1번.
- 그 다음이 2번, 3번. 됐지?
- 제목은? 속상한 날?
- (웃음) 복수의 바다.
- 아! 눈물의 바다. 어때?
- 그냥 줄여서 눈물바다 해라. 좋네. 됐다.

❷ 발표 내용

- 우리 모둠은 제목을 눈물바다라고 지었습니다.
- 어? 우리 모둠이랑 똑같다. (두 모둠이 웅성거림)

- 그림 순서는 4번, 1번, 2번, 3번입니다.
- 이것도 똑같다. (두 모둠이 웅성거림)
- 이야기는 호박동생이 밤톨이를 바보라고 놀려서 화가 나가 동생을 혼내 줄려고 하는데 그걸 보고 아빠가 오해를 해서 밤톨이 귀를 땅기며 혼을 냅니다. 그래서 입맛이 없어서 밥을 남겼는데 그걸 보고 엄마가 또 혼냅니다. 그래서 속이 상한 밤톨이는 울었는데 너무 많이 울어서 눈물이 넘쳐서 바다가 됩니다. 자기를 괴롭힌 사람들이 바다에 빠져 있는 걸 보고 밤톨이는 기분이 좋아져 눈물을 그치고 웃습니다. 하지만 동생이 빠져 있는 것을 보고 '그래도 동생인데'라는 생각에 건져서 드라이기로 말려 줍니다.

> 모둠별로 다시 읽으면서 그림이든 글이든 마음에 드는 장면 한 가지를 고르고, 마음에 드는 까닭을 간단히 적어 봅시다.

- 난 휴…… 다 끝났다. 장면이 젤 맘에 들어. 머리에 먹구름 떠 있는 장면. 왜냐면 모든 일을 다 마치고 화가 나는데 수업이 끝나니 기분이 편안해져서 열이 식는 것처럼 머리에 김이 나는 듯한 모습이 뭔가…… 아! 이제야 끝났다. 이렇게 말하는 느낌이어서…… 왠지 마음을 알 것 같아.
- 나는 집에서 엄마와 싸우는 장면. 부부싸움을 하는 모습을 보니 부모님이 생각나. 나라면 엄마 아빠를 공룡 말고 영화 괴물로 표현했을 거야. 이 아이 상상력이 풍부한 것 같아.
- 나는 주인공이 이불을 머리끝까지 올리고 우는 장면이 계속 생각나. 왜냐면 그림에서 달님과 같이 울고 있으니까 슬픔을 나누는 것 같아서 인상적이야.
- 어…… 난 침대가 물에 잠긴 모습이 재밌었어. 왜냐면 상상이지만 눈물로 바다를 만들 수 있다는 게 놀라워. 작가가 상상력이 진짜 풍부한 것 같아.

> 세 가지 이야깃거리 중 모둠별로 두 개 정도를 골라 친구들과 함께 이야기해 봅시다.

토의 주제 1: 그림책 앞쪽 속표지 속 아이의 얼굴 표정과 뒤쪽 속표지 속 아이의 얼굴 표정이 달라요. 왜 이렇게 달라진 걸까요?

- 먼저 앞쪽 아이는 불평도 많고 속이 답답하고 무거워서 울고 있는 표정이야. 하튼 표정이 어두워. 근데 뒤쪽은 운이 좋았어.

- 왜 그렇게 생각해?
- 솔직히 시험이랑 비 같은 거는 운 아닌가?
- 나는 얘처럼 앞쪽에는 운이 없었는데 뒤쪽은 눈물바다 덕분에 신나게 놀아서 마음이 풀어진 것 같은데?
- 음, 그렇구나. 너는?
- 나는 앞쪽에는 정말 스트레스 때문에 재미없고 짜증나는 표정인데 눈물바다 덕분에 나아진 것 같아. 스트레스도 풀어지고.
- 음, 생각 잘 하는 것 같아.
- 나는 아이가 선생님한테 혼나고 엄마, 아빠가 싸워서 마음이 슬펐는데 상상으로라도 그 사람들 괴롭히고 구해 주니까 마음이 편하고 시원해서 웃는 표정으로 변한 것 같아.
- 주인공이 고난과 역경을 헤치고 상상을 해서 마음이 시원해진 거지.

토의 주제 3 : 마지막 그림의 의미는 무엇인가요?
- 사람들을 구해 주고 나니 속이 후련하다는 거야.
- 그래. 물에 빠져 죽었으면 마음이 불편했을 건데 혼은 내주고 자기가 구해도 주니까 영웅이 된 거지. 그래서 시원하다고 말하면서 웃고 있는 거야.
- 그래. 자기가 영웅이 된 기분인거지.
- 맞아. 뿌듯한 기분.

※ 지금까지의 아이들 이야기는 지면상 한 모둠의 대화 내용만 실었습니다.

이 그림책을 누구에게 권하고 싶은가요? 그 까닭은 무엇인가요?

- 나한테 권하고 싶어요. 혼자 있을 때 외로워서 울 때가 있는데 이 책 아이도 나랑 마음이 같은 것 같아서요.
- 저도 저한테 권하고 싶어요. 저도 이 책처럼 상상으로라도 날 놀린 사람, 싫은 사람을 괴롭히면 마음이 시원하고 후련할 것 같아요.
- 저는 이 책을 '싫어하는 사람들에게 시달리는 사람'에게 권해 주고 싶어요. 이유는 그런 사람들이 이 책을 읽으면 더 이상 시달리지 않고 잘 해결할 것 같은 생각이 들어서요.
- 저는 언니, 오빠들에게 권하고 싶어요. 고3 언니, 오빠들은 수능 공부하는데도 시간이 모

자란다고 하는데, 그래도 이 책은 꼭 읽어봤으면 좋겠어요. 성격이 예민해지고 스트레스가 극도로 많아진다고 하니까. 이 책은 스트레스가 많은 아이가 스트레스를 푸는 이야기인 것 같아서요. 고3 언니, 오빠들도 이 책을 읽고 재밌어서 조금이나마 스트레스가 풀렸으면 좋겠어요.
- 자기가 항상 우울하다고 생각하는 사람들이 봤으면 해요. 자기 자신만 우울한 게 아니라 세상에는 우울한 사람들이 많고 그걸 책 주인공은 풀고 있으니까 꼭 이 책 봤으면 좋겠어요.
- 엄마, 아빠가 꼭 봤으면 좋겠어요. 학교 갔다 오면 가끔씩 엄마, 아빠가 싸우고 있을 때도 있는데 이럴 때 이 책 보시고 제 마음을 알아줬으면 좋겠어요.

울고 있는 주인공에게 해 주고 싶은 말을 쪽지에 적어 봅시다.

- 울지 마! 슬픈 일이 있으면 기쁜 일도 있을 거야. 그리고 부정적으로 생각하지 말고 긍정적으로 생각을 해.
- 너에게 억울함이 있다면 부모님께 알리는 게 좋은 방법이라고 생각해. 그러면 너희 부모님이 도와주실 거야. 하지만 서로 싸울 때는 알리지 않는 것이 좋을 거야.
- 아이야. 그렇게 눈물이 난다고 다 해결되는 것은 아니잖아. 그냥 그 생각을 떨쳐 버려. 그게 힘들면 니가 하고 싶은 일을 해 봐. 그러면 기분이 나아질 거야.
- 안녕. 나도 너처럼 시험에 모르는 거 나오고, 급식에는 싫어하는 것만 나오고, 집에 가면 부모님이 싸우시고 비 오는데 우산 없는 적이 엄청 많아. 근데 부정적으로 생각하면 더 짜증나는 것 같아. 그러니까 항상 긍정적 마인드로. 그리고 스트레스 쌓이면 몸과 마음에 해가 되니까 빨리 풀길 바래.
- 울고 싶으면 울고, 우울하게 살지만 말고 세상에는 너무나도 즐겁고 따뜻하고 행복한 일이 많으니까 즐겁게 살기를 바래.
- 안녕? 만나서 반가워. 음…… 친구야! 울지 마……. 그렇게 안 좋은 일이 있어도 울면 안 된단다. 나도 너처럼 이런 일이 종종 있어. 그럴 때마다 나도 너처럼 이런 상상을 하지. 책을 읽어 보니 너는 참 상상력이 풍부하더구나. 친구야, 앞으로 이런 일이 있으면 뒷산이나 높은 건물에 올라가서 소리를 질러 보렴. 소리를 지르면 마음이 훨씬 가벼워질 거야. 그럼 안녕.

- 나도 하루 종일 되는 일이 없을 때도 있어. 근데 나는 친구와 놀면서 슬픈 일을 까먹지. 너도 자주 친구와 놀고 울지 마.

●선생님이야기

이 책은 앤서니 브라운의 책처럼 재치 있게 숨겨진 그림이 많아 찾는 재미가 쏠쏠한 책이다. 그래서 책이라면 질색했던 우리 반 6학년 남자 아이까지 흥미를 가지고 몰입을 했던 뿌듯한 책이기도 하다. 형식은 그림책이지만 시험 스트레스, 부모님의 싸움 등 내용이 저학년보단 고학년 아이들과 이야기 나눌 것이 많다.

수업을 하면서 깜짝 놀랐던 점은 6학년 아이들이 내가 제시하는 활동을 하며 진지하게 대화를 나눴다는 사실이다. 수업 활동에 별 관심이 없던 아이들이라 그림책을 읽어 준다고 하면 대부분 "시시해요."라고 할 줄 알았는데 예상을 완전 뒤엎었다. 수업은 웃음과 진지한 대화가 계속해서 이어지며 참으로 즐거웠다. 짐작컨대 혼자서 비를 맞고 걸어가는 주인공의 모습, 집에 들어와도 자기를 거들떠보지도 않고 싸우는 부모님의 모습, 혼자 울며 자는 그림 등이 아이들의 마음을 건드린 것은 아닐까 싶다.

아이들의 이야기에서 엿보이듯 우리 반 아이들은 부모님의 싸움이 많고 경제적으로 힘들며, 이혼 가정도 많은 동네의 아이들이다. 그래서 평소 매우 부정적인 생각과 말을 달고 사는데 주인공에게 쓴 쪽지 내용은 긍정을 권하는 내용이 많아 놀랐다. 그래도 아이들의 마음은 이렇구나! 쪽지를 보면서 내 마음도 따스해졌다.

이야기 예측하기, 책 다시보기, 토의하기, 주인공에게 쪽지 쓰기 활동을 한 이유는 책의 주제와 관련된 아이들의 경험을 최대한 불러일으켜, 작품을 읽으면서 서로의 반응을 보다 풍성하게 공유하기 위해서였다. 그래서 한 모둠을 정해 어떤 대화를 나누는지 자세히 들어 봤다. 장난이 반일 거란 나의 생각과는 달리 아이들은 활동에 진지했고, 서로의 경험과 생각을 존중해 주었다. 그런 모습을 보며 내가 위로를 받았다.

#힐링 #울고_싶은_날 #나를_좀_봐줘 #위로 #감정 #나를_돌보는_시간

모든학년 그림책

나를 가꾸다

소피가 화나면, 정말 정말 화나면

몰리 뱅 글 · 그림 · 박수현 옮김 / 책읽는곰

● 책이야기

> 이런, 소피가 진짜 화가 났어요!
> 소피가 쾅쾅 발을 굴러요. 악 소리를 질러요.
> 뭐든지 닥치는 대로 부숴 버리고 싶어요.

"정말 짜증나.", "선생님, 얘가 나한테 한 말 때문에 화나요."

교실에서 함께하는 아이들 입에서 나오는 이런 말들은 하루에도 여러 번 심심찮게 들을 수 있다. 크게 소리 지르고, 물건을 집어 던지기도 하고, 심할 땐 서로 언성을 높이며 주먹다짐을 하면서 싸우고.

소피도 여느 아이들과 같이 자신이 가지고 놀던 장난감을 언니에게 빼앗긴 일 때문에 무척 화가 났다. 얼마나 화가 났는지 입에서 불이 나오고 주변의 모든 물건이 소피가 지르는 소리 때문에 날아갈 지경이다. 그 마음이 사그라지지 않고 자꾸만 커져서는 꼭 금방 폭발할 것 같은 화산처럼 이글이글 끓어오른다. 이제 '저 화가 곧 터지겠구나.' 하고 다음 장을 넘겼을 때 소피가 달려간 곳은 집 밖에 있는 숲. 거기서 소피는 한참을 울어 버린다. 그리고 커다란 나무 위에 올라가 끝없는 바다를 바라보며 자신의 마음 속 화를 날려 보낸다. 그렇게 화를 달래고 집에 돌아오면 늘 그랬던 것처럼 가족들의 따뜻한 표정이 소피를 반긴다. 화가 나면 속 시원하게 해결할 수 있는 소피만의 비결이 있으니 소피는 참 행복한 아이이다.

우리 아이들이 화나면, 정말 정말 화나면, 소피가 달려간 숲, 그리고 화를 달래 준 나무, 바다와 같은 자신만의 해결법을 만나게 해 주고 싶다. 그 힘을 가진 아이라면 어떤 어려움을 만나도 슬기롭게 극복할 수 있는 비밀을 가진 진정한 부자가 아닐까.

● 5학년 수업이야기

1차시	2차시
책 읽어주기	토의하기 | 화풀이 놀이하기

흐름	활 동
읽기 앞서	**표지 읽기** **표지를 보면서 내용을 짐작해 봅시다.** • 앞표지, 뒤표지, 면지에 그려진 장면, 색깔, 분위기 살펴보며 이야기 나누기 **앞표지에 나타난 아이의 표정을 따라 해 볼까요? 이 아이에게 어떤 일이 있었을지 상상해 봅시다.** 제목 읽기, 지은이와 서지정보 안내하기
읽으면서	**읽어주기** **맛내기** 그림 속에서 다양한 상황을 끌어내고 이야기의 정보를 찾을 수 있도록 천천히 읽어 주며 내용과 함께 그림을 자세히 볼 수 있도록 안내한다. **그림의 배경이나 테두리 색깔이 계속 바뀝니다. 작가는 무엇을 표현하려고 했을까요?**

읽으면서	소피가 많이 화났다는 것을 알 수 있는 부분은 어디인가요? 소피는 화가 머리끝까지 치밀어 올랐을 때 어떤 행동을 했나요? 소피가 나무에서 내려온 후 달라진 점은 무엇입니까?
읽고 나서	### 토의하기 **나는 언제 화가 나는지 이야기해 봅시다.** **화가 났을 때 어떻게 하는지 생각해 보고 말해 봅시다.** **맛내기** 자신이 화날 때를 조용히 성찰해 보고 포스트잇에 각자의 생각을 적어서 칠판에 붙인다. 이 때 비슷한 상황끼리 모아 붙이면 공감하기 쉽고 이야기 나누기 좋다. **어떻게 해야 화가 풀리나요? 나에게 화를 푸는 방법이 없다면 어떻게 하면 좋을까요?** **맛내기** 교사가 적절한 질문을 하거나 겪은 일을 들려주면서 이해를 도울 수 있다. 모둠별로 이야기를 나눌 때 친구의 의견을 듣고 공감하기, 생각 보태기, 질문하기, 다른 생각 말하기 등 토의 전략을 안내하면 아이들이 자신의 생각을 더 활발하게 나눌 수 있다. ### 화풀이 놀이하기 **맛내기** 화산 폭발 그림으로 화 표현하기, 신문지 찢기, 운동장 마음껏 달리기, 누워서 쉬거나 실컷 수다 떨기 등 다양한 방법을 떠올린다. 각자 또는 친구들과 화풀이 놀이를 한 뒤, 서로 안아 주고 격려한다.

●아이들이야기

나는 언제 화가 나는지 이야기해 봅시다.

- 아이들이 내 말을 너무 안 들어 줄 때
- 참다 참다 안 될 때, 하지 말라고 하는데 계속 할 때
- 만만하게 볼 때
- 상대가 뻔뻔할 때
- 기다리다가 드디어 하고 싶은 일을 하려는데 누가 방해할 때
- 나는 잘못 안했는데 나만 맞고 나만 혼날 때
- 어린 동생이 나한테 대들 때
- 부모님들이 동생편만 들어주고 동생만 위할 때
- 다른 친구가 내 욕을 하거나 배신할 때
- 차별당하는 느낌이 들 때
- 일부러 나를 건드릴 때
- 숙제가 많을 때
- 머리를 때릴 때

화가 났을 때 어떻게 하는지 생각해 보고 말해 봅시다.

- 없다.
- 그냥 잔다.
- 컴퓨터 게임을 한다.
- 힘껏 소리를 지른다.
- 욕을 한다. 그러다가 싸우기도 한다.
- 좋은 생각을 떠올린다.
- 짜증을 낸다.
- 꾹 참는다.

- 무시해 버린다.
- 이어폰으로 나 혼자 음악을 듣는다.
- TV를 본다.
- 혼자 운다.
- 곰 인형을 화 풀릴 때까지 때린다.
- 주먹을 든다.

어떻게 해야 화가 풀리나요? 나에게 화를 푸는 방법이 없다면 어떻게 하면 좋을까요?

- 침대가 있는 내 방에서 조용히 생각하겠다.
- 외갓집 나무 위에 올라가고 싶다.
- 친한 친구와 터놓고 이야기하고 싶다.
- 놀이터에 가겠다.
- 잘 모르겠다.
- 나의 숲은 없다.
- 혼자 있는 공간, 컴퓨터만 가능하다. 게임!!

화풀이 놀이 – 화산 폭발 그림으로 자신의 화 표현하기

 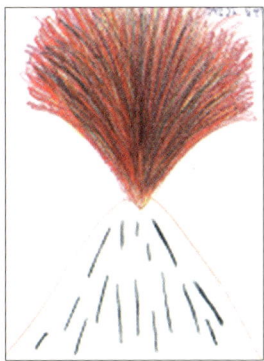  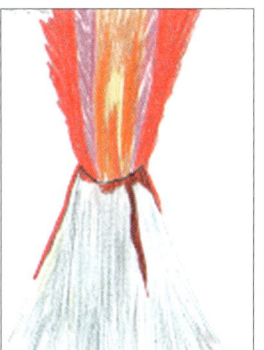

●선생님이야기

책을 한 장 한 장 넘기며 함께 읽고 이야기를 나누는 동안 아이들은 엄청난 집중력을 보였고, 무척이나 진지하게 아주 작은 그림까지도 놓치지 않고 끝까지 눈여겨보았다.

도덕교과서의 모범 답안처럼 소피가 아무리 화가 나도 끝까지 참고, 아니 억누르고 언니를 용서한 후 다른 놀이를 찾았다면 아이들은 전혀 공감하지 못했을 것이다. 그러나 소피는 '정말, 정말' 화를 냈다. 불과 같이 소리를 지르고, 물건을 던지고, 실컷 울기도 하고 심지어 집을 나가 버렸다. 여기서 우리 아이들은 장난감을 빼앗은 언니를 나무라고 소피를 응원하며 무척 속 시원해 했다. 자신의 화를 대신 풀어 주는 것 같이 느꼈는지 모르겠다.

수업을 하면서 교사는 문제의 해결사나 판정인이 되는 것보다는 아이들의 모습 그대로를 공감해 주고 서로 진술하게 소통할 수 있는 여건을 제공하는 조력자가 되는 것이 훨씬 효과적임을 알게 되었다. 아이들은 감추었던 자신을 드러내는 것만으로도 무척 만족해 했으며 듣는 과정에서 서로를 이해하는 데 적지 않은 도움이 되었다.

화가 났을 때 어떤 방법으로 주로 해결하는지에 대해 토의하는 과정에서 자신만의 해결 방법이 없다는 말을 들었을 때, 자신의 숲과 바다가 있는지 묻자 아무리 생각해도 떠오르지 않는지 다들 한참 동안 연필만 들고 망설이는 모습을 보았을 때는 안타까웠다.

아이들은 그동안 '화'라는 감정을 어떻게 표현해야 할지, 그리고 어떻게 풀어야 할지 몰라서 힘들어 하거나 화를 풀기 위해 때로는 어른들의 눈에 거슬릴 만한 일탈행동을 보인 것일 아닐까. 그리고 지금의 현실은 너무나 많은 것들이 아이들을 화나게 하고 있지 않은가 깊게 고민해 볼 일이다.

이 책을 만난 우리 아이들이 자신의 '숲'을 찾아가는 발걸음을 멈추지 않기를 기대한다.

#자기_돌봄 #화풀이 #감정조절 #회복_탄력성 #내재적_힘 #행복한_가족

모든학년 그림책

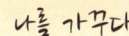
나를 가꾸다

줄무늬가 생겼어요

데이빗 섀논 글·그림·조세현 옮김 / 비룡소

● 책이야기

> 카밀라는 아욱콩을 좋아했지만 절대 먹지는 않았어.
> 친구들이 모두 아욱콩을 싫어했기 때문에 카밀라도 그렇게 하려고 했지.
> 카밀라는 다른 사람들이 자기를 어떻게 생각하는지 언제나 신경을 썼어.

이 책은 자기 자신의 생각으로 말하고 행동하는 것보다 다른 사람들이 자기를 어떻게 생각하는지를 더 신경 쓰는 사람들의 그릇된 생각을 꼬집는 이야기이다. 온 몸에 줄무늬가 생긴 여자아이가 당황한 눈빛으로 침대에 앉아 있는 표지처럼 유화풍의 일러스트가 더욱 재미를 준다.

새 학기가 시작되어 학교에 가는 첫 날, 카밀라는 더욱 더 다른 사람들을 의식한 옷차림에 신경을 쓴다. 무려 마흔두 번이나 옷을 갈아입어도 맘에 들지 않던 카밀라는 예쁘장한 빨간 옷을 입은 날, 머리부터 발끝까지 온통 줄무늬가 생겨 버린다. 친구들이 말하는 대로 겉모습이 변하는 병에 걸린 것이다. 의사, 과학자, 약초학자, 무당과 주술사, 종교인, 수의사까지 와서 카밀라를 고치려고 했지만 소용이 없었다. 그러던 중 방송으로 그 소식을 듣고 찾아온 할머니는 카밀라가 좋아하는 아욱콩을 먹이고, 비로소 카밀라는 원래의 모습으로 돌아온다. 그 후 카밀라는 남들을 신경 쓰지 않고 자기가 좋아하는 것을 즐기는 아이가 된다.

카밀라를 되돌린 건 별다른 게 아니다. 카밀라가 좋아하는 아욱콩을 다시 먹었을 뿐이다. 다른 사람이 아닌, 바로 내가 좋아하는 것을 소중히 여길 때 우리의 모습이 더 아름답다는 사실을 다시금 일깨워 준다. 이 책으로 남의 시선에 나를 맞추는 아이들이 나의 주인은 나 자신임을 아는 기회가 되기를 바란다.

● 2학년 수업이야기

1차시	→	2차시
책 읽어주기		황금문장 찾기 | 주인 찾기 놀이하기

흐 름	활 동
읽기 앞서	**표지 읽기** 어떤 생각이 드나요? • 우습다. / 이상하다. / 왜 줄무늬가 있지? / 눈이 슬퍼 보인다. / 무슨 병에 걸린 것 같다. 인물 소개, 제목 읽기, 지은이와 서지정보 안내하기 친구들이 신경이 쓰여 내 생각대로 하지 못하고 바꾼 적이 있나요? • 그림을 그릴 때 친구들이 그리는 것을 따라 그렸다. • 과자를 사 먹으려다가 친구들이 아이스크림을 먹자고 해서 아이스크림을 먹었다. • 어울림 시간에 공기를 하고 싶었는데 친구가 블록놀이를 하자고 해서 그거를 했다. 그 때 기분은 어떠했나요? • 좀 섭섭했다. / 슬프기도 했다. / 속상할 때도 있었다. / 따라쟁이가 된 것 같았다.
읽으면서	**읽어주기** 친구들이 말하는 대로 몸의 무늬가 자꾸 바뀔 때 카밀라는 기분이 어땠을까요? 카밀라에게 왜 이런 일이 생겼을까요?

생각나누기

읽으면서

▶ 방송이 나가고 할머니가 와서 아욱콩을 먹으라고 하는 장면 ~ "요술 콩인가요?" 까지 읽어주기

내가 카밀라라면 어떻게 할까요? 그 이유는 무엇인가요?

끝까지 읽어주기

황금문장 찾기

책을 읽은 느낌을 간략히 이야기해 봅시다.

카밀라가 아욱콩을 먹고 낫게 된 까닭은 무엇인가요?

지금 여러분이 카밀라에게 하고 싶은 말은 무엇인가요?

이 책에서 가장 마음에 드는 '황금문장'은 무엇인가요?

읽고 나서

> **맛내기**
>
> 책에 나온 문장 중에서 가장 마음에 와 닿은 문장을 '황금문장'이라고 하였다. 황금문장을 포스트잇에 적어 친구와 선물로 주고받아도 좋다.

카밀라처럼 다른 사람의 생각을 따라 한 적이 있나요? 어떤 일이었나요?

주인 찾기 놀이하기

다른 사람을 의식하면서 내 마음과 다르게 행동하는 만큼의 위치에 서 봅시다.

	맛내기
읽고 나서	예를 들어 장난감을 살 때 내가 얼마나 스스로 결정하고 고르는지 생각해 본다. 무조건 주변의 의견을 따라 살 경우 출발선인 칠판 아래에 선다. 완전히 내 스스로 생각하고 결정하는 경우에 도착점인 뒷문 쪽에 선다. 각자 자신의 생각대로 칠판~뒷문의 선상에 서 본다.
	활동 소감을 이야기해 봅시다.

● 아이들이야기

내가 카밀라라면 어떻게 할까요? 그 이유는 무엇인가요?

- 아욱콩을 먹지 않을 것이다. 이제까지 많은 사람들이 고친다고 해도 못 고쳤으니까
- 아욱콩을 먹지 않을 것이다. 다른 방법이 있지 싶어서다.
- 아욱콩을 먹지 않을 것이다. 친구들이 놀리면 힘들다. 나도 전에 그런 적이 있다.
- 아욱콩을 먹을 것이다. 자기가 하고 먹은 것을 못 먹고 다른 사람들 때문에 참다가 생긴 병이니까 먹을 것이다.
- 먹을 것이다. 나의 주인은 나다. 내가 먹고 싶으면 먹을 것이다.
- 먹을 것이다. 내 생각대로 해야 병이 낫는다. 이제까지 아무도 고치지 못 했으니 먹고 싶은 것을 먹어야 줄무늬가 없어질 것이다.
- 카밀라의 주인은 카밀라니까 카밀라가 먹고 싶은 것을 먹어야 한다. 그래야 기분이 좋다. 먹고 싶은 것을 참는 것이 병이 된다. 나도 그랬다.

지금 여러분이 카밀라에게 하고 싶은 말은 무엇인가요?

- 카밀라야, 잘 했어.
- 카밀라야, 부끄러워하지 마. 용기를 내.

- 카밀라야, 나도 친구를 많이 따라 했는데 이제 나도 안 그럴게.
- 카밀라야, 너를 보고 나도 용기를 내어서 내가 주인이 될게.

이 책에서 가장 마음에 드는 '황금문장'은 무엇인가요?

- 카밀라는 다른 무엇보다도 아욱콩을 한 접시 가득 먹고 싶었지. 하지만 솔직하게 말하기 싫었어.
- 지금까지 카밀라가 겪은 일에 비하면 콩을 먹는다고 웃음거리가 되는 것쯤은 아무것도 아니었어.
- 잠깐만요. 저는 사실……, 아욱콩이 정말 좋아요."
- "그래, 네가 거기 있을 줄 알았단다."
- 하지만 카밀라는 조금도 신경 쓰지 않았어.

카밀라처럼 다른 사람의 생각을 따라 한 적이 있나요? 어떤 일이었나요?

- 어울림 시간에 친구랑 줄넘기를 하려고 생각하고 말하니까 친구가 싫다면서 공기놀이 하자고 했다. 난 하기 싫었지만 친구가 나랑 놀지 않을까 봐 하긴 했는데 마음이 안 편했다.
- 아침시간에 도서실에 가서 책을 고를 때 친구가 자기가 읽고 싶은 책을 내게 권했다. 나는 싫었는데 친구가 삐칠까 봐 억지로 읽었더니 읽는 동안 화가 났다. 그래서 다음부터는 내가 읽고 싶은 것을 내가 골라서 읽었다.
- 가족끼리 식당에 밥 먹으러 갔을 때 내게는 물어보지도 않고 엄마 마음대로 메뉴를 정해서 화가 났다. 난 짜장면을 먹고 싶었는데 엄마가 우동이 맛있다고 먹으라고 해서 속상했다. 이젠 내가 메뉴를 선택할 것이다.
- 친구가 예쁜 원피스를 입었기에 어디서 샀는지 물어서 나도 비슷한 것을 샀다. 그런데 꼭 따라쟁이가 된 것 같아서 그 옷이 싫어졌다.
- 유치원 때 달리기를 했는데 친구들이 나보고 못 달린다며 놀려서 슬펐다. 달리기를 못할 수도 있는데 말이다. 엄마가 친구들이 내 마음을 안 보고 달리기만 봐서 그렇다며 말해 주셔서 속상함이 풀렸다.

●선생님 이야기

아이들은 자기들이 먹기 싫어하는 콩을 안 먹는 것에 대해 두런거리다가 학교에 가기 위해 옷을 마흔두 벌이나 갈아입는 첫 장면에서 벌써 빠져들었다. 옷을 마흔두 벌이나 입다니? 부자인가? 왜 그렇게 많이 입나? 왜 모두 자기 마음에 안 드는지를 신기해 했다. 내용이 전개되면서 그림이 점점 재미있어지고 병도 깊어지자 우스움과 긴장을 함께 느끼면서 들었다. 그러다가 마지막에 카밀라가 원래의 모습으로 돌아오니 안도의 숨을 쉬었다.

함께 읽기가 끝난 후에도 이 책을 찾는 아이들이 많았다. 아침시간에 아이들 책상 위에 놓여 있는 것을 계속 보았다. 어른도 다른 사람의 시선을 의식한 말과 행동을 하는데 하물며 우리 아이들이야. 자신의 생각이 깃든 말과 행동으로 삶의 주인공이 되어 생활할 때 훨씬 행복함을 느꼈으면 하는 바람이다.

#아욱콩이_좋아 #다른_사람_의식하지_마 #내_삶의_주인은_나 #나_찾기

모든학년 그림책

나를 가꾸다

프레드릭

레오 리오니 글·그림 / 시공주니어

● 책이야기

> 프레드릭이 이야기를 마치자, 들쥐들은 박수를 치며 감탄을 했습니다.
> "프레드릭, 넌 시인이야!"
> 프레드릭은 얼굴을 붉히며 인사를 한 다음, 수줍게 말했습니다.
> "나도 알아."

'개미와 베짱이'를 예술의 가치라는 관점에서 재해석한 레오 리오니의 이름난 그림책이다. 미국에서 처음 출간된 지 50년, 우리나라에 들어온 지 거의 20년이 되어 가는 고전으로 그림책을 처음 보기 시작하는 유아에서부터 어른에 이르기까지 두루 읽힌다.

그런데 이 책을 처음 읽는 독자들이나 어린 아이들에게는 이야기가 다소 어렵다. 자세히 보아야 예쁘고 오래 보아야 사랑스러운 풀꽃처럼, 여러 번 들여다보아야 비로소 시인이고자 했던 프레드릭이 다가온다. 들쥐 식구들이 부지런히 양식을 모을 때 프레드릭은 무얼 하는지 졸린 듯 반쯤 감긴 눈으로 한구석에 가만히 있기만 하다. 그러나 긴 긴 겨울, 식구들에게 햇살과 색깔, 이야기를 들려주면서 그의 눈은 생기를 찾는다. 쓸쓸했던 들쥐들의 마음은 훈훈해지고, 프레드릭은 드디어 동료들로부터 존재를 인정받는다.

예술의 가치를 말하기 전에 프레드릭이 추구했던 삶, 그가 소중히 여겼던 것을 눈여겨보면 어떨까? 프레드릭과 들쥐들을 천천히 편견 없이 읽으며 다양한 삶을 만나보면 어떨까? 사실 양식을 모아 겨울을 대비하는 들쥐들의 삶도 프레드릭의 꿈만큼이나 중요하다.

이에 대한 생각을 서로 나누고 다른 방식의 삶을 이해하게 된다면 또 한 번 아이들의 경계는 넓어질 것이다. 나아가 남들이 그렇게 살아야 한다고 말하는, 물질에 기반을 둔 하나같은 삶이 아니라 자신의 뜻에 따라 다채로운 삶을 선택하는 용감한 발걸음도 내딛기를 기대해 본다.

● 6학년 수업이야기

1차시	2차시
책 읽어주기	글쓴이의 의도 찾기 내 생각 이야기하기

흐름	활 동
읽기 앞서	**표지 읽기** 누구인가요? 어떤 생각을 하고 있을까요? 무엇을 하고 있을까요? 뒤표지를 봅시다. 서지 정보를 확인합시다. **맛내기** '개미와 베짱이'를 다른 관점에서 풀어낸 그림책이라고 소개하면 학생들이 책에 좀 더 호기심을 가질 수 있다.
읽으면서	**읽어주기** ⏸ '헛간과 곳간에서 가까운 이 돌담에는~' 프레드릭이 어디 있는지 찾아볼까요? • 눈 풀린 애요. / 혼자 가만히 있는 애요.

읽으면서

■ "나도 일하고 있어. 난 춥고 어두운 겨울날들을 위해 햇살을 모으는 중이야."

프레드릭 같은 사람이 주변에 있다면 어떤 생각이 들까요?

■ "프레드릭, 넌 □□이야." ~ "나도 알아."

맛내기

"프레드릭, 넌 시인이야." 부분에서 시인을 □□로 가려 어떤 말인지 짐작하도록 한다. 이야기에 한층 몰입하게 되고, 프레드릭의 시에 대한 아이들의 반응을 바로 확인할 수 있다.

□□에 들어갈 말은 무엇인지 말해 봅시다.

읽고 나서

글쓴이의 의도 찾기

프레드릭이 한 일은 무엇인가요?

프레드릭과 다른 들쥐들이 중요하게 생각했던 것은 무엇인가요?

프레드릭을 통해 글쓴이가 말하고자 하는 의도가 무엇인지 한 문장으로 쓰고 서로 이야기해 봅시다.

내 생각 이야기하기

내가 삶에서 중요하게 여기는 것은 무엇인가요?

프레드릭이 추구하는 것 또는 글쓴이의 의도에 대해 나는 어떻게 생각하는지 써 봅시다.

자신의 생각을 친구들과 서로 나누어 이야기해 봅시다.

아이들 이야기

> ㅁㅁ에 들어갈 말은 무엇인지 말해 봅시다.

- 넌 계절이야. 봄, 햇살, 여름……, 색깔을 주니까.
- 넌 시인이야. 햇살을 느끼고 색깔을 모으고 주위를 둘러보니까.
- 넌 무지개야. 여러 가지 색깔을 느끼게 하니까.
- 넌 영웅이야. 이것저것 필요한 것을 해결해 주니까.
- 넌 마법이야. 추운 곳을 따뜻하게 만들어.
- 넌 멋쟁이야. 삶을 둘러보게 하니까. 다른 사람이 눈여겨보지 않는 것을 보게 해.
- 넌 감정이야. 그냥 느껴져.
- 넌 최고야. 필요할 때 딱 해결해 줘.
- 넌 감동이야. 앞에서 말한 네 이야기가 감동적이야.

> 프레드릭을 통해 글쓴이가 말하고자 하는 의도가 무엇인지 한 문장으로 쓰고 서로 이야기해 봅시다.

- 남들처럼 같게 해도 되지만 다르게 살아도 된다.
- 세상에서 계속 일만 하지 말고 다른, 자기가 하고 싶은 것을 하거나 다른 사람들과 다른 것을 해도 쓸모가 있다.
- 너무 바쁘게만 살지 말자. / 한번쯤 여유롭게 주변을 둘러보면서 살아라. / 가던 길을 멈추고 이때까지 했던 일을 되돌아보라.
- 바쁘게 살아가는 중에도 햇살, 색깔, 이야기 등에 위로 받자. / 일만 하지 말고 예술을 느끼며 살아라. / 일에만 빠지지 말고 여러 가지 색다른 것도 해보자.
- 일만 하지 않고 주위를 둘러보며 소중한 것을 찾아 베풀자.
- 너무 일만 하지 마라. / 일만 하지 말고 쉬면서 하자. / 하루에 일만 하지 말고 한 번씩 쉬기도 하고, 프레드릭처럼 자연을 느껴 보는 것도 좋을 것 같아.
- 인생은 한 번 뿐이니 살 동안 실컷 놀고 지혜롭게 행동하라.

프레드릭이 추구하는 것 또는 글쓴이의 의도에 대해 나는 어떻게 생각하는지 써 봅시다.

❶ 긍정

- 나도 이 글쓴이의 관점과 비슷하다고 생각한다. 너무 일하고 바쁘게 살지만은 말고, 자기가 하고 싶은 예술이나 다른 자신이 좋아하는 일을 하고 있으면 더욱 행복하게 살 수 있기 때문이다.
- 나도 프레드릭처럼 여러 가지 색다른 일을 하고 그것들을 나누고 싶다. 한 가지 일만 빠지지 않고 여러 색다른 일을 하며 다른 사람들과 나누어 더 행복해지면 좋다고 생각하기 때문이다.
- 복잡한 생활을 떠나서 여유롭게 주변을 둘러보며 사는 것에 동의한다. 너무 어지럽고 힘들게 살면 인생을 제대로 사는 것이 아니라고 생각하기 때문이다. 그래서 나는 소설을 계속 볼 것이다.
- 나는 프레드릭이 예술을 느끼며 사는 것에 동의한다. 우리가 일에만 열중하다 보면 자연과 음악 그것들을 잊어버릴 것 같아서 나도 예술과 일을 함께 하고 싶다.
- 프레드릭 얘기를 동의한다. 우리 가족들은 항상 먹고 살기 바쁘기 때문에 가족들이 얘기를 많이 못한다. 그래서 가끔씩 쉬엄쉬엄 해도 삶에 지장이 없을 거 같다. 자기가 해보고 싶은 것도 하고 여러 가지 하는 것으로 가끔씩 쉬어도 될 것 같다고 생각한다.
- 난 프레드릭의 의견에 동의한다. 인생은 딱 한 번. 놀고 자고 공부도 적당히 하면 된다. 많이 노는 아이가 공부를 더 잘한다는 말도 들었기 때문이다.
- 나도 커서 일만 하지 않고 프레드릭처럼 주위를 둘러보며 살아야겠다. 다른 들쥐들처럼 열심히 일만 하면서 사는 친구들을 보면 그 친구들에게 이 프레드릭이라는 책을 읽어 보라고 해야겠다. 친구들과 함께 프레드릭처럼 자유롭게 살아가고 싶다.
- 나도 프레드릭의 모습에 찬성한다. 바쁘게 사는 것은 중요하긴 하지만 너무 힘들다. 프레드릭처럼 살면 힘들지 않게 살 수도 있고 자연을 보고 있으면 기분도 좋아진다. 프레드릭처럼 사는 것도 나쁘지는 않을 것 같다.

❷ 부정

- 나는 프레드릭을 쓴 글쓴이의 의견에 동의하지 못한다. 지금도 복잡한 세상인데 그렇게 여유 부릴 시간도 없을 뿐더러 만약에 자신이 시간을 내어도 이 세상에서 이 이야기처럼 자신을 펼칠 기회가 없다고 난 생각한다.
- 나는 이런 것에 반대를 한다. 남들은 힘들게 일하는데 자기만 놀고 그러면 돈도 없고 밥도 제대로 못 먹기 때문에 열심히 일하는 것이 좋을 것 같다. 또 다른 이유는 이것들은 모두 상상이다. 그러니 나는 일을 하는 것이 좋은 것 같다.

❸ 중립

- 프레드릭처럼 살면 어떨지 생각하면, 친구들에게 도움을 주고 그것으로 끝나면 되는데 왠지 친구들이 뭐라 할 것 같다. 나만 노는 것처럼 보이고, 그렇게 하면 친구들이 혼낼 수도 있고 친구가 없어질 수도 있다. 난 프레드릭 같은 친구가 있으면 좋겠다. 그럼 색다른 삶을 직접 볼 수 있고 친해지면 나도 같이 조금 자유롭게 될 수 있다.
- 프레드릭이 일하지 않고 자연만 느끼는 것이 안 좋다. 프레드릭이 색깔, 햇빛, 이야기를 다 주고 남은 게 없을 때는 추운 곳에 나가서 일할 수 없다. 열심히 친구들을 도우면 겨울에 먹을 수 있는 게 더 많아지므로 열심히 일해야 한다고 생각한다. 그런데 매일 들쥐처럼 하면 힘들므로 가끔씩은 프레드릭과 들쥐들 섞어서 한 번은 놀고 또 한 번은 열심히 일하는 사람이 되고 싶다.
- 나도 프레드릭의 삶을 존중한다. 하지만 들쥐들의 삶도 매우 중요하기 때문에 난 들쥐들과 프레드릭의 딱 반만큼이 좋은 거 같다. 들쥐처럼 열심히 일하면서도 프레드릭처럼 햇살, 색, 이야기 등에 위로 받으며 사는 게 좋다고 생각했기 때문이다.

- 나는 프레드릭처럼 생각한다. 하지만 너무 일을 하지 않으면 내가 먹고 살기 힘들 것 같다. 그래서 들쥐처럼 일도 하면서 가끔은 프레드릭처럼 쉬는 것도 좋은 것 같다.
- 프레드릭을 읽으니 돈이 중요하지 않다고 느꼈고 나도 프레드릭처럼 지혜롭게 살고 싶다. 그렇지만 프레드릭은 남들 일할 때 이야기 만든다면서 졸고 꽃 보면서 색깔 채운다 하며 쉬는 걸 보니 그건 좀 나쁘다고 생각한다.

●선생님이야기

하도 유명해서 읽어 본 이야기, 읽긴 읽었는데 지루한 이야기, 무슨 말인지 알 것 같은데 좀 어려운 이야기……. 사실 『프레드릭』을 보는 내 생각이 이랬다. 아이들과 어떻게 이야기를 나누어야 할지도 막막해서 온작품 읽기 목록에 감히 넣을 수 없었던 책이었다. 그런데 어느 날 '시인'의 존재감이 가슴에 다가오면서 이 책에 새로이 눈을 뜨게 되었다. 언젠가 제대로 수업하리라 벼르다가 6학년 아이들과 이야기 나누게 된 것이다.

책에 대한 안내는 어느 정도 필요했다. '개미와 베짱이'를 다른 관점으로 고쳐 썼다고 하니 아이들이 관심을 보였다. 이야기가 지루할까 봐 "넌 시인이야" 부분을 ▢▢로 가려 봤다. 완전히 성공했다고 말할 수는 없지만, 그래도 아이들은 내 생각 이상으로 책에 몰입했다.

수업 시간 내내 작정하고 엎드려 잠자는 미이는 프레드릭의 말에 가장 촉촉이 젖으며 읽기가 끝나기도 전에 좋아하는 아이돌에 빗대어 "비투비만큼 감동이야!"라고 소리쳤다. 그렇게 감동적인가? 내가 내게 되물을 정도로 반응은 뜻밖이었다. 마법, 무지개, 영웅……, 다양한 낱말 속에 '다른 사람이 눈여겨보지 않는 것을 보게 했다'는 현이의 말은 물질이 아닌 정신의 풍요를 추구하는 프레드릭을 정확히 짚어 내는 것이어서 나를 감동시켰다.

한편 프레드릭이 추구하는 삶이 현실에 맞지 않고 씨알도 먹히지 않을 거라 말하면서도, 찡그린 얼굴로 내내 고민하는 영이의 얼굴은 몇 달이 지나도록 잊히지 않는다. 그만큼 이 이야기는 아이들에게 각기 다른 삶을 보여 주었고, 또 자신이 어떻게 살아갈 것인지 물음을 던졌다.

예술이 사람의 마음을 움직여 무미건조한 삶을 촉촉하고 아름답게 만든다는 건 누구나 공감하는 사실이다. 그러나 예술 하는 삶은 고달프다. 아이들의 말마따나 자기가 프레릭처럼 예술 한답시고 양식을 모으지 않으면, 친구들로부터 왕따가 될 수도 있다. 들쥐들처럼 양식을 모으고 필요한 물질을 쌓아 두는 일도 중요하다. 우리 선생님들의 인생도 언제나 이 길로 갈까 저 길로 갈까 갈팡질팡 하지 않은가? 평생 해답을 내리지 못한 채 고민만 할 수도 있다. 그렇지만 나는 여전히 아이들에게 다른 길이 있음을 보여 주고, 다른 삶을 꿈꾸는 것도 가치 있음을 이야기하고 싶다. 그래서 아이들이 어떤 삶을 살든 자기가 선택한 길에 자긍심을 갖고 프레드릭처럼 존재를 인정받기를 바라본다.

#시인 #예술의_가치 #어떤_삶을_살_것인가 #개미와_베짱이 #옛이야기_재해석

5-6학년 그림책

나를 가꾸다

야쿠바와 사자 ① 용기

티에리 드되 글·그림·염미희 옮김 / 길벗어린이

●책이야기

> 이른 아침이 되었다. 야쿠바는 창을 모으고,
> 지쳐 쓰러진 사자를 마지막으로 한 번 바라보았다.
> 그리고 망설임 없이 마을로 향했다.

　검은색의 굵직한 선으로 마치 부시맨을 그린 듯 표지가 호기심과 낯선 거리감을 동시에 불러일으킨다. 흑백으로만 그려진 그림은 무척 강렬하며 숨 막히는 더위와 긴장을 느끼게 한다. 또한 장면마다 원근과 시점을 달리 하여 단순하면서도 생동감이 넘친다.

　1994년 프랑스에서 출간된 이 그림책은 아프리카 원시 부족 마을을 배경으로 성인식을 치르는 한 소년의 용감한 선택을 담담하게, 그러나 묵직하게 드러낸다. 주인공 야쿠바는 비장한 각오로 사냥을 떠난다. 그렇지만 그가 만난 것은 양심을 건드리며 죽일지 말지 선택을 요구하는 다친 사자였다. 사자를 죽인다면 비겁할지언정 마을에서 뛰어난 남자로 인정받을 것이다. 그렇지 않다면?

　야쿠바가 마주한 질문은 아이들에게도 그대로 물어볼 수 있다. 비록 처지가 다르지만, 선택의 길목에서 아이들은 자신이 삶에서 중요하게 생각하는 것이 무엇인지 떠올리게 된다. 그 선택의 옳고 그름을 가리기보다, 그렇게 생각한 까닭을 살피고 아이들의 삶을 이해하는 데에 중점을 두면 좋겠다.

　더불어 이 책의 부제인 '용기'를 되짚는 것이 필요하다. 야쿠바의 이야기에서 '용기'는 우리가 흔히 사용하는 것과 사뭇 다르다. 왜 부제가 '용기'인지, '용기'란 어떤 뜻일지 함께 이야기하며 책이 지닌 무게감을 한층 깊이 느끼면 좋겠다.

● 6학년 수업이야기

1차시	2차시
책 읽어주기 ｜ 토의하기 ▶	끝까지 읽어주기 ｜ 토의하기

흐 름	활 동
읽기 앞서	**표지 읽기** • (보자마자) 와하하하 웃음 / 얼굴이 웃긴다. / 늙었다. / 이상하다. **어떤 사람인가요?** • 아프리카 사람 / 원시인 / 못생겼다. **인물 소개, 제목 읽기, 지은이와 서지정보 안내하기** **사냥을 하는 원시 부족의 성인식을 간략히 소개하기**
읽으면서	**읽어주기** ⏸ "네가 본 게 맞다. ~ 날이 밝기까지 아직 시간이 있다." 까지 읽어주기 **토의하기** 내가 야쿠바라면 어떻게 할까요? 그렇게 생각한 까닭은 무엇인가요?

읽으면서	**맛내기** 각자 입장을 정한 다음 아래 질문에 답해 보도록 한다. • 사자를 죽인다면 얻는 것은 무엇이고 잃는 것은 무엇입니까? • 사자를 살린다면 얻는 것은 무엇이고 잃는 것은 무엇입니까? 각각 포스트잇에 써서 모둠 활동판이나 칠판에 붙이고 의견을 살펴본 뒤 입장을 다시 정할 수 있다. **끝까지 읽어주기** 야쿠바는 어떤 일을 하게 되었나요? 마을엔 어떤 변화가 생겼나요?
읽고 나서	**토의하기** '용기'란 무엇이라고 생각하나요? **소감 이야기하기** 책을 읽은 느낌을 간략히 이야기해 봅시다.

● 아이들 이야기

내가 야쿠바라면 어떻게 할까요? 그렇게 생각한 까닭은 무엇인가요?

❶ 사자를 살린다.

- 나라면 사자를 죽이지 않는다. 비겁하게 죽이면 그곳에서 진짜로 인정받는 느낌이 안 들 것 같다. 그리고 평생 후회하며 살 것 같다.
- 그 사자를 죽이더라도 진정한 '뛰어난 남자'는 되지 않을 것 같다.
- 사자를 살려 준다. 사자가 괴로울 것 같기 때문이다. 또 정정당당하게 싸우지 않고 원래

사자가 힘없이 있었으니 사자를 죽이더라도 공평하지 않으니 별로 위대한 전사가 되는 것도 아니기 때문이다.

❷ 사자를 죽인다.

- 나는 사자를 죽일 것이다. 죽이면 나는 인정받을 수 있고 사자는 체력이 다 되어 어쩔 수 없이 죽을 수도 있기 때문이다.
- 사자가 아프지 않고 정상이었다면 야쿠바를 먼저 공격했을 수도 있고 구해 줬다고 짐승이 은혜를 갚지는 않을 것이다.
- 죽였을 것이다. 친구들한테 놀림 받는 것이 무섭기 때문이다. 인간관계가 더 소중하다. 우리가 살면서 비겁한 짓을 안 하고 살 수는 없기 때문이다.
- 난 죽일 것이다. 마음이 고귀한 성인이 되는 것보다 육체적으로 성인으로 인정받고 싶기 때문이다.

❸ 그 외

- 마을로 돌아가지 않고 사자와 산다. 마을에서 비난 받지도 않고 자기 자신에게도 떳떳해서.
- 모르는 척 지나가고 다른 사자를 잡는다. 힘든 사자를 잡아도 자신이 스스로 잡은 것이 아니기 때문이다. 또 사자가 불쌍하다.
- 다른 사자를 죽이고 그 사자는 산에서 키운다. 다친 사자를 죽이는 것은 치사하다.
- 사자를 안 죽이고 사자를 훈련시켜 죽은 척하게 한다.
- 사자를 마을로 데려가서 치료해 주고 길들인다. 사자를 필요할 때 쓸 수 있다.
- 사자 가죽을 조금 잘라 온다. 사자도 살려 주고 전사로 인정받기 때문이다.

'용기'란 무엇이라고 생각하나요?

- 포기하는 것도 용기.
- 용기란 무언가를 선택할 수 있는 것, 포기할 수 있는 것도 용기. 야쿠바는 사자를 살려 주고 전사를 포기했다. 무언가를 선택했고 그에 맞는 대가를 치른 것 같다.
- 용기란 야유와 따가운 눈빛을 받아도 변명하지 않는 것이다.
- 친구들에게 따돌림을 받을 일을 각오하는 것
- 용기란 싸늘한 시선을 받을 것을 알면서도 그런 것

- 야쿠바가 사자를 잡으면 영웅이 될 수 있는데 그냥 돌아간 것이 용기이다.
- 야쿠바는 전사가 되는 기회를 포기하고 아픈 사자를 살려 주고, 자신은 마을 사람들에게 비난을 받았다. 용기란 다른 사람의 비난과 시선을 두려워하지 않고, 자신이 옳다고 생각하는 일을 행동으로 하는 것이라고 생각한다.

> **책을 읽은 느낌을 간략히 이야기해 봅시다.**

- 사자를 살려 주는 장면이 좋았다. 내가 야쿠바면 나도 살릴 것이다. 야쿠바가 비난 받을 때 마음이 아팠다. 그래도 잘 참은 것 같다.
- 용기에 대해서 다시 생각하게 되었다.
- 사자를 살려준 야쿠바의 용기가 대단하다. 까만 야쿠바 얼굴 안에 진정한 용기가 있을 것이다. 나도 야쿠바를 본받고 싶다.
- 나는 야쿠바가 포기하는 모습이 정정당당해서 후회가 없을 거라고 생각한다.
- 야쿠바와 내 삶은 좀 다른 것 같다. 나는 뭐든 내가 먼저 잘 되면 된다고 생각했는데 좀 다르게 느꼈다.
- 야쿠바는 희생할 줄도 아는데 나는 그런 생각을 해보지 못했다. 나는 아직 어린가 보다.
- 나는 친구들의 따돌림을 받을 것을 생각하면 (사자를) 죽였을 텐데 참 대단하다는 생각이 든다.
- 나는 그렇게 배려하면서 산 것 같지 않은데, 야쿠바가 가축 지키는 사람이 된 걸 보니까 좀 배려하기 싫은 마음도 든다.
- 야쿠바의 삶이 되게 용감하다. 내 삶은 용기가 없는 것 같다.
- 야쿠바는 사자의 말대로 마음씨 착한 어른이 될 것 같다. 야쿠바는 사람들의 비난을 받으면서도 자기의 일을 꾸준히 했기 때문에 야쿠바는 용감한 사람이다.
- 마을에 사자가 습격하는 것은 멈춰서 좋은데 야쿠바 자신은 전사가 되지 못했다. 잘했다고도 잘못했다고도 보기 어렵다.
- 나는 야쿠바가 잘하지도 못하지도 않았다고 생각한다. 사자를 살려줘서 떳떳하긴 하지만 전사가 되지 못했기 때문이다.
- 야쿠바는 자신에게 떳떳했다.
- 사자는 은혜를 아는 사자이다.

● 선생님이야기

　책장을 하나하나 넘길 때마다 숨죽이며 다음 장면을 기다리는 아이들의 마음이 고스란히 느껴졌다. 큰 입을 벌린 사자가 한 면 가득 나타났을 때, 야쿠바가 잔뜩 일그러진 얼굴로 날카로운 칼을 든 장면에서 아이들은 "헉!" 숨을 토해 냈다. 그리곤 앉아 있는 사자를 보며 "다친 거 아니야?"라고 재빠르게 반응했다.

　내가 야쿠바라면 다친 사자를 어떻게 했을지 생각하랬더니 가볍게 비아냥대기 잘하는 반장이 "선생님이 그 말 할 줄 알았어요." 하면서 피식거렸다. 아이가 짐작할 만큼 뻔한 질문이었지만 하지 않을 수 없었다. 대답은 무거울 수밖에 없으니까.

　아이들의 선택 속에는 내가 미처 알지 못했던 모습이 담겨 있었다. 사자를 살리냐 죽이냐가 아니라 그것을 선택하게 된 까닭을 보니 아이들의 꽁꽁 감싸인 마음속을 들여다보는 것 같았다. 말이 적고 친구 사이에 약간 겉도는 것 같았던 남자 아이는 주변 사람들에게 인정받는 게 중요하다고 제 생각을 밝혔다. 그 아이가 또래와 같이 수선 떨지 않고 뻣뻣한 걸음을 하는 이유가 그거였나? 쑥스러운 듯 조심스러워 하는 몸짓 안에 그런 마음이 있었구나 생각하니 속에서 무언가 덩어리졌다. 걔한테는 그게 중요한 일이었을 텐데 나는 그걸 알아보려 않고 겉모습으로만 그 아일 판단하고 있었던 것이다. 또다시 교사로서의 내 모습을 돌아보게 하는 수업이었다.

　1권과 같이 2권(신뢰)을 미니이젤에 전시해 두었더니 쉬는 시간, 점심시간 틈틈이 이 아이, 저 아이 차례대로 보는 모습이 눈에 띄었다. 자투리 시간에 2권을 읽어 주려 했는데 어느 새 우리 반이 거의 다 읽었단다.

　"3권은 없어요?", "우리가 3권 써요."

　3월만 해도 콜럼버스가 진짜 버스인 줄 알았다는 인이가 말했다. 물론 그 말에 다른 아이들이 화들짝 놀라기는 했지만 ^^; (그래서 3권은 없는 걸로.)

　동학년 선생님에게도 이 책을 추천하였는데, 그 반에서도 책에 대한 아이들의 반응은 남달랐다고 한다. 책이 책으로서 아이들에게 말을 거는 소중한 경험이 6학년에게 오래 남았으면 한다.

#용기　#성인식　#아프리카_원시부족　#사자사냥　#선택

5-6학년 단편동화

나를 가꾸다

내 꿈은 토끼

임태희 글 · 양경희 그림 / 바람의아이들

●책이야기

> 나는 느릿느릿 입을 열었다.
> "제 꿈은……자유롭게 날아다니는……비……"
> 선생님이 초조해하며 말을 가로채셨다.
> "비행사?"
> 나는 고개를 가로저으며 단호하게 말했다.
> "나비! 나비가 되는 게 제 꿈이에요!"

안경을 쓴 토끼가 오른손을 번쩍 들고 있다. 그 뒤로 날개를 펼치며 활짝 웃고 있는 나비도 보인다. 저 끝에는 곧 무당벌레가 될지도 모를 아이가 책상에 엎드려 자고 있다. 우리 반 교실이라면 나도 표지 속 선생님처럼 눈을 동그랗게 뜨고 놀란 듯 바라보겠지.

사건은 모범생 영빈이 자기 꿈을 발표하는 시간에 어이없게도 꿈이 토끼라고 말하면서 시작되었다. 모두들 영빈이 돌았다고 수군댈 때 민우는 무거운 짐을 벗어 던진 듯 후련한 얼굴의 영빈이에게 호기심이 생긴다. 매일같이 비교 당하느라 영빈이를 끔찍하게 싫어했던 민우는 문제집을 냄비에 팔팔 끓이고 괴상한 행동을 하는 영빈일 보면서, 아이들이 얼마나 서로의 모습을 살피며 돌볼 겨를 없이 공부에 시달려 왔는지 깨닫게 된다. 그리고 번듯한 직업으로 포장된 꿈이 아니라 무얼 생각하고, 무얼 좋아하는지, 또 무얼 싫어하는지 속마음을 들여다보며 자기 꿈을 나비라고 발표한다.

세상에는 할 만한 가치 있는 일들이 많은데, 아이들은 다양한 경험의 기회를 박탈당한 채 공부에 내몰리고 있는 게 사실이다. 그래서 정작 자기가 무엇을 좋아하고 싫어하는지, 어떤 사람이 되고 싶은지 생각 못하고, 누군가 이름 붙여 놓은 직업만 막연하게 되뇐다. 이런 우리 아이들에게 이 짧은 이야기는 자기가 어떤 사람인지 들여다보게 하는 기회가 될 것이다. 비록 책을 읽는 그때뿐이라 해도, 작은 틈새라도 열 수 있다면 그걸로 기쁘겠다.

● 6학년 수업이야기

1차시	2차시
책 읽어주기 ｜ 사건 간추리기	핫시팅하기 ｜ 빈 의자 놀이하기 내 꿈은 □□ 시 쓰기

흐 름	활 동
읽기 앞서	**표지 읽기** 무엇이 보이나요? 어떤 내용일까요?
읽으면서	**읽어주기** ⏸ 94쪽. '선생님은 그제야 ~ 빙글빙글 돌리는 아이도 눈에 띄었다.' 왜 선생님은 더듬더듬 하시고, 아이들이 키득키득 웃었을까요? • 보통 꿈은 의사 이런 걸 말하는데 토끼라고 해서. 동물이니까. ⏸ 95쪽. '나는 영빈이 가까이에 있는 것이 끔찍하게 싫었다.' 왜 그럴까요? ⏸ 101쪽. "너 같은 모범생도 ~ 뭐 때문에 벌 받는데?" 영빈이는 무엇 때문에 벌을 받을까요? ⏸ 108쪽. '해도 정말 너무했다. ~ 부모님이 너무했다는 거다.'

읽으면서	선생님과 부모님의 어떤 점이 너무했다는 건가요? 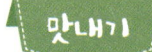 112쪽. '영빈이의 얼굴이 ~ 돌볼 겨를은 있을 수 없다' 여러분들도 비슷한 마음인가요?
읽고 나서	### 사건 간추리기 **맛내기** 각자 들으며 메모했던 내용을 모둠원과 이야기하면서 어떤 일이 있었는지 월요일~월요일의 시간 흐름에 따라 간추리도록 한다. ### 핫시팅하기 **영빈, 민우를 초대하여 궁금한 것을 물어봅시다.** **맛내기** 영빈이와 민우에게 묻고 싶은 것을 1~3가지 정도 준비한다. • 의자 2개에 영빈, 민우가 된 학생이 앉는다. • 다른 학생들이 질문하면, 의자에 앉은 아이들은 영빈, 민우의 마음이 되어 대답한다. • 영빈, 민우가 되는 학생을 2~3번 바꾸어 활동을 반복한다. ### 빈 의자 놀이하기 **영빈이에게 하고 싶은 말을 전해 봅시다.** **맛내기** • 빈 의자 하나를 준비하고, 그곳에 영빈이가 앉아 있다고 여긴다. • 학생들은 영빈이의 마음에 공감하는 거리만큼 가까이 또는 멀리 떨어져 선다. • 멀리 서 있는 사람부터 영빈이에게 하고 싶은 말을 한다.

내 꿈은 □□ 시쓰기

읽고 나서 — 나를 나타낼 수 있는 동물, 사물 등을 떠올려 보고 그에 빗대어 내 꿈을 시로 써 봅시다.

● 아이들이야기

영빈, 민우를 초대하여 궁금한 것을 물어봅시다.

❶ 영빈에게

- 너는 왜 토끼가 되고 싶니?
= 자유롭고 싶어서요. / 학원 안 가고 자유롭게 지내고 싶어서요.
= 학교를 토끼고 싶어서요. / 작고 귀엽게 뛰어다니고 싶어서요. / 토끼처럼 작아지면 나를 못 알아보고 잘 도망갈 수 있어서요.
= 체육을 잘하고 싶어서요.
- 어떻게 냄비에 문제집을 끓일 생각을 했습니까?
= 문제집을 아예 안 보려고요. / 문제집을 버리면 엄마가 다시 주워서 갖다 놓을 것 같아요.
- 그동안 공부를 너무 많이 하여 짜증나지 않았나요?
= 어……, 그냥 아무 생각이 없었습니다.

❷ 민우에게

- 너는 왜 나비가 되고 싶니?
= 자유롭게 날아다니고 싶어서요.
= 영빈이가 나비 그림을 그려 줘서요. / 나비가 되어 토끼랑 놀았으니까요.

영빈이에게 하고 싶은 말을 전해 봅시다.

- (네가 답답한 건 알겠는데) 그래도 너무 (이상한 행동) 하지는 마.
- 때로는 부모님 말씀을 듣는 것도 좋아.
- 어이없고 이상해. 우등생인 건 부럽지만 영빈이의 꿈은 그다지 되고 싶지 않아.
- 상상력이 풍부하고 순수하구나. 나도 꿈이 정확하면 될 것 같다는 생각이 들어.
- 처음엔 꿈이 토끼라고 하여 웃었지만, 자유롭게 살고 싶다는 생각이 있어서 그럴 수 있다고 생각했어.
- 나도 너처럼 자유롭고 싶어.
- 나도 너무 공부라는 틀에 박혀 살았다는 것을 깨달았고, 왠지 모르게 나도 자유롭게 한 번 살아 보고 싶다는 생각이 들었어.

나를 나타낼 수 있는 동물, 사물 등을 떠올려 보고 그에 빗대어 내 꿈을 시로 써 봅시다.

- 「내 꿈은 고양이」
  땅을 빠르게 달리고 / 높은 데도 자유롭게 다니고 / 높은 데도 자유낙하 하고
- 「내 꿈은 김ㅇㅇ」
  다른 아무 것도 아닌 / 그냥 내가 되고 싶다. / 친구들과 노는 걸 좋아하고 / 공부하는 건 좋아하지 않은 / 그냥 / 나.
- 「내 꿈은 이모」
  내 자식은 욕심나서 / 공부시키고 갈굴 것 같은데 / 내 동생 자식은 욕심이 안 나서 / 동생이 조카를 갈구려 하면 / 말릴 것 같다. / 그래서 난 엄마보다는 / 이모가 되고 싶다.
- 「내 꿈은 거북이」
  느긋하게 살고 싶다. / 단단한 껍질로 몸을 쉽게 지키고 싶다.
- 「내 꿈은 설탕」
  기분이 나빠도 / 달달하게 해준다.
- 「내 꿈은 구름」
  넓은 하늘을 다 누비듯 / 나도 그런 사람이 되고 싶다.

●선생님 이야기

　아이들이 이야기를 무척 재미있어 하였다. 꿈이 토끼라고 한 것에, 문제집을 냄비에 넣고 끓인 것에, 꽁트 세구트지둥총이라는 괴상한 토끼 언어에 깔깔깔 정신없이 웃어 댔다. 나를 가장 애먹이는 미이마저 "내가 본 책 중에 젤 재밌다."고 큰소리칠 정도였다. 그래서 책 읽어주기 좀 지겹다 싶은 선생님들, 아이들과 간만에 유쾌하게 웃어 보려는 선생님들께 이 책을 적극 추천한다.

　아이들의 반응은 실로 다양하였다. 빈 의자에 앉은 영빈이에게 23명이 한 줄의 점진적인 그라데이션을 그리는 것처럼 말을 걸었다. 영빈이를 전혀 이해 못하겠다는 아이에서부터 영빈이보다 더 엉뚱한 꿈을 얘기하여 나를 꼰대처럼 만든 아이까지. 이런 의외의 반응 때문에 문학 읽기는 즐거운가 보다.

　아이들이 쓴 시 하나하나에는 그 시를 쓴 아이의 생김새와 함께 차마 밖으로 내놓지 못했던 진실한 꿈이 드러났다. 고양이처럼 빠르게 달리고, 높은 데서 뛰어내리고 싶다는 아이는 몸집이 크고 말도 느린, 우직한 친구이다. 고양이가 되고 싶다니! 마음이 짠해 왔다. 거북이가 되고 싶다는 아이는 다른 남자아이들보다 유달리 소심하고 내성적이다. 머리며 배며 다리며 어찌나 자주 아픈지 지병을 앓는 건 아닌지 걱정이 될 정도로 결석을 자주 한다. 그러니 얼마나 거북이처럼 자신을 지키고 싶었을까.

　아이들이 진정 바라는 꿈은 앞으로 어른이 되어서 번듯하게 해낼 어떤 직업만이 아니다. 공부를 잘하고는 싶지만 공부와 직결되는 꿈만 꾸는 것도 아니다. 알게 모르게 눈치를 보며 어른들이 원하는 대답을 내놓는 아이들이 영빈이와 민우를 보며 다른 꿈을 꾸어도 괜찮다는 걸 알았으면 좋겠다. 이 수업이 자신이 진짜 좋아하는 것은 무엇인지, 어떤 사람이 되고 싶은지, 어떻게 살고 싶은지 돌아보는 시간이었기를 바란다. 그리고 통나무든 구름이든 설탕이든, 자신의 진실한 목소리에 귀 기울이며 행복한 나를 가꾸는 아이들이 되기를 응원한다.

#내꿈 #모범생 #나는_무엇을_좋아하는가 #어떤_사람이_되고_싶은가
#어떻게_살고_싶은가 #내꿈은_토끼 #내꿈은_나비

4-6학년 장편동화

나를 가꾸다

초정리 편지

배유안 글·홍선주 그림 / 창비

●책이야기

"꽃잎을 어떻게 다듬었느냐?"
"돌을 깨어 내면 안에 든 꽃잎이 눈을 뜨고 피어납니다."
"안에 든 꽃잎이 눈을 뜬다고? 돌을 깨어 내면?"
"예."
할아버지는 고개를 끄덕이며 한참 생각에 잠기는 듯했다.
할아버지가 장운이 쪽으로 허리를 굽히더니 목소리를 낮췄다.
"장운아, 그러고 보니 나도 돌을 깨어 내고 있구나."
장운은 할아버지 얼굴을 빤히 보았다. 할아버지가 웃음을 지으며 고개를 끄덕였다.

『초정리 편지』는 세종대왕이 초정리의 약수터에서 눈병을 치료했다는 역사적 사실에서 장운이라는 건강한 인물을 통해 작가가 상상력을 발휘하여 엮은 동화이다. 역사를 바탕으로 한 상상력이 참 재미있고 사건이 속도감 있게 전개되어 몰입할 수 있다. 또한 문장이 짧고 대화체가 많아 읽어주기 좋으며 인물의 성격과 특징을 살려 연극으로 실감나게 표현하기에 적합하다.

아픈 아버지와 떠난 누이를 그리워하며 살아가는 장운이 토끼눈 할아버지를 만나 글자를 익히면서 새로운 세상을 만난다. 그러던 어느 날 토끼눈 할아버지가 세종대왕이라는 것을 알게 되고, 석수로서의 꿈을 이루게 된다.

이 책은 장운이가 힘든 삶 속에서도 한글을 깨치고 석수로서의 꿈을 실현하는 과정을 울림 있게 담고 있다. 또한 한글의 가치와 소중함도 가슴 뜨겁게 느낄 수 있다. 우리가 삶을 살아갈 수 있는 것도 곁에 있는 사람들과 함께 배우고 나누며, 꿈을 꾸고, 서로 힘이 되어 주기 때문임을 다시 한 번 생각할 수 있지 않을까 한다.

● 4학년 수업이야기

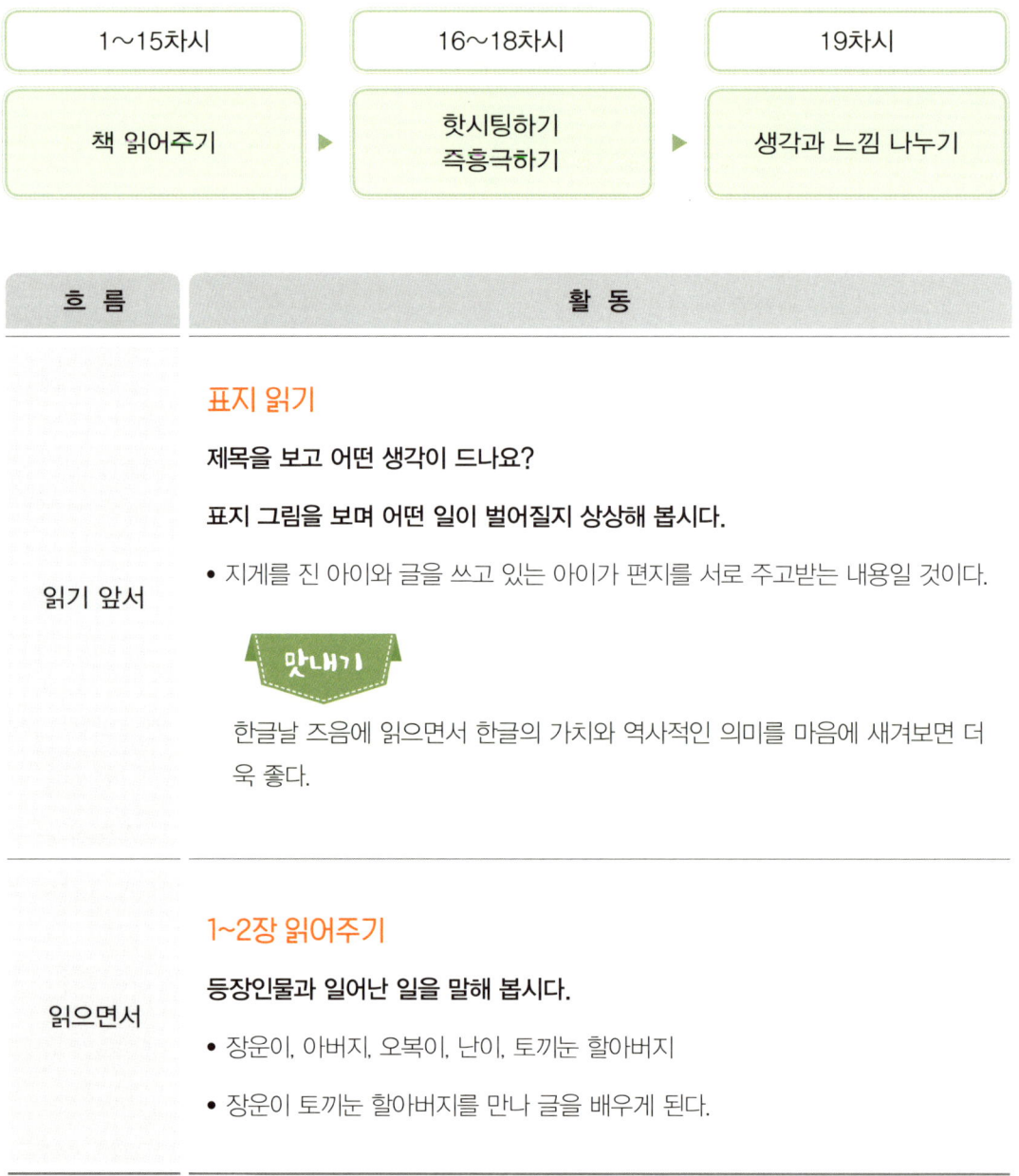

흐름	활동
읽기 앞서	**표지 읽기** 제목을 보고 어떤 생각이 드나요? 표지 그림을 보며 어떤 일이 벌어질지 상상해 봅시다. • 지게를 진 아이와 글을 쓰고 있는 아이가 편지를 서로 주고받는 내용일 것이다. **맛내기** 한글날 즈음에 읽으면서 한글의 가치와 역사적인 의미를 마음에 새겨보면 더욱 좋다.
읽으면서	**1~2장 읽어주기** 등장인물과 일어난 일을 말해 봅시다. • 장운이, 아버지, 오복이, 난이, 토끼눈 할아버지 • 장운이 토끼눈 할아버지를 만나 글을 배우게 된다.

맛내기

매 장마다 읽고 난 후 '누가, 언제, 어디서, 무엇을 했다.' 항목에 따라 포스트잇에 기록하여 내용을 간추리도록 한다.

읽으면서

🔘 23쪽. '장운은 짚신을 꿰어 신고 ~ 선 채 옥수수를 먹었다.'

장운이가 삶을 살아가는 자세에 대한 자신의 생각이나 느낌을 이야기해 봅시다.

3장~5장 읽어주기

🔘 71쪽. '거북을 다듬는 일이 ~ 울적한 생각을 한결 덜 하게 되었다.'

장운이처럼 힘들고 어렵지만 깊이 몰두하는 기쁨을 느낀 적이 있나요?

6장~9장 읽어주기

🔘 109쪽. "다른 사람들도 ~ 할아버지가 곧 그렇게 될 거라고 하셨어."

한글의 좋은 점은 어떤 것이 있을까요?

읽으면서

10장~12장 읽어주기

⏸ 134쪽. '도대체 그 분은 누구실까?'

토끼눈 할아버지는 누구일까요? 그렇게 생각한 까닭은 무엇인가요?

⏸ 152쪽. '장운은 눈물이~눈두덩을 훔쳤다.'

난이와 오복이의 이야기를 들은 장운이는 어떤 마음이 들까요?

13장~15장 읽어주기

⏸ 182쪽. '아침 설거지를 마치고~여지없이 떨어져 나간 것이다.'

장운이의 마음은 어떨까요? 여러분이라면 어떻게 할까요?

읽고 나서

한 줄 느낌 말하기

가장 마음에 울림이 있었던 장면이나 느낌을 이야기해 봅시다.

서로 질문하고 답하기

책을 읽고 함께 나누고 싶은 질문을 만들어 봅시다.

핫시팅하기

장운이, 토끼눈 할아버지, 난이에게 하고 싶은 질문을 준비하여 인터뷰해 봅시다.

맛내기

의자 두 개에 장운이가 되어 보고 싶은 친구 2명이 앉는다. 다른 학생들이 질문을 하면 둘이 함께 생각을 나눈 후 한 명이 대답한다. 다른 인물들도 마찬가지로 진행한다.

즉흥극하기

1모둠은 1~2장, 2모둠은 3~4장, 3모둠은 5~6장, 4모둠은 8장과 11장, 5모둠은 13~14장, 6모둠은 15장을 맡아서 즉흥극으로 표현해 봅시다.

즉흥극은 대본대로 대사를 외우며 하는 연극이 아니라 중요한 사건, 정지 장면과 동선에 대해 약간의 약속만으로 이루어지는 연극이다. 학생들이 인물의 삶을 자연스럽고 편안하게 표현할 수 있다.

읽고 나서

모둠별로 수정하여 다시 한 번 더 발표해 봅시다.

> 장운이가 석수가 되기까지 겪은 일을 보고 자신의 생각이나 느낌을 나누어 봅시다.

● 아이들이야기

장운이처럼 힘들고 어렵지만 깊이 몰두하는 기쁨을 느낀 적이 있나요?

- 건담 만들 때 만드는 건 2시간 이상 걸려서 힘든데 완성하면 뿌듯하고 좋아요.
- 게임할 때 이기니까 기분이 좋아요.
- 나노 블록을 만드는데 어려워서 완성 못했지만 좋았어요.
- 작은 퍼즐 맞출 때 퍼즐이 맞추는 게 어렵지만 그래도 좋아요.
- 레고 부품이 많으니까 찾아야 돼서 힘들지만 다 만들었을 때는 뿌듯해요.
- 그림 그릴 때 아무 생각도 안 나고 몰두할 수 있어서 좋아요.
- 그리기 어려운 거, 풍경화나 사람을 똑같이 그리는 게 어려운데 그릴 때 좋아요.
- 외할머니 집에서 사촌이 퍼즐 가져왔는데 정말 크더라구요. 근데 한 시간 반 정도 걸려서 완성했는데 한 개 퍼즐이 없어져서 아쉬웠어요.
- 큐브 돌릴 때 아무 생각 없이 돌리다가 나중에 맞춰질 때 좋아요.
- 밖에서 스트레스 있을 때 고양이 얼굴을 만지면서 같이 노는 순간이 좋아요.
- 발표하기 전엔 긴장되고 할 말이 생각이 안 나는데 발표를 잘 마무리하면 뿌듯해요.
- 음악 들을 때요. 처음에는 아무 생각 없이 듣다가 계속 빠져들게 되면 그 음악의 주제가 딱 들려요.
- 회장 선거에 나가서 공약 발표할 때 머릿속이 하얗게 되었는데 앞만 보고 말했는데 좋았어요.
- 숙제할 때 하는 순간은 힘든데 끝내고 나면 좋아요.

가장 마음에 울림이 있었던 장면이나 느낌을 이야기해 봅시다.

- 상수가 다쳤을 때 장운이가 상수를 위해 약을 발라 주는 장면이요.
- 장운이가 덕이를 만났을 때요. 떨어져서 살았는데 얼마나 좋겠어요?
- 장운이가 연꽃확을 다 만들었을 때, 열심히 해서 완성한 작품이니까 감동적이었어요.
- 장운이가 덕이를 만났을 때 감동적이었어요. 종살이를 하던 덕이를 엄청 만나고 싶어 했

잖아요. 저도 1학년 때 전학 가서 헤어졌다가 다시 만난 친구가 있는데 그때 기뻤어요.
- 장운이가 토끼눈 할아버지를 만났던 장면이요. 연꽃 확이 부러져서 속상해 하고 있었고, 토끼눈 할아버지는 새 글자 알리는 일을 걱정하고 있었는데 서로의 근심을 덜어 줘서요.
- 장운이가 그동안 토끼눈 할아버지를 잊지 못해 편지를 간직하고 있었는데 헤어졌다 다시 만났을 때요. 제가 전학을 왔는데 예전 학교에서 만났다가 다시 여기서 만난 친구가 있어요. 세영이요. 다시 만나서 기분이 괜찮았어요.
- 토끼눈 할아버지가 모래에 있는 글씨가 누구 것인가 묻고 장운이가 그 글씨가 자기 것이라고 할 때, 토끼눈 할아버지인 것을 알아차렸을 때, 가장 멋있고 재미있었어요.
- 돌 깨졌을 때요. 장운이가 속상했을 것 같아서요. 나노 블록 만들고 있는데 갑자기 부서져서 저도 속상한 적이 있었어요.
- 장운이가 덕이를 만나러 갔을 때 좋았어요. 긴 오랜 시간 동안 헤어진 사람을 다시 만난다는 게 설레기 때문에요.
- 한양에서 토끼눈 할아버지가 장운이의 부서진 연꽃 확을 칭찬해 준 게 멋있었어요. 다른 사람들은 부서졌다고 무시하는데 세종대왕은 장운이의 마음을 알아 줘서요.
- 장운이가 토끼눈 할아버지에게 한글을 배우는 게 뭔가 인상적이었어요. 새로운 글자를 배우면서 장운이에게 많은 것이 바뀌게 된 거 같아요.
- 장운이가 처음으로 땀을 흘려서 작은 거북이를 만들었을 때, 첫 작품을 만들어서 기쁠 거 같아서요.
- 장운이가 처음으로 공들이고 노력을 해서 거북을 완성한 게 기억에 남아요. 꿈을 이루기 위해 노력한 과정과 결과가 다 좋아서요.
- 장운이가 초정리 편지를 저고리 안에 가지고 있었잖아요. 토끼눈 할아버지가 준 편지에 훗날에 만나자고 했는데 그것이 이루어져서 신기했어요.
- 연꽃 확을 완성했을 때, 열심히 만들어서 뿌듯할 거 같아요.

장운이, 토끼눈 할아버지, 난이에게 하고 싶은 질문을 준비하여 인터뷰해 봅시다.

❶ 장운이에게

- 왜 석수장이의 꿈을 선택했니?
= 내가 흥미롭고 하고 싶었던 일을 찾은 거야.
- 나중에 아버지랑 누이랑 어떤 일을 함께 하고 싶니?
= 같이 돌을 깨고 싶어.
- 연꽃 확을 만들 때 어떤 기분이었니?
= 열심히 해서 힘들었지만 기분이 좋았어.
- 지금은 상수와 잘 지내고 있니?
= 잘 지내고 있어.
- 돌을 만들고 부서졌을 때 기분이 어땠어?
= 세상이 무너지는 기분이었어.
- 토끼눈 할아버지가 '나는 이제 간다.' 하고 없어졌을 때 기분이 어땠어?
= 허전하고 텅 빈 것 같은 기분이었어.
- 한양에 가서 토끼눈 할아버지를 만났을 때 어땠어?
= 할아버지 정체를 알고 놀랍고 반가웠어!
- 약재 영감한테 맞을 때 기분이 어땠어?
= 뭔가 시원하고 아팠어. 이제까지 있었던 일들이 풀리는 듯해서 시원했어.
- 약재 영감 댁에 개똥 던졌을 때 어떤 기분이었니?

= 약 올랐던 게 풀리는 기분이고 조마조마 했어.
- 약재 영감이 천한 것이 글씨를 배워서 뭐하겠냐고 할 때 기분이 어땠어?
= 약 오르고 짜증났어. 천한 것이란 말이 너무 마음 아팠어.
- 토끼눈 할아버지한테 글씨를 배울 때는 어땠어?
= 이 글을 쓰면 새로운 세상이 열릴 것 같아서 두근거리고 신기하고 좋았어.
- 아버지가 허리 아플 때, 약재 영감이 약을 줬을 때는 어땠어?
= 약재 영감이 아주 나쁜 사람은 아니라고 생각했어.
- 흙바닥 훈장이라고 했을 때 느낌은?
= 뭔가 내가 진짜 훈장이 된 거 같고 기분이 좋았어.
- 돌 깎을 때 아버지처럼 손 다치지 말고 조심해.

❷ 난이에게

- 왜 장운이 아버지를 돌보아 드린다고 했니?
= 혼자 있으시니 쓸쓸하실 거 같아 도와주고 싶었어.
- 왜 약재 의원이 되고 싶니?
= 할아버지가 약을 만드시는 모습을 보니 할아버지처럼 되고 싶었어.
- 약재 영감이 장운이를 어떻게 대해 주면 좋을 거 같아?
= 조금 더 친절하게 대해 주고 나눌 건 나누면서 살았으면 좋겠어.
- 장운이에게 한양으로 가라고 할 때 어떤 기분이었니?
= 장운이가 꿈을 이룰 수 있었으면 좋겠다는 마음과 장운이의 걱정을 덜어 주고 싶다는 마음이 있었어.
- 장운이를 좋아하니?
= 장운이를 소꿉친구로 오랫동안 봐 왔으니까 좋아하고 있어.
- 글자를 배우니까 편하고 좋은 점이 있어?
= 덕이 언니한테 편지도 보낼 수 있고 약재를 쓰는 방법도 적어 두고 익힐 수 있어서 좋아.

❸ 토끼눈 할아버지에게

- 신하들이 한글을 반대할 때 어땠나요?
= 새로운 글자를 반포하면 백성들이 편하게 쓸 수 있을 텐데 뜻대로 되지 않아서 근심이 많았습니다.

- 장운이에게 글자를 알려줄 때 기분이 어땠나요?
= 쉽게 익히는 것을 보고 뿌듯했고 많은 근심을 덜 수 있었어요.
- 장운이에게 하고 싶은 말은?
= 훌륭한 석수가 되어서 나를 꼭 만나러 오라고 하고 싶어요.
- 어떻게 한글을 만들 생각을 하였나요?
= 가난한 백성들은 글을 배울 시간도 없고 글을 몰라 사기를 당하기도 하는데 쉬운 글자가 있으면 모든 백성들이 더 잘 살 수 있을 거 같아서 만들었습니다.
- 한글을 어떻게 만들었나요?

장운이가 석수가 되기까지 겪은 일을 보고 자신의 생각이나 느낌을 나누어 봅시다.

- 공들여서 열심히 만든 연꽃이 깨져도 만들다 보면 방법이 생각나겠지 하고 긍정적으로 생각하고 연꽃을 깨뜨린 상수도 용서하는 장운이처럼 누군가를 용서할 줄 알고 긍정적으로 생각하며 살도록 노력해야겠다.
- 장운이는 어려운 상황에서도 자신의 꿈을 이루기 위해 노력하고 많은 사람의 도움을 받아 석수장이의 꿈을 이뤘다. 가장 중요한 것은 장운이의 마음가짐인 거 같다. 나도 장운이처럼 어떤 상황이든 나의 꿈을 이루기 위해 노력할 것이다.
- 자신이 하던 일이 안되거나 혹은 망가져도 다시 시작하면 된다는 걸 알았다. 포기하면 발전할 수 없기 때문이다. 끊임없이 도전하고 포기하지 말아야겠다.
- 장운이에게 배울 점은 포기하지 않는 것과 남을 사랑하는 마음이다. 한양에 가게 될 때 혼자 계실 아버지를 생각하는 마음과 먹을 것이 있어도 누이를 먼저 챙기는 마음을 본받고 싶다.
- 세상에 무조건 나쁘고 착한 사람은 없다는 것을 깨달았다. 나도 장운이처럼 용기를 가지고 사이가 안 좋은 사람에게도 먼저 다가갈 것이다.
- 장운이는 석수가 되기까지 열심히 연습하고 배운 것도 적어서 계속 기억하는 습관을 만들어 갔다. 나도 내 꿈을 위해서 열심히 연습하고 배운 것을 적어서 기억하는 습관을 잘 만들고 싶다. 그리고 포기하지 않고 끝까지 긍정적으로 생각할 것이다.
- 살면서 장운이처럼 시련이 오면 긍정적으로 생각해서 시련을 극복할 수 있도록 할 것이다. 희망을 잃지 말자라는 교훈을 얻게 되었으니 매일 실천해야겠다. 앞으로도 장운이의 삶을 계속 응원할 것이다.

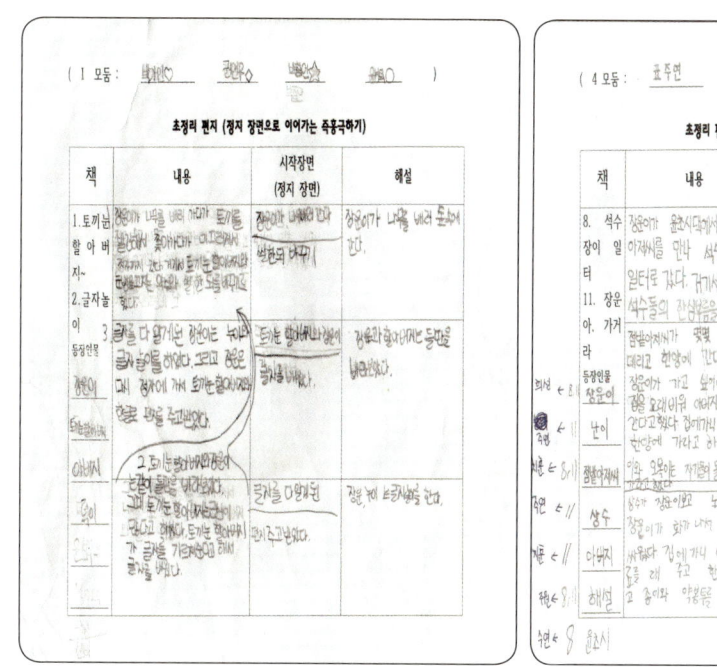
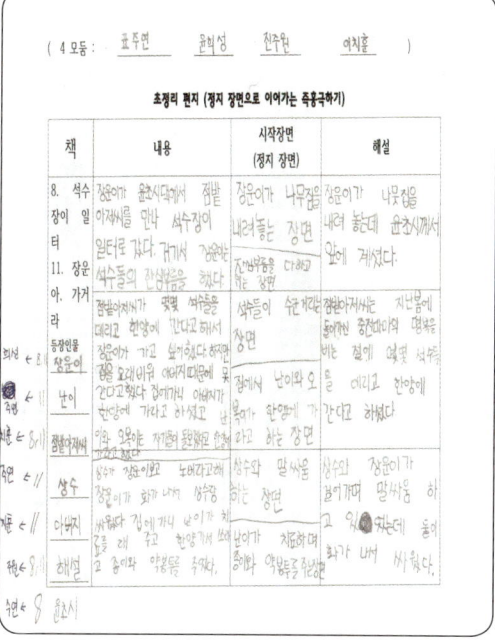

【즉흥극하며 완성한 대본】

●선생님 이야기

"벌써 끝났어요? 누이 만나서 같이 사는 것까지 있어야 되는데……. 이 책이 긴 게 아니에요. 초정리 편지 작가 선생님이 조금 더 길게 적었으면 더 재미있었을 텐데……."

마지막 장을 읽었을 때 우리 반의 반응이었다. 정말 큰 마음 먹고 16차시 동안 읽었는데 긴 게 아니라니! 나는 긴 동화를 이제야 끝냈다는 마음이었는데 아이들은 못 다한 아쉬움과 앞으로 일어났으면 하는 바람을 상상하느라 교실이 시끌벅적했다. 중간 즈음에 각자 읽으라고 할까 잠깐 고민했지만 포기하지 않고 끝까지 읽어주기를 잘했다는 생각이 들었다. 작년에는 토끼눈 할아버지까지만 읽어 주고 나머지는 각자 읽을 수 있도록 책만 빌려다 주었는데 그때와 너무 달랐다. 단지 읽어주기만 했을 뿐인데 아이들과 함께 생각을 이야기하고 인물의 삶을 나누는 과정의 깊이와 폭이 훨씬 깊고 넓었다. 다른 사람의 아픔에 함께 공감하고 슬퍼하며 기뻐할 수 있었고, 아이들의 삶도 선명하게 볼 수 있어서 나와도 진심을 나눌 수 있었다. 이것이 문학의 힘이 아닐까?

나는 다른 사람의 평가나 시선에 예민한 우리 반 아이들이 조금 더 자신을 믿고 편안하게 살아갈 수 없을까 늘 마음 아팠다. 이 책을 읽는 동안 장운이가 아픔을 딛고 석수로서의 꿈을 실현하기 위해 땀 흘리며 노력하는 모습을 통해 우리 반 아이들이 건강한 장운이를 닮아 갔으면 했다. 자신이 진정으로 좋아하는 일을 찾을 수 있기를, 넘어져도 '다시 해 보면 생각이 날 거야.'라며 자신을 믿는 힘을 가질 수 있기를 바랐다. 그리고 언젠가 삶에서 시련이 닥쳐왔을 때 곁에 있는 사람들과 함께 돕고 의지하면서 이겨낼 수 있다고, 괜찮다고 이야기하고 싶었다.

장운이와 함께 한 9월이 나는 정말 즐거웠다. 신기하게도 읽을 때마다 새로운 것이 보인다. 선생님들과 공부하면서 나도 성장하고 있기 때문이 아닐까? 우리 반 아이들도 나처럼 장운이와 함께 건강하게 성장해 가길 바란다.

#석수_장운이의_꿈 #토끼눈_할아버지 #초정리_편지 #근심을_덜어주었구나
#즉흥극 #성장 #연꽃확 #몰두하는_기쁨 #꿈을_꾸고 #함께_배우고_나누며

5-6학년 장편동화

나를 가꾸다

불량한 자전거 여행

김남중 글 · 허태준 그림 / 창비

●책이야기

> 다들 싸우고 있었다. 나도 싸우는 중이다.
> 처음에는 싸움 상대가 가지산인 줄 알았다.
> 하지만 높이 오를수록 알 수 있었다. 나와 싸우는 거다.
> 내 속에 있는 나, 포기하고 싶은 나와 싸우는 거다.

폭넓은 시공간을 배경으로, 역사, 정치, 경제, 환경 등 사회 곳곳의 문제를 과감하게 드러내며 어린이문학의 경계를 넓혀 온 김남중의 대표작이다. 작가는 대구에서 여는 연수에 광주에서부터 자전거를 타고 올 정도로 열정 넘치는 전문 라이더이다. 그래선지 책 속에 나타난 자전거 여행은 실제 모습처럼 실감나고 생생하다.

부모의 이혼 위기, 제자리를 뱅뱅 도는 성적과 엄마의 잔소리, 아빠한테 뺨 맞은 데 대한 분노 따위가 뒤섞여 충동적으로 집을 나간 호진이. 갈 데라곤 멀리 광주에 사는 삼촌뿐이다. 변변찮은 직업이 없다는 이유로 엄마한테 비난 받는 삼촌은 알고 보니 자전거 여행 가이드였다. 호진이는 어쩔 수 없이 삼촌이 이끄는 순례자들과 함께 광주에서부터 지리산, 부산을 거쳐 강원도 고성까지 1,100km에 이르는 11박 12일 자전거 여행을 떠난다.

뜨겁게 찌는 더위, 쏟아져 내리는 땀방울, 터질 것 같은 허벅지와 손바닥, 장대비가 내려도 쉬지 않고 달려야 하는 길에서 호진이는 다양한 삶의 모습과 꿈을 만나며 비로소 진실한 자신의 내면을 들여다보게 된다.

여행에 참가한 사람들은 각자 이기고 싶은 현실의 문제들과 두려움, 꿈을 갖고 있었다. 이들이 모닥불 앞에서 흉금 없이 속을 털어놓는 장면은 뭉클하다. 그러나 가장 뜨거운 장면은 역시 가파른 오르막길을 끈질기게 오르는 모습이다. 함께 읽던 아이들도 숨죽여 보았던 가지산과 미시령. 악착같이 오르며 호진이는 이 싸움이 산과의 싸움이 아니라 자신과의 싸움임을 깨닫는다.

6학년 하면 으레 의젓하고 당찬 모습을 기대하지만, 내가 지금껏 만난 6학년은 대개 꿈은 아직 모르겠고(심지어 그런 것 좀 묻지 말라는 애절한 눈빛!), 도전은 안전하게, 공부는 시키니까 할 뿐이다. 집, 학교, 학원이 전부가 아닌 줄 알면서도 다른 데를 감히 찾지 못하는 아주 평범한 아이들이다. 그런 아이들이 호진이와 함께 여행하며 넓은 세상에 꿋꿋한 한 걸음을 내딛길 바란다. 한 번도 해보지 못했던 일을 해보고, 그것을 해낸 자신을 자랑스러워 하며 저도 모르게 한 뼘 자라 있는 아이들을 만나고 싶다.

● 6학년 수업이야기

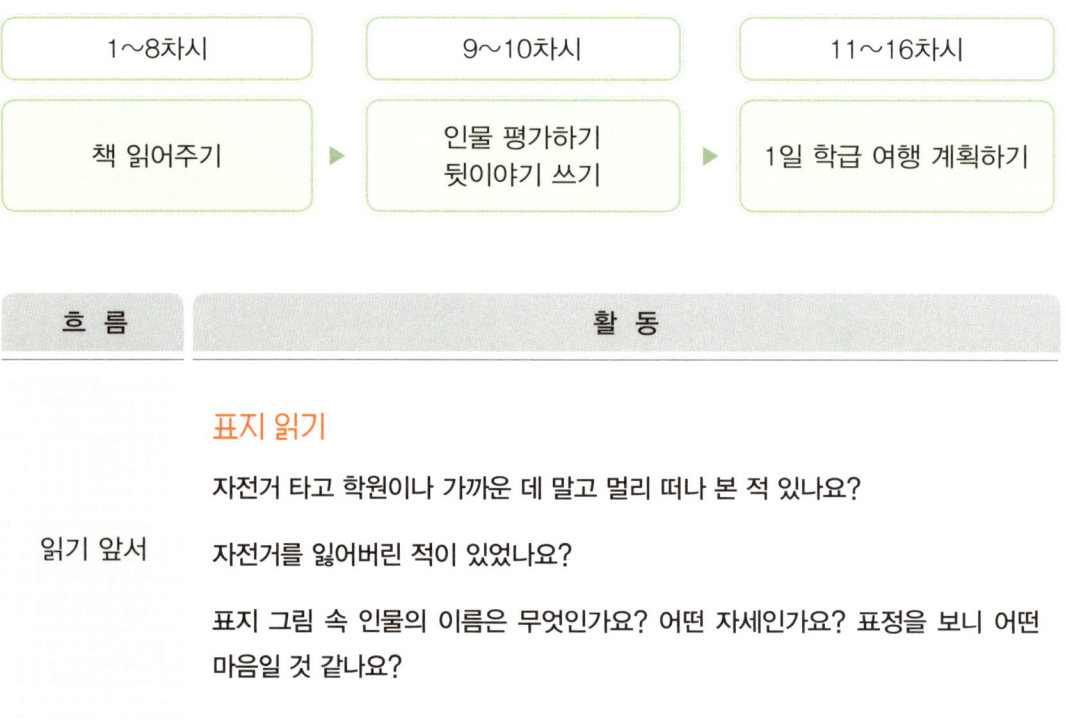

읽기 앞서	### 예측하기 **제목을 왜 '불량한 자전거'라고 했을까요?** - 자전거 내기를 하는데 진다. / 자전거를 훔쳐서 여행하기 때문이다. **차례를 보니 8장까지 있군요.** - 2장 '여자친구의 이상한 여행'이 이상하다. - 8장 '출발 준비'는 여행을 마치고 집으로 돌아가는 길일 것이다.
읽으면서	### 1장 읽어주기 ⏸ 13쪽. '내일은 좀 다르면 좋겠다. 제발 그러면 좋겠다.' **이 책의 등장인물은 누구인가요? 언제 어디서 일어난 일인가요?** **호진이가 처한 상황은 어떠한가요?** - 학원이 늘었다. / 밥을 혼자 먹는다. / 엄마, 아빠가 이혼하려고 한다. / 엄마가 차려 주는 밥을 먹고 싶어 한다. ### 2~3장 읽어주기 **지명이 나오면 공책에 쓰면서 들으세요. 끄적거려도 됩니다.** ### 4장 읽어주기 **지금까지 호진이와 순례자들이 지나간 곳과 앞으로 갈 곳을 지도에서 찾아봅시다.** - 서울 → 광주 → 곡성 → 구례(섬진강, 지리산) → 진주 → 마산 → 창원 → 대구 → 안동 → 속초 **지금까지 호진이가 자전거를 탔나요? 표지엔 호진이가 자전거를 타고 있는데 어떻게 타게 됐을까요?** ⏸ 108쪽. '호진이 오늘부터 쭉 자전거 태운다.' **삼촌이 호진이에게 자전거를 태운 까닭은 무엇일까요?** - 집 나오면 개고생 한다는 거 알게 하려고 / 속이고 집 나온 거 알아서 혼내려고 / 삼촌한테 거짓말해서(괘씸해서)

읽으면서	### 5장 읽어주기

⏸ 120쪽. '삼촌, 이런 거 하면 돈 많이 벌어? ~ 코웃음을 쳤다.'

삼촌처럼 사는 방식을 어떻게 생각하나요? 이렇게 살 수 있을까요?

- 하고 싶은 걸 하는 건 좋은데 돈은 없다. / 알고 보면 돈을 많이 모아 둔 게 아닐까? / 하고 싶은 거 하면서도 삼촌이 돈을 엄청나게 많이 갖고 있으면 좋겠다.

6장 읽어주기

⏸ 164~166쪽. '위하여!'

자전거 순례자들이 각각 이겨 내려고 하는 것은 무엇인가요?

호진이가 이겨 내려는 것은?

⏸ 6장 끝까지 읽어주기

> 내가 이겨 내야 하는 것, 내가 도전하고 싶은 것은 무엇인지 이야기해 봅시다.

7~8장 읽어주기

⏸ 221쪽. '나흘이나 ~ 갈 수 있을까?'

호진이는 무엇을 하려는 걸까요?

- 혼자 자전거 타고 엄마, 아빠 만나러 갈 것 같다. |
| 읽고 나서 | ### 인물 평가하기

삼촌과 아빠를 견주어 봅시다. (추정 나이, 같이 사는 사람, 직업, 꿈, 삶에서 중요하게 생각하는 것, 삶에 대한 만족도 따위)

> 삼촌 또는 아빠의 삶을 한 문장으로 말해 봅시다.

뒷이야기 이어쓰기

> 모둠끼리 협의하여 이어질 이야기를 써 봅시다. |

> **맛내기**

인물, 배경, 사건을 고려하여 호진이의 부모님이 어떤 일을 겪을지, 호진이와 어떻게 만나게 될지를 몇 개의 문장으로 간단하게 쓰도록 한다.

1일 학급 여행 계획하기

여러분이 스스로 여행을 계획하여 떠나는 도전을 해 봅시다. 여행의 주제, 여행지, 왕복 교통편, 여행지에서 할 일(세부 여행 일정), 시간, 비용을 고려하여 1일 학급 여행을 계획해 봅시다.

> **맛내기**
>
> - 2~4명 정도 마음 맞는 친구들끼리 모둠을 만든다. 3차시 동안 자유로운 분위기에서 태블릿 등을 이용하여 정보를 찾도록 한다.
> - 학생들은 효과적인 동선 등을 생각하기 어렵다. 교사가 적절한 질문을 하면서 계획이 촘촘해지도록 돕는다.

읽고 나서

여행 홍보지 만들기

'여자친구'의 홍보지를 자세히 살펴보고 믿을 만한지, 적절한지 이야기해 봅니다.

- 광고에 가격, 준비물이 자세하지만 캠핑카는 과장되었다.
- 자전거 타는 사람들은 좋아하겠지만 사진이 부족하여 관심을 끌기 어렵다.
- 준비물에 어떤 자전거가 필요한지 안 나와 있다.

여행 홍보지를 만들어 봅시다.

> **맛내기**

모둠에서 정한 여행지를 알리는 홍보물을 만든다. 기호에 따라 손글씨, PPT, 워드, 동영상 등 다양한 매체로 만들 수 있다.

1일 학급 여행지 정하기

팀별로 만든 여행 계획을 발표해 봅니다. 궁금한 점은 서로 묻고 답하도록 합니다.

1일 학급 여행지로 알맞은 곳에 스티커를 붙여 결정해 봅시다.

●아이들이야기

내가 이겨 내야 하는 것, 내가 도전하고 싶은 것은 무엇인지 이야기해 봅시다.

- 외면이 허약한 걸 이기고 싶다. 내면은 강한데. 외면이 약해서 친구들이…(울먹) 내가 뭘 옮기면 친구들이 도와주어서 친구들한테 폐 끼치는 것 같다.
  (= 친구들: 힘 세지고 싶은 거 이해 돼요. 근데 그렇게 생각하지 마라. 폐 끼친다고 생각 안했다.)
- 등산을 하고 싶다. 작은 산에서부터 큰 산까지 산을 올라보고 싶다.
- 세계여행을 하고 싶다. 배낭여행으로. 프랑스처럼 좋은 곳에도 가고 싶고 온 세계를 다니고 싶다. 혼자서 해도 되고 친구들과 해도 되고.
- 학원에만 가면 존다. 한 문제 풀고 나면 한 30분쯤 잔다. 간 지 얼마 안 된 학원이라 아는 사람도 없다. 뒤에 앉아 있으면 자는지 모른다.
- 번지점프를 하고 싶다. 무서운 걸 느껴 보고 그걸 이겨 보고 싶다. 엄마한테 말한 적 있는데…….
- 게임에서 내가 속한 파트를 넘어가고 싶다. 근데 그 파트를 벗어나려면 이때까지 쌓은 것을 다 잃어버려야 한다.
- 게임의 유혹을 이기고 싶다. 엄마랑 약속한 시간이 있는데 그걸 자꾸 넘으려고 한다.
- 현질(현금으로 지른다는 속어)을 이겨내야 한다.
- 숙제를 다 해내야 하는데 자꾸 하나씩 빠뜨린다. 숙제하면 되는데 내가 귀찮아서 자꾸 안한다. 귀차니즘을 이겨내야 한다.
- 게임중독. 매일 9시까지 하는 것 같다. 4-5학년부터 그랬던 거 같다. 엄마는 별 말 안 한다. 시력도 나빠지고 집중력도 떨어져서 안 해야 하는데 자꾸 하게 된다.
- 친구랑 시내 나가는 거 도전해 보고 싶다. 친구들이 시내 나가는데 나는 못 나가서 꼭 해 보고 싶은데 용돈이 없다.
  (= 친구들: 용돈부터 모아. 집안일을 돕든지 해서 용돈을 모은 다음 몰래 나가 봐.)
- 잠. 등만 붙였다 하면 존다.
- 여군에 가고 싶다. 남자보다 잘할 수 있다는 걸 보여 주고 싶다.

- 휴대폰 만지는 거 그만두고 싶다. 덕질하거나 노래 듣는 데 하루 3시간 넘게 쓴다.
- 수업 중에 조는 거. 지금 엄청 참고 있다.
  (= 친구들 : 작년에 엎드려 자기도 했어요. 코도 골았어요.)
- 엑소 팬 미팅. 티켓 끊는 게 진짜 어렵다. 돈은 엄마가 준다고 했다. 인터넷에서 할 때마다 기다려야 되고, 대구에는 없다.
  (= 친구들: 니가 서울 가라. ㅇㅇ언니가 성공했는데 그 언니한테 비법을 전수 받아라.)

삼촌 또는 아빠의 삶을 한 문장으로 말해 봅시다.

- 삼촌처럼 자신의 꿈을 향해 가고 싶다.
- 아빠와 삼촌의 삶이 바뀐 것 같다. 삼촌은 돈이 없어도 삶을 잘 사는데 호진 아빠는 돈 버는 회사원이었는데도 그렇지 못하기 때문이다.
- 아빠가 가족을 위해 자신의 예전 꿈도 포기하고 일한 것은 대단하다고 생각하나 너무 일에만 맞혀 살아 자신을 후회하는 것은 안 좋다고 생각한다.
- 삼촌이 좋은 회사 직장을 포기하고 자기가 하고 싶은 일을 하는 것이 대단하고 자신감이 넘치는 것 같지만 자전거 순례하는 사람들에게 너무 쪼잔하게 대하는 것이 좀 그렇다.
- 삼촌이 자전거로 세계 일주라는 큰 꿈을 가진 것이 멋지고 도망친 가족을 잡아 주어서 잘했다.
- 호진아빠는 꼭 황금기를 찾고 가족이 더 화목해지면 좋겠다.
- 삼촌이 여유롭고 즐기는 데 반해 아빠의 삶은 그냥 술로 나쁜 기억을 지우려고 하는 것 같다. 삼촌이 좋긴 좋다.

모둠끼리 협의하여 이어질 이야기를 써 봅니다.

❶

- ① 나레이션: (하늘로 총 같은 것을 쏘며) 준비! 시! 작!

  엄마: (자전거를 내팽개치며) 아! 언제 끝나는 거야!

  아빠: (한숨을 쉰다) 하~

- ② 나레이션: 그렇게 그들은 부산에 도착하였고 호진이와 만났다.

  엄마: (호진이에게 달려가며) 호진아!

  호진: 화해했어?

  엄마, 아빠: (서로 바라본다) …….

  호진: 했어, 안했어~

  엄마: 그, 그럼! 했고말고.

  아빠: 그…그렇지?

- ③ 나레이션: 엄마, 아빠는 진짜로 화해하고 함께 삼겹살을 먹었다.

  호진: 다음에 또 싸우면 자전거로 세계일주할 거야.

  모두: (서로 안는다.)

❷

- 엄마는 아빠와 함께 바다를 건너 산을 넘어 열심히 달려 부산에 도착했다.

- 하지만 호진이에 대한 소식은 없었다.
- 엄마, 아빠는 희망을 버리지 않고 호진이를 찾아 나섰다. "호진아, 어디에 있니?"
- 마침내 호진이를 찾았다. 해수욕장에 있었다.
- "호진아, 왜 거기에 있어?" 엄마, 아빠가 말했다. "그냥……, 예전에 같이 해수욕장에 갔던 기억이 나서."
- "이제는 다함께 행복하게 살자." "우리 이제 화해했어." (오글거림 주의)

여행 홍보지를 만들어 봅시다.

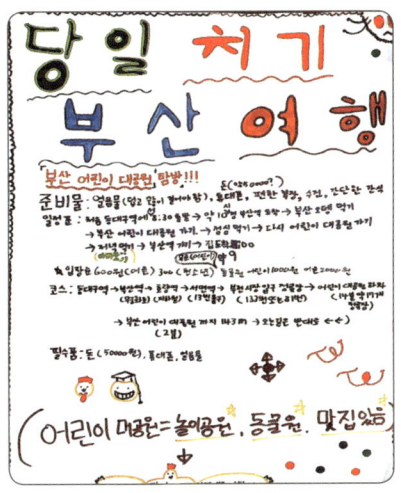

【부산 어린이대공원】

【좀 먹을 줄 아는 사람들과 함께 하는 제1회 음식점 탐방】

【문경 여행】

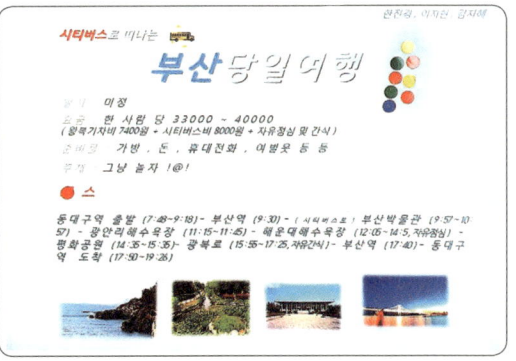

【시티투어】

팀별로 만든 여행 계획을 발표해 봅니다. 궁금한 점은 서로 묻고 답하도록 합니다.

- 63빌딩 하나 보려고 서울에 가나?
- 부산 어린이대공원에 가면 점심은 어디서 먹지?
- 칠성시장 꽈배기 집에서 돌아 나오는 길을 알고 있나?
- 문경에 가는데 왜 저녁에 출발해? / 저녁에 출발하면 잠은 어디서 자? / 찜질방에서 초등 생이 잘 수 있나?
- 먹는 데 돈이 너무 많이 드는 것 아닌가?
- 시티투어 하는 동안 한 곳에 내려서 보다가 다음 장소에는 어떻게 가?
- 기차 시간은 정확해?
- 대구를 좀 벗어나면 안 돼?

●선생님이야기

 이 책으로 '나의 도전, 여행'이라는 프로젝트를 시작하여 아이들과 한 달 동안 살았다. 작품이 지닌 힘이 대단해서 책 읽는 4월 내내 붕붕 들떴다. 아이들은 호진이와 함께 자전거 여행에 푹 빠졌다. 학기 초에 이야기 수업을 위해 미리 책을 소개했는데 몇몇 남자아이들이 벌써 읽고는 너무 재미있다고 엄지를 추켜세웠다. 공부 시간 내내 페트병만 자르고 있는 욱이는 신통하게도 내가 들려주는 이야기는 스스로 찾아 읽는다. 이 책도 마찬가지였다. 처음 4장까지 읽어 주었을 때 그날 책을 가져다가 다 읽어 버렸다.

 읽어 주는 동안에 아이들은 내 질문과는 상관없이 자기들이 하고 싶은 말을 내뱉었다. 호진이가 아빠한테 뺨을 맞을 때와 캠핑카가 도난 당했을 때는 자연스럽게 "헉!" 소리를 질렀다. 삼촌이 자전거 여행 가이드라는 걸 알고는 체념하듯 "돈은 못 벌겠네."라고도 했다. 그러면서도 왠지 어딘가에 돈을 엄청 모아 놨기를 빤하게 기대하는 아이들을 보니 어쩜 내 마음과 같은지! 여행길이 1,100km라는 걸 알았을 때는 그 거리가 얼마 만큼인지 셈을 하느라 바빴다. 내리막길에서 브레이크를 잘못 잡았다가 자전거에서 팅겨 날아갈 뻔한 이야기도 했다. 삼촌의 캠핑카를 홍보고, 「화개장터」 노래 한 소절을 불러 주는 나를 세대 차이 난다며 놀렸았다. 부산이 나왔을 때는 해운대와 광안리를 외치며 환호하고, 대구가 나왔을 땐 우리 고장이라며 환호했다. 삼겹살 광역시에선 엊저녁에 먹은 삼겹살 얘기로 떠들다가 가지산을 오를 땐 숨을 죽이며 묵직함을 같이 견뎠다.

　자전거 순례자들이 모닥불을 피우고 둘러앉아 속엣 말을 한 것처럼 아이들도 자신이 싸워야 할 대상이 무엇인지 이야기하는 시간이었다. 반에서 가장 몸집이 작은 빈이 체력 한계로 울먹이는 것을 시작으로 아이들은 하나하나 진솔한 속내를 드러냈다. 어떻게 보면 코웃음 칠 만큼 가소로운 것이었지만, 저렇게 꺼내는 이야기가 진짜라는 생각에 아이들의 모습이 마음에 차곡차곡 담겼다. 수업 시간에 내내 졸아서 맨날 혼나는 유이는 졸음을 진짜 참고 있는 거라고 말해서 모두를 웃게 만들었다. 엑소 티켓팅에 기어코 성공하겠다는 이지를 진심으로 응원하기도 했다. 친구들도 다른 아이들의 말을 들으며 한 마디씩 거들고 실제적인 조언을 아끼지 않았다.

　이렇게 책 읽기를 마치고, 드디어 학급 여행을 계획할 때 아이들의 눈은 가장 빛났다. 여행이라는 것 자체가 아이들에게는 새로운 도전이자 자신과의 싸움이라고 생각한다. 집, 학교만 오고가는 아이들이 이제는 대구 밖, 대구 내에서도 다른 지역을 스스로의 의지로 다녀 봐야 하지 않을까? 충분히 할 수 있을 거라 여기며 과제를 시작했다. 그런데 아이들은 긴가민가한지 "진짜 가는 거예요?"라고 자꾸 물었다. "그렇다!"고 믿음을 심어주며(사실은 나에게 확신을 주며) 태블릿을 손에 들려 주고 컴퓨터실을 맘껏 들락날락 하도록 했다. 어수선한 분위기, 흐트러진 책상과 드문드문 빈 자리, 아이들이 어디에 있는지도 모르겠는데 열심히 자료를 찾고 나한테도 물어보면서 열중하는 아이들을 보니 즐거웠다. 도무지 그런 계획으론 여행이 안 될 게 뻔한 것들이었지만 그것도 즐거운 경험이었다. 교통 동선이 뒤죽박죽이고, 터무니없이 비싼 돈만 들인 여행은 다른 모둠의 지적을 비껴갈 수 없었다. 그러나 대형 전통시장인 칠성시장을 제 힘으로 탐방해 보겠다고 조심스럽게 계획한 두 여자아이, 특이한 음식을 파는 식당을 검색하고 동선과 비용을 고려하여 실컷 먹는 여행을 짠 뚱이들, 기차 타고 다녀올 수 있는 부산과 문경을 점찍어 열심히 머리를 굴린 아이들……. 학교와 집 외에 스스로 어디 나가 본 적 없는 아이들이라 생각하면 이 정도만으로도 대견하다.

　솔직히 여행지 투표할 때 알력이 심해서 고르기 힘들었다. 어떤 아이들은 자기 계획이 뽑히지 않으면 아예 안 갈 거라고 퉁명스럽게 말하는 바람에 기분이 팍 상하기도 했다. 과연 이 여행이 제대로 이뤄지기나 할지, 내가 괜히 쓸데없는 일을 꾸며 사단을 만든다는 생각도 들었다. "우리끼리 밖에 함 나가보자는데 왜케 안 된다고만 하는데!"라고 인상을 쓰던 경이가 생각난다. 프로젝트가 끝나고 뜻하지 않게 병가를 냈는데, 그 동안 담임을 맡아 주었던 선생님이 "애들이 여행 얘기하니까 억수로 말이 많대요? 자전거 타는 거, 여행 가는 거……. 책 읽었다면서?"라고 지나가며 물었다. 칫, 그렇게 기대하고 있으면서…….

그렇게 요란한 우리의 여행 계획은 당초 여름방학에서 2월 졸업 후로 미루어졌다. 1일 졸업 여행이 된 셈이다. 어떤 일이 펼쳐질지 알 수 없지만, 졸업이란 건 사람들에게 언제나 약간의 흥분과 자신감을 주는 만큼 기대가 된다. 게다가 우리는 무서울 것 없는 떼거지 아닌가? 이번 여행은 작은 도전의 시작이다. 앞날 더 큰 도전 앞에서도 착착 자전거를 밟았던 호진이처럼 물러서지 않고 산을 넘기를, 산을 넘으면 또다시 산이 나타나더라도 또 자전거를 밟아 나가기를 진심으로 응원한다.

#가출 #엄마_아빠_이혼 #자전거여행 #자전거순례 #전국일주 #꿈 #도전
#산_넘어_산 #행복한_삶

더불어 살다

#다가가기 #관계맺기
#친구_사귀기 #친구가_좋아 #친구를_위한_나의 변화
#완벽하지_않아도_좋아 #너와_함께_해서_행복해 #서로에게_소중한_존재_되기
#배려 #나눔 #서로_돕는_삶 #다른_사람과_마음을_나누는_방법
#이해 #공감 #연대
#타인의_고통에_대한_상상력
#인간에_대한_예의 #반편견 #장애이해
#평화 #비폭력 #반전
#누구도_겁주거나_다치게_하지_않을_거야

1-2학년 그림책

더불어 살다

안녕, 해리!

마틴 워델 글 · 바바라 퍼스 그림 · 노은정 옮김 / 비룡소

● 책이야기

> 둘은 연못가에 앉아서……이야기하고 또 이야기했어요.
> 느림보라는 게 얼마나 좋은지에 대해서도.
> 그리고 친구가 된다는 게 얼마나 좋은지,
> 얼마나 신나는 일인지에 대해서도 이야기했답니다.

부드러운 색감, 싱긋이 웃는 거북이의 표정이 먼저 눈에 들어오는 그림책이다. 글의 양과 글씨의 크기를 보면 유아에게 어울린다 싶지만, 끝까지 보고 나면 초등학교 2학년 아이들에게도 충분히 읽어 줄 만하다.

거북이 해리는 나무 그루터기에 앉아 함께 놀 친구를 찾는다. 토끼가 껑충 뛰어 온다. 해리는 반가운 표정으로 급히 인사를 한다. "버스터야, 안녕? 나랑 놀아 줄래?" 하지만 토끼는 "머뭇거릴 수가 없어. 난 계속 가야 하거든!" 이러곤 쌩하니 가버린다. 오소리도, 생쥐도 그렇게 가버린다. 세 친구가 떠날 동안, 그루터기에서 한 발작도 움직이지 못한 느림보 해리는 울상이다. 그래서 해리는 떠난다. 친구를 찾아 느 릿 느 릿, 아주 느   리게. 그리고 자신과 비슷한 달팽이, 샘을 만난다.

가장 마음에 들었던 것은 거북이와 달팽이가 친구가 되었다는 것이다. 해리는 토끼와 친구가 되기 위해 빨리 달리기 연습을 하지 않는다. 날쌘돌이 생쥐와 친구가 되기 위해 살을 빼려고 노력하지 않는다. 놀아 주지 않는 그 친구들을 탓하지도 않는다. 그저 자신과 비슷한 친구를 만나 있는 그대로의 모습으로 신나게 논다. 그리고 토끼, 오소리, 생쥐와 겪은 일에 대해 그저 지나간 일로서 이야기를 나눈다. 그 마음이 어떨지는 해리와 샘의 표정에서 느껴진다. 다양한 관계에 대해 이야기 나누기 좋은 책이다.

●1학년 수업이야기

1차시	2차시
책 읽어주기 ▶	나와 비슷한 친구와 놀이하기

흐 름	활 동
읽기 앞서	**표지 읽기** (앞표지와 뒤표지를 넓게 펼쳐 보여주며) 해리의 표정을 보니 기분이 어떤 것 같아요? • 누구를 보고 엄청 반가워하는 것 같아요. / 반가워서 모자를 흔들고 있어요. **누구를 보고 인사를 하는 걸까요?** • 친구요. / 엄마가 왔나? / 모자를 흔드는 게 아니라 쓰려고 하는 것 같아요.
읽으면서	**읽어주기** **맛내기** 앞 면지부터 이야기가 시작되어 속표지, 첫 장까지 이야기가 연결되는 책이다. 앞 면지, 속표지를 빠뜨리지 말고 보여 주자. **(앞 면지) 해리가 어디론가 가네요. 어디로 가는 걸까요?** • 놀러 가요. / 누구를 만나러 가요. / 저기 벌레 한 마리가 자고 있어요.

어떤 길이 보여요?

- 나뭇잎도 있고 나무도 있어요. / 꽃이 있는데 아직 안 폈어요.

(속표지) 무엇이 달라졌나요?

- 해리가 조금 더 갔어요. / 벌레가 깨어났어요. / 꽃이 폈어요. / 꽃 피는 데 오래 걸리지 않나? 꽃 피는 동안 해리가 저것밖에 못 갔어요. / 그러니까 거북이지.

해리는 어떤 성격의 친구인 것 같나요?(해리의 성격에 대해 서로 이야기해 보기)

- 엄청 느려요. / 급할 게 없어요.

읽으면서

⏸ '하지만 생쥐 새라는 어느새 보이지 않았답니다.'까지 읽어주기

동물들이 왜 해리와 놀지 않으려고 했을까?

- 해리가 너무 느려서요. / 토끼하고 생쥐하고 왜 저렇게 대답도 안 해 주고 가는지 모르겠어요. / 근데 토끼하고 다들 어디 가는 거예요?

대답도 않고 동물들이 가버렸을 때 해리의 기분이 어떨까요?

- 정말 속상했을 것 같아요. / 표정이 꼭 울 것 같아요. / 처음엔 웃고 있었는데 지금은 안 그래요.

끝까지 읽어주기

읽고 나서

짝대화 하기 1

해리처럼 친구들에게 속상했던 적이 있으면 어떤 일이었는지 짝끼리 이야기해 봅시다.

짝대화 하기 2

(마지막 장면) 해리와 샘이 친구가 된다는 게 얼마나 신나는 일인지에 대해 이야기를 나누고 있어요. 여러분도 친구가 있어 기분 좋았던 일이 있으면 짝과 이야기를 나눠 봅시다.

뒤 면지 살펴보기

(뒤 면지) 어느새 노을이 지고 있네요. 해리와 샘이 함께 길을 떠나고 있네요. 이 장면 그림의 색깔을 보니 어떤 느낌이 드나요?

- 따뜻해요. / 또 다른 친구도 있어요. 곤충들도 친구가 되어 춤을 추고 있어요.

짝대화 하면서 친구와 좋았던 일, 속상한 일 등을 충분히 이야기하도록 한다. 지금 우리 반에서 친구 관계에 문제가 있다면 전체 대화를 해 보는 것도 좋겠다.

나와 비슷한 친구와 놀이하기

해리와 달팽이 샘은 왜 친구가 될 수 있었을까요?

- 서로 비슷해서 잘 맞아요. / 둘 다 느려요.

읽고 나서

해리와 샘은 자기들끼리 비슷한 점으로 어떤 놀이를 했지요?

- 느림보 달리기 / 제자리에서 돌기 / 고개 넣었다 빼기

그럼 우리도 나와 비슷한 친구끼리 모여 봅시다.

함께 모인 친구들과 어떤 놀이를 할 수 있는지 의논한 후 놀이를 해 봅시다.

- 비슷한 친구끼리 모이라고 하면 아이들은 "난 달리기를 잘해.", "딱지 잘 치는 사람!" 등을 외치며 함께 모인다.
- 교사가 기준을 제시해 줄 수 있다. 좋아하는 색깔의 색종이를 들고 같은 색깔끼리 만나기, 종이에 취미 활동을 적어 같은 것을 적은 친구 찾기 등 다양하게 활동할 수 있다.

1학년 글자 공부하기

책 속에 나오는 동물을 글자로 써 봅시다.

●아이들이야기

함께 모인 친구들과 어떤 놀이를 할 수 있는지 의논한 후 놀이를 해 봅시다.

❶ 달리기 놀이하기
- 우리 모둠은 달리기가 빠른 친구들이 모였어요. 우리는 지금부터 누가 빨리 달리는지 놀이를 할 거예요.

❷ 딱지 놀이하기
- 우리는 딱지를 잘 접고, 딱지치기를 잘 하는 친구들끼리 모였어요. 딱시치기를 힐 긴데 '진판'이라고 이야기하고 시작하면 딱지를 따서 가져갈 거고, '간판'이라고 이야기하고 시작하면 이겨도 친구에게 딱지를 돌려줄 수 있어요.

❸ 오래 달리기 놀이하기
- 우리는 달리기를 좋아하는데 빨리 달리지는 못해요. 대신 끝까지 달릴 수 있어요. 그래서 이어달리기를 할 거예요. 제가 먼저 필통을 들고 달리고, 다음 사람에게 필통을 전해 줄 거예요. 모두 다 달릴 때까지 계속 달릴 거예요.

❹ 줄넘기 놀이하기
- 우리는 줄넘기를 모두 할 줄 알아요. 태권도 도장에서 다 같이 배웠어요. 그런데 지금 줄이 두 개밖에 없어서 연결해서 긴 줄넘기를 할 거예요.

●선생님 이야기

처음 이 그림책을 봤을 땐 '너무 유아스럽나? 그래도 초등학생인데 수준이 너무 낮은 건 아닌가?'라는 생각이 들었다. 이 책을 함께 읽고 난 뒤 다시 한 번 깨닫게 되었다. 그림책에 수준은 없고 유아, 초등을 나눌 단계도 없다.

이 책은 "그림책을 볼 때는 겉표지부터 면지, 속표지까지 모두 자세히 보는 거야."라고 가르쳐 주기에 참으로 좋은 책이다.

【 『안녕, 해리!』 앞 면지 】

【 『안녕, 해리!』 속표지 】

【 『안녕, 해리!』 첫 장 】

앞 면지에서부터 걸어간 해리는 속표지를 지나 첫 장에 들어서야 나무등치에 앉는다. 해리가 걸어가는 동안 앞 면지에서 피지 않았던 꽃이 속표지에서는 펴 있고 잠을 자던 벌레는 깨어난다. 작가는 단 세 장의 그림을 통해 시간의 흐름, 해리의 성격, 특성을 모두 보여준다. 보는 즐거움이 듬뿍 느껴진다.

이 책은 이야기 나눌 것도 많은 책이다. 등장인물의 표정, 하루 동안 해리가 겪은 일, 자신의 친구 관계 등 서로 이야기를 한다고 책장 넘기기가 어려울 정도였다.

그래서 책을 모두 읽은 뒤, 나와 비슷한 친구끼리 모여 놀이를 하는 것으로 자연스럽게 연결이 되었다. 책을 읽으며 상대에 대해 부드럽게 풀린 마음은 놀이를 하는 분위기도 부드럽게 만들어 주었다. 비슷한 친구들끼리 모여 스스로 만들어 하는 놀이는 경쟁보다는 즐거움이 주된 것이었다.

다만 비슷한 친구끼리 모이라고 했을 때 개인의 특성을 파악해 모인다기보다 좋아하는 친구끼리 모이는 경우도 있었다. 비슷한 친구끼리 모여 봤다면 전혀 다른 특성을 가진 친구끼리도 모여 활동을 하는 등 후속 활동을 다양하게 가지면 좋겠다.

#억지로_나를_안_바꿔도_돼 #관계 #친구_사귀기 #친구가_좋아 #은은한_수채화

1-2학년 그림책

더불어 살다

개구리네 한솥밥

백석 글 · 유애로 그림 / 비룡소

●책이야기

> 개똥벌레 윙 하니 날아오더니 가쁜 숨 허덕허덕 말 물었네.
> "개구리야, 개구리야, 무슨 걱정하니?"
> 개구리 이 말에 뿌구국 대답했네.
> "어두운 길 갈 수 없어 걱정한다."
> 그랬더니 개똥벌레 등불 받고 앞장서,
> 어둡던 길 밝아졌네.

 이 책은 백석 시인의 아름다운 동화시에 그림을 보태어 만든 그림책이다. 시를 읽으면 운율이 입에 착착 감기고, 인물들의 움직임을 나타내는 말이 실감나고 재미나다. 개구리가 '덥적덥적' 걷다가 어려움에 처한 친구를 보고 '넝큼' 뛰어가고, 소시랑게가 '비르륵' 기어와 '풀룩풀룩' 거품을 짓는다.

 이야기의 주인공은 가난하지만 마음씨 착한 개구리이다. 개구리가 먹을 쌀이 없어 형네 집에 바삐 가는데, 가는 길에 난데없이 엉엉 우는 소리가 들려온다. 우는 소리를 들은 개구리는 고민하지 않고 얼른 뛰어가 목소리의 주인을 찾고 무슨 일인지 묻는다. 어떤 친구는 다리를 다쳤고, 다른 친구는 풀대에 걸려 나오질 못하고……. 개구리는 바쁘다고 투정하거나 힘들어 하기는커녕, 미소 띤 얼굴로 친구들을 돕고 천천히 자기 갈 길을 간다.

 그렇지만, 큰일이다. 벼를 얻어 돌아가는 길에 그만 해가 저물어 버린 것이다. 어둔 길에 무겁게 짐을 진 개구리는 근심에 사로잡힌다. 이때 웬일인가, 윙 하고 개똥벌레가 급히 날아와서는 무슨 걱정인가 묻고 등불을 밝혀 준다. 그뿐 아니라 몇 번의 어려움에 처할 때마다 개구리의 도움을 받았던 친구들이 나타나 개구리를 도와준다. 마침내 조금씩 힘을 보태어 집에 도착해 맛난 밥을 짓고, 모두 둘러앉아 한솥밥을 먹는다.

이야기에서 오직 혼자서만 무엇을 해낸 친구는 없다. 도울 수 있는 것은 기꺼이 돕고, 때로 혼자 힘든 일은 도움을 청하며 살아가는 인물들의 모습을 통해 우리들은 '함께 살아가는 삶'이 어떤 것인지 느낄 수 있다.

●2학년 수업이야기

1차시		2차시
책 읽어주기 ㅣ 함께 읽기	▶	핫시팅하기 생활 속에서 실천하기

흐 름	활 동
읽기 앞서	**표지 읽기** 표지를 살펴봅시다. 어떤 인물들이 있나요? 어떤 이야기가 펼쳐질까요?
읽으면서	**읽어주기** **맛내기** • 판형이 작아서 실물로 보여준 뒤 실물화상기를 이용하여 읽어 준다. • 덥적덥적, 닁큼, 뿌구국 같은 흉내 내는 말의 리듬감을 살려 신명나게 읽는다. 개구리는 왜 길을 나섰나요? 개구리는 어떻게 집으로 돌아가야 할까요? 이번에는 누가 개구리를 도와주러 올까요? 왜 그렇게 생각했나요?

끝까지 읽기

읽으면서

줄글만 인쇄하여 나눠 주고 아이들끼리 함께 읽도록 해보자. 소리 내어 읽기, 모둠이 돌아가며 함께 읽기, 흉내 내는 말을 실감나게 읽기 등 다양한 방법으로 할 수 있다. 선생님이 읽어 줄 때와 또 다른 소리 내어 읽는 맛을 느낄 수 있다.

함께 한솥밥을 먹을 수 있었던 것은 누구 덕분인가요?

내가 도움을 주거나 받은 경험과 그 느낌을 이야기해 봅시다.

핫시팅 활동하기

개구리에게 어떤 질문을 하고 싶은가요? ('보이지 않는 질문' 하기)

- 의자 2개에 개구리를 맡은 학생 2명이 앉는다.
- 개구리가 된 학생은 다른 친구들의 질문에 답할 때 긴장과 오류를 줄이기 위해 서로 의논해서 답하도록 한다. 차례를 정해서 돌아가며 답할 수 있다.
- 다른 사람과 바꾸어 2~3번 활동한다.

읽고 나서

개구리의 답변 중 기억에 남는 답은 어떤 것인가요?

생활 속에서 해보기

친구에게 어떤 도움을 주고 싶은가요?

개구리처럼 내가 도울 수 있는 일을 2가지 정하여 실천하고 실천한 소감을 이야기해 봅시다.

●아이들이야기

내가 도움을 주거나 받은 경험과 그 느낌을 이야기해 봅시다.

❶ 도움을 준 경험
- 00이가 내리막길에서 킥보드를 타고 넘어졌을 때 내가 일으켜 줬다.
- 엄마가 동생을 안고 갈 때 대신 짐을 들어 드렸다. 내가 엄마 옷 지퍼를 내려 주었다.
- 엄마가 차에 짐이 많아가지고 같이 짐을 들었다.
- 친구가 실수로 넘어졌을 때 "괜찮아? x10"라고 물어봐 주었다.
- 엄마가 청소할 때마다 한 번 씩 유리 닦아 주고 바닥 닦아 줬다.
- 어머니가 아플 때 도와드렸다. 내가 아플 때 친구들이 도와주었다.
- 00가 연필을 안 가져왔을 때 빌려주었다.

❷ 도움을 받은 경험
- 내가 다쳤을 때 친구가 같이 가 줬다.
- 00이가 수학에 내가 모르는 걸 가르쳐 주었다.
- 부모님이 우리를 키워 주신다.
- 00이가 내가 울 때 등 두드려 준 것
- 친구가 연필 빌려준 때
- 내가 피가 났을 때 친구가 피를 닦아 주면서 걱정해 주었다.

개구리에게 어떤 질문을 하고 싶은가요? ('보이지 않는 질문' 하기)

- 개구리야, 친구들을 도와줄 때 어떤 생각이었니?
= 뿌듯했어.
- 개구리야, 너는 왜 마음씨가 착하니?
= 우는 곤충들이 불쌍해서 마음이 착하게 됐어.
- 바쁜 길을 잊어버리고 왜 친구를 구했니?

= 곤충들이 불쌍해서
- 개구리야, 물에 빠진 반딧불이를 어떻게 꺼내 줬니?
= 혀로 묶어서 구해 줬어.
- 개구리야, 밥이 맛있었니?
= 엄마가 해 준 밥처럼 포근한 맛이 났어.
- 개구리야 왜 가난하니?
= 마음씨가 착해서 가난한 친구들한테 나눠 줘서
- 개구리야! 우는 친구를 보고 어떤 마음이 들었니?
= 속상하고 슬펐어.
- 쇠똥구리를 어떻게 도와줬니?
= 들고 있던 실과 바늘로 바늘을 쇠똥에 꿰어 쇠똥을 잡으라 해서 끌어올려 줬어.

개구리의 답변 중 기억에 남는 답은 어떤 것인가요?

- 반딧불이를 혀로 묶어서 구했다고 한 것이 웃겼다.
- 개구리가 '우는 친구들을 보고 마음이 속상하고 슬프다.'라고 말했던 것이 기억난다.
- 개구리가 바늘을 쇠똥에 끼워서 쇠똥을 잡아서 구해 준다고 하는 게 기억에 남는다.
- 개구리가 왜 가난한지 물었는데 마음씨가 착해서 가난한 친구들에게 나눠 줘서라는 답이 기억에 남는다.
- 개구리가 왜 착해졌냐고 하니 친구들의 불쌍한 모습을 보고 착해졌다는 것이 인상 깊다.

친구에게 어떤 도움을 주고 싶은가요?

- 나는 친구가 혼자 있을 때 친구 보고 먼저 같이 놀자고 하겠습니다.
- 나는 앞으로 준비물 잘 빌려줄 거라고 맹세합니다.
- 나는 친구가 지우개가 없으면 빌려주겠습니다.
- 나는 친구가 아플 때 도와주는 배려를 하겠습니다.
- 나는 친구들과 싸우지 않고 친하게 지내겠습니다.
- 나는 친구들에게 많이 칭찬하겠습니다.

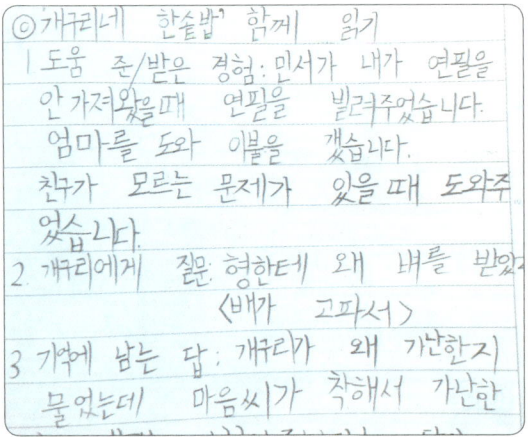

●선생님이야기

『개구리네 한솥밥』은 그림책 자체로도 재미있지만, 아이들 눈높이에서 더불어 사는 삶에 대해 보여 줄 수 있는 책이라고 생각했다. 친구의 힘든 모습에 연민을 느낄 수 있는 마음, 어려움에 처할 때마다 힘을 합치고 도움을 주고받는 태도를 보여 줄 수 있기 때문이다.

아이들이 개구리의 모습을 흉내 내는 의성어가 재미있고 개구리의 상황이 궁금하여 책에서 눈을 떼지 않고 보는 모습이 뿌듯하였다. 반복되는 내용이지만 조금씩 다른 장면에 아이들은 다행히 흥미를 보였고, 마지막에 밥이 안 된다고 할 땐 누가 도와줄까 궁금해 하기도 하였다. 과학적 사실에 관심이 많은 아이가 "개구리는 쌀이 아니라 곤충들을 잡아먹지 않나요?"라고 해서 잠깐 당황스러웠지만 "와, 과학적 지식이 제법인데? 동화책은 상상 속의 이야기이고, 어쩌면 이 개구리는 너무 착해서 동물을 먹는 대신 쌀을 먹는지도 모르겠다"고 답했다. 어쨌거나 그림책 속에서는 별별 일이 일어나기도 하고, 곤충과 개구리가 모두 한복을 입은 것도 마치 당연한 것처럼 보이니까.

이 이야기와 관련하여 내가 도움을 주거나 받은 경험이 있냐고 물었을 때, 아이들은 어떤 것이 '도움'이 되는지 떠올리기 어려워했다. 여러 예시를 들면서 조금씩 더 많은 이야기들이 아이들에게서 나왔다. 아주 작은 도움도 있고, 큰 도움도 있었다. 수업을 다 하고 나니 작은 도움과 비교하여 개구리가 한 행동처럼 큰 도움에 대해 이야기해 보아도 좋았을 거라는 생각이 든다. 나의 시간과 노력을 투자해야 하는 도움에 대한 이야기 말이다.

마침 교과서에 핫시팅 기법이 소개되어 있기도 했고, 개구리의 행동에 대해 아이들이 직접 묻고 답하며 깊이 이해할 수 있도록 핫시팅 활동을 했다. 아이들이 질문하기 뿐 아니라 앞에 나와 답변하는 것을 다들 하고 싶어 했지만 시간이 부족하고 같은 질문이 반복되어 도중에 그쳐야 했다. 다음에는 차례를 정해 골고루 답하면 좋겠다.

질문과 답을 미리 생각해 보고 알맞은지 검토할 때는 푹 몰입한 모습에 마치 아이들이 생각하고 있는 소리가 귀에 들리는 것 같았다. 때로는 생각도 못한 재치 있는 대답이 나와 감탄했다. 물론 엉뚱하고 기상천외한 답변도 간혹 나오는데 그럴 땐 선수 교체 뿐 아니라 웃음을 진정시키느라 시간이 걸렸다.

아이들이 생활 속에서 실천할 것을 정할 때에도 역시 시간이 오래 걸렸고 좀 어려워했다. 자신이 약속한 행동을 알림장에 붙여 놓고 지속하려고 했지만 생각보다 쉽게 잊고, 실천하는 아이가 많지 않아서 아쉬웠다. 학급 수호천사(마니또) 활동과 연계하여 구성해 보는 것도 하나의 방법일 것 같다.

우리 반에는 남에게 도움을 청하는 것이 서툴거나 누가 먼저 말을 걸어 주기까지는 말을 꺼내기 힘들어 하는 아이도 있고, 누군가(주변의 어른들일까?) 자신의 일까지 대신해 주는 것에 길들여져 친구에게 자신의 작은 일까지 도움을 청하는 아이도 있다. 아이들이 아직 어려 모든 것이 서툴겠지만, 자기 삶의 터전에서 제대로 도움을 주고 도움을 받는 경험이 충분하지 못해서 더 어려워하는지도 모른다. 이 수업으로 아이들이 함께 더불어 살아가는 삶에 더 가까이 다가갈 수 있길 바란다.

#도움 #관계 #친구 #연대 #나눔 #서로_돕는_삶 #흉내_내는_말

모든학년 그림책

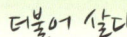
더불어 살다

마녀 위니

밸러리 토마스 글 · 코키 폴 그림 · 김중철 옮김 / 비룡소

●책이야기

> 윌버는 우스꽝스럽게 보였고 자기도 우스꽝스럽다는 걸 알았어요.
> 새들도 윌버를 보고 깔깔 웃었지요. 고양이 윌버는 너무나 슬펐어요.
> 그래서 아침부터 밤까지 나무 꼭대기에 있었어요.
> 다음 날 아침에도 고양이 윌버는 나무에서 내려오지 않았어요.
> 마녀 위니는 걱정이 되었어요.
> 위니에게는 윌버가 소중했기 때문에, 윌버가 슬퍼하는 게 싫었어요.

이 책은 다른 사람과 함께 살아가는 데에 중요한 것이 무엇이지, 함께 한다는 것은 어떤 의미인지, 갈등이 생길 때는 어떻게 풀 수 있는지를 보여주는 그림책이다.

마녀 위니는 숲 속 까만 집에서 까만 고양이 윌버와 함께 산다. 위니의 집엔 까만 소파, 까만 이불, 까만 깔개, 까만 욕조, 까만 담요 등 온통 까만 물건들뿐이다. 그런데 고양이 윌버가 까만색이어서 문제가 생긴다. 고양이가 눈을 뜨고 있을 때는 윌버를 볼 수 있지만 눈을 감고 있으면 모든 것이 까만색인 집에서 위니는 윌버를 볼 수 없다. 그래서 윌버에게 걸려 넘어지거나 윌버를 깔고 앉는 등 서로 불편한 일이 계속 생겨난다. 이런 불편을 없애기 위해 위니는 윌버의 뜻과는 상관없이 그를 여러 가지 색깔로 바꿔 버린다. 원치 않게 자기 몸 색깔이 바뀐 윌버는 끝내 나무 꼭대기에서 내려오지 않고, 그제야 위니는 윌버의 마음을 이해하며 집의 색깔을 바꾸기로 한다.

다른 사람과의 관계에서 문제가 생겼을 때 섣불리 상대방을 바꾸려다 더 심각한 갈등에 빠지는 경우가 종종 있다. 위니의 이야기를 읽으면서 행복한 관계는 상대를 배려하는 데서 시작한다는 것을 마음에 담았으면 한다.

●2학년 수업이야기

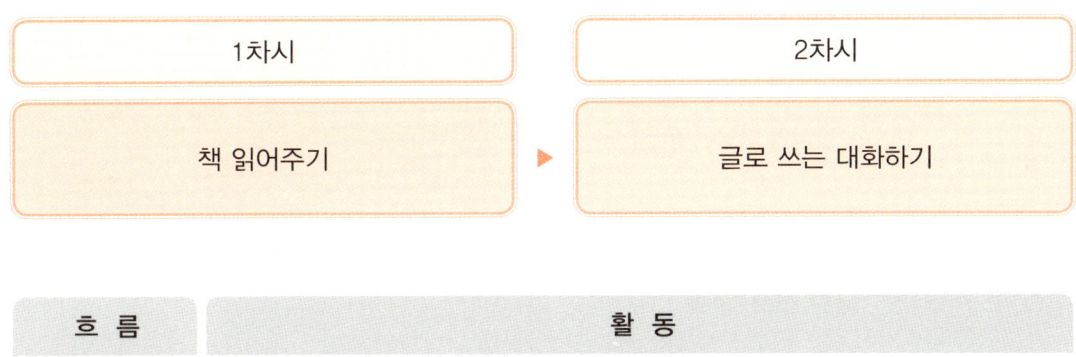

흐 름	활 동
읽기 앞서	**표지 읽기** **마녀 위니가 고양이를 밟는 모습을 보니 무슨 생각이 드나요?** • 고양이를 힘으로 누르는 것 같지는 않아요. / 아무래도 고양이보다는 마녀가 주인이니 힘이 더 세겠죠. / 마녀가 당황하는 것을 보니 둘이 서로 아끼는 사이 같아요. / 고양이에 대한 배려가 부족해요. **고양이나 다른 반려동물을 길러 봤거나 지금 기르고 있는 사람은 이 장면을 보고 어떤 생각이 드나요?** • 고양이가 안쓰러워요. / 마녀의 고양이에 대한 배려가 부족해요. / 고양이는 살금살금 조용하게 움직이니까 잘 살펴야 해요. 지은이와 서지 정보를 알아봅시다. 그림은 『샌지와 빵집 주인』을 그린 사람이에요. 그림에서 코키 폴의 느낌이 드러나요? 글 작가의 이름보다 그림 작가의 이름이 먼저 나오네요. 그림이 글 못지않게 중요해 보입니다.

읽어주기

읽으면서

⏸ '그러나 고양이 윌버가 두 눈을 ~ 마녀 위니는 윌버를 전혀 볼 수 없었어요.'

마녀 위니와 고양이 윌버에게 어떤 일이 일어날까요?

⏸ '~윌버는 연두색 고양이가 되었어요.'

여러분이 윌버라면 어떤 생각이 들까요? 그 이유는 무엇인가요?

⏸ '위니에게는 윌버가 소중했기 때문에 윌버가 슬퍼하는 게 싫었어요.'

윌버는 왜 슬펐을까요?

위니의 마음은 어떨까요? 위니는 어떻게 했을까요?

글로 쓰는 대화

읽고 나서

위니와 윌버의 행동을 나의 경험이나 생각과 견주어 보면서 짝과 글로 쓰는 대화를 해 봅시다.

'글로 쓰는 대화'란 자기 생각을 말로 하지 않고 채팅하듯이 글로 쓰면서 대화하는 것이다. 말은 흩어지기 쉽지만, 글은 상대의 생각을 볼 수 있어서 더 깊은 생각을 말하는 결과를 가져온다.

소감 이야기하기

이 책에서 가장 기억에 남는 장면은 무엇인가요?

글로 쓰는 대화를 한 것 중에서 새롭게 알게 된 것, 모두에게 알려 주고 싶은 내용을 말해 봅시다.

● 아이들이야기

윌버는 왜 슬펐을까요?

- 내가 윌버라도 내가 원하지 않는 모습으로 바뀌면 싫었을 거예요.
- 맞아요. 지난번에 엄마가 내가 원하지 않는데도 내 머리를 펌 해서 많이 속상했던 적이 있어요. 한동안 쑥스러웠어요. 그 때 생각이 나요.
- 나는 여자이지만 치마를 좋아하지 않는데 엄마는 자꾸 치마를 입으라고 해서 힘들어요. 윌버가 그런 마음일 거예요.
- 윌버가 우스꽝스런 자신의 모습을 보이기 싫어서 자기 눈을 가렸을 거예요.
- 친구가 정글짐에 올라가자고 하는데 난 그런 놀이는 하기 싫다고 했더니 친구는 재미있는데 나보고 왜 그러냐며 싫어했어요.

위니의 마음은 어떨까요? 위니는 어떻게 했을까요?

- 위니는 윌버를 좋아하니까 윌버가 슬프면 위니도 슬플 거예요.
- 위니도 시무룩해요. 왜냐하면 윌버가 색깔이 바뀌면 자기는 편할 것이라고 생각했는데 막상 당해 보니 윌버의 슬픔이 자기랑 상관이 있다고 느꼈을 거예요.
- 위니도 윌버가 이상할 걸요. 이제까지 보던 윌버가 아니어서 낯설었지 싶어요.

위니와 윌버의 행동을 나의 경험이나 생각과 견주어 보면서 짝과 글로 쓰는 대화를 해 봅시다.

❶
- 솔직히 말하면 윌버가 좀 불쌍했어. 주인이 마음대로 색깔을 바꾸었으니 말이야.
= 위니가 나쁘기도 하지. 반려동물에 대한 배려가 부족한 거지.
- 나는 위니가 바뀌었으면 해.
= 집의 색깔이 멋지게 바뀐 뒤 위니와 윌버가 행복하게 살 것 같아.

- 그래. 집을 바꾸고도 윌버의 색깔이 바뀌지 않았을까?
= 아냐. 난 검정색 그대로일 것 같아.

❷
- 내가 윌버라면 주인이 이상한 색깔로 바꾸면 난 새 주인을 찾아갈 거야.
= 그거 좋은 생각이네. 하지만 위니도 나쁘진 않아.
- 근데 괴상한 방법으로 바꾼다면 기분이 나쁘지 않겠어?
= 그렇겠지만 위니도 윌버도 괴상한 색깔을 원하지 않았으니 다행이야.

❸
- 마녀가 진작 집 색깔을 바꾸지.
= 그러게 말이야. 그런데 윌버는 화려한 색으로 바뀌는데 왜 싫었을까?
- 자기 스타일이 아니겠지.
= 이 작가 참 창의적이다. 위니가 참 세련되어 보여.
- 윌버도 세련되었어.
= 난 이 책을 읽고 내가 바뀌어야 함을 알았어.
- 나도.
= 마지막 감동이야.

❹
- 나는 위니가 착하다고 생각해. 왜냐하면 친구 윌버가 슬퍼하니까 자기도 슬퍼했잖아.
= 그래도 처음에는 윌버의 색깔을 마음대로 바꾸었잖아. 처음부터 착한 위니는 아니었던 것 같애.
- 난 윌버 색깔을 2가지 정도로는 바꾸는 것도 괜찮다고 생각해.
= 그건 아닌데. 난 반대야.
- 내 생각이 아닌 것 같아도 내 생각을 좀 들어주면 안 될까?
= 그래, 알겠어. 하지만 난 윌버의 색깔을 바꾸는 것보다 집의 색깔을 바꾼 작가의 생각이 맞다고 생각해.

❺
- 위니는 매너 빵점이야.
= 그런가?
- 윌버를 배려해 주면 좋은데
= 그래. 윌버가 불쌍하긴 했어.
- 나도 그래.
= 그래도 마지막엔 윌버를 배려해서 다행이야.

❻
- 위니 진짜 이기적이다. 자기는 하나도 바뀔 생각을 하지 않고 다른 사람을 자신에게 맞추라고 하잖아.
= 맞아. 난 위니처럼 하는 행동은 하지 않을 거야.
- 그리고 윌버가 불쌍해 보여.
= 맞아 맞아. 이 책을 읽어 보니 내가 다른 사람에게 맞춰야 한다는 것도 알게 되었어.
- 나도 그래. 나도 이제 내 생각만 하지 말고 상대방도 생각해야겠어.

❼
- 위니 얼굴 이상해.
= 보통 마녀 얼굴들이 다 좀 이상하잖아. 물건들도 그렇고.
- 그렇구나.
= 내가 마녀라면 무지개 색깔로 놔둘 거야. 특별하잖아. 만약 특별한 고양이 선발대회가 있다면?
- 그런 것 없어. 그리고 있어도 13등쯤 하겠다.
= 난 집 색깔을 바꾸는 것도 좋지만 윌버에게 좋아하는 색으로 고르게 할 거야.
- 그것도 괜찮겠네. 윌버가 고른다면.

●선생님 이야기

    고양이와 마녀라는 흥미로운 인물의 등장과 재미있는 그림, 리듬감 있는 글이 더해져서 아이들은 책 속으로 빨려들었다. 고양이 윌버의 운명을 걱정하는 눈빛이 더 절절해졌다. 화려한 그림도 아이들의 눈길을 끌었지만, 무엇보다 윌버를 향한 위니의 따뜻한 배려가 아이들의 마음을 사로잡았다.

    우리 반 아이들은 비교적 원만한 환경에서 부모들의 많은 관심 속에 자라는 편이다. 대부분의 부모들은 자기 아이에게 모든 열성을 다하며 아이들이 원하는 것을 거의 다 들어준다. 모자람 없이 자란 아이들은 자신이 바라는 대로 되지 않을 때 다른 사람의 입장에 서지 못하고 배려심도 많이 부족해진다. 가정에서는 항상 자신이 중심에 있었으므로 학교에서 친구의 작은 잘못이나 실수를 이해하지 못하고 자신과 다르다는 이유로 배척하기도 한다. 그런 아이들이 비록 짧은 이야기이지만 위니와 윌버를 보며 다른 사람과 지낼 때 진정한 배려가 무엇인지를 마음에 꼭 담기를 바란다.

#마녀_위니 #고양이_윌버 #배려 #나_바꾸기 #친구 #친구를_위한_나의_변화

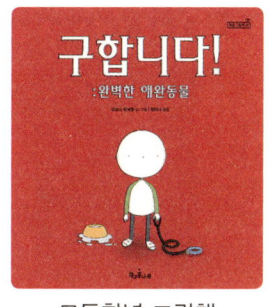

모든학년 그림책

더불어 살다

구합니다! : 완벽한 애완동물

피오나 로버튼 글·그림 · 천미나 옮김 / 책과콩나무

●책이야기

> "너는 강아지가 아니야
> 하지만 그냥 오리도 아니야
> 넌 나에게 딱 맞는, 완벽한 친구야."

    친구. 아이들에게 가족을 제외하고 친구보다 더 중요한 존재가 있을까? 아이들은 오늘도 열심히 친구를 찾고, 친구들과 함께 시간과 추억을 나눈다.

    이 책에 등장하는 헨리와 오리도 우리 아이들처럼 친구를 찾고 있다. 자신이 원하는 조건을 갖춘 완벽한 애완동물을 구하는 헨리와 자신의 정체를 숨긴 채 친구를 찾아 떠나는 오리. 이 둘은 과연 친구가 될 수 있을까?

    헨리와 오리는 서로 만나 함께 행복한 시간을 보낸다. 그러던 중 오리는 강아지로 변장했던 것들이 벗겨지면서 오리임이 밝혀지게 된다. 오리는 자신의 모습을 헨리에게 솔직하게 밝히고 사과한다. 헨리는 그런 오리를 있는 그대로 인정해 주고 둘은 친구가 되었다. 우리 아이들도 부족하더라도 자신의 모습을 솔직하게 보여주며 친구에게 다가갈 때, 친구의 부족한 면이 있더라도 있는 그대로 봐주고 이해해 줄 때 진정한 우정을 쌓게 될 것이다.

    헨리와 오리처럼 아이들이 스스로의 모습을 숨김없이 드러내며, 친구의 모습을 인정하고 이해하는 마음으로 서로를 만났으면 좋겠다. 그래서 함께 있으면 즐겁고 행복한 '자신만의 완벽한 친구'를 찾는 방법을 조금이라도 이 책에서 찾을 수 있기를 바라본다.

●5학년 수업이야기

1차시	2차시
책 읽어주기	토의하기	▶ 친구 관찰하여 소개 글 쓰기

흐름	활동
읽기 앞서	**표지 읽기** 제목 읽기, 지은이와 서지정보 안내하기 **어떤 내용일까요?** • 애완동물을 잃어버렸다. / 애완동물이 도망갔다. / 애완동물을 찾고 있다. **뒤표지를 보니 어떤 내용일 것 같나요?** • 강아지가 누군가를 찾아간다. / 오리다. / 이상한 동물이 어디론가 떠나려고 한다.
읽으면서	**읽어주기** **맛내기** 그림을 자세히 살펴보면 더욱 재미있다. 헨리의 표정과 '오리의 여러 가지 재주'를 적은 글은 빠뜨리지 말고 꼭 살펴보자. ⏸ 첫 번째 이야기 끝까지 읽어주기 헨리는 왜 개구리가 아닌 강아지를 애완동물로 갖고 싶을까요? ⏸ 두 번째 이야기 끝까지 읽어주기 기나긴 여행을 떠나는 오리의 마음은 어떨까요? ⏸ 세 번째 이야기 "헨리가 실망스러운 목소리로 대꾸했습니다."까지 읽어주기

읽으면서	강아지가 아닌 게 밝혀졌을 때 오리와 헨리의 마음은 어땠을까요? ⏸ 마지막까지 읽어주기 헨리는 왜 오리를 완벽한 친구라고 했을까요?

토의하기

친구가 되기 위해 필요한 것은 무엇일까요?

나에게 완벽한 친구란?

책을 읽고 인상 깊었거나 재미있었던 장면을 말해 봅시다.

마니또 관찰하기

- 무작위로 마니또 한 명을 뽑는다.
- 1주일 동안 마니또를 관찰한다. 관찰하면서 친구에 대해 새롭게 알게 된 점과 그에 대한 나의 생각을 관찰일지에 기록한다.
- 1주일 후, 자신이 관찰한 마니또에 대한 보고서를 쓰고, 다른 친구들에게 소개한다.

마니또 관찰 활동을 하고 나서 느낀 점을 이야기해 봅시다.

이런 활동도 있어요 – 나만의 친구 찾기 광고

내가 원하는 친구를 찾는 광고를 만들어 봅시다.

- 학기 초라면 광고 만들기로 친구들에게 자신을 소개할 수 있다.
- 자신이 좋아하는 것, 자신이 중요하게 생각하는 것 등을 넣어 자신에게 맞는 친구를 찾는 광고를 만든다.

●아이들이야기

헨리는 왜 오리를 완벽한 친구라고 했을까요?

- 자기와 비슷한 점이 있었기 때문에
- 오리의 장점도 많고, 오리와 헨리의 마음이 잘 맞다고 생각해서
- 오리가 할 수 있는 여러 가지 것들을 알게 되었고, 오리의 마음을 이해했기 때문에
- 알고 보니 오리에게는 강아지한테 없는 장점들이 많이 있어서
- 강아지는 아니지만 함께 놀다 보니 즐거웠기 때문에
- 함께 이야기를 나누는 말동무가 될 수 있어서
- 무엇보다도 소중한 스폿이었고, 함께 했었던 시간과 재미있었던 추억이 있어서

친구가 되기 위해 필요한 건 무엇일까요?

- 진심으로 친구를 존중하고 친구가 되고 싶은 간절한 마음
- 정성과 노력, 따뜻한 마음
- 나와 비슷한 면이 많아서 통하는 것이 있어야 한다.
- 서로를 믿고 사랑하는 마음이 필요하고 서로 배려를 해서 우정을 쌓아야 한다.
- 함께 만드는 추억(함께 겪는 사건)
- 많은 시간과 노력, 사랑, 관심, 대화
- 그 사람과 맞추고 이해하려는 마음

나에게 완벽한 친구란?

- 나랑 잘 놀아 주고 힘들 때 위로해 주는 친구
- 마음이 잘 통하고 재미있고, 함께 하는 시간이 즐거운 친구
- 내 옆에만 있어도 기분이 좋고, 나랑 놀고 이야기를 하면서 서로 웃을 수 있는 친구
- 착하고 마음이 잘 통하는 친구

- 동물을 사랑하고 내가 위험할 때 도와주는 친구
- 서로에 대한 믿음이 있고 마음이 잘 맞는 친구
- 내 말에 귀 기울여 주고 나랑 재미있게 놀 수 있는 친구
- 내 옆에 있어 주는 친구
- 나에게 관심을 가져 주는 친구, 대화를 많이 나눌 수 있는 친구

책을 읽고 인상 깊었거나 재미있었던 장면을 말해 봅시다.

- 오리에게 오리에 관한 것을 적어서 보여줄 때가 감동적이었고, 글을 못 읽는 오리에게 글을 보여줘서 웃기기도 했다.
- 헨리가 오리와 친해져서 행복하게 함께 자는 모습이 귀엽고 행복해 보였다.
- 오리가 강아지로 변장한 게 들켰을 때이다. 왜냐하면 헨리가 어떤 반응을 보일지 궁금해서였다.
- 오리가 헨리 집에 딩동 하는 장면. 뭔가 오리가 쪼끔 긴장을 한 것 같아서
- 오리가 혼자서 영화 보고, 탁구 치는 등 혼자서 무언가를 할 때. 오리가 안쓰러워 보였다.
- 오리가 헨리에게 강아지가 아니라는 걸 밝혔을 때가 가장 인상 깊은 장면이다. 왜냐하면 이건 바로 용기를 낸 것이기 때문이다.

마니또 관찰 활동을 하고 나서 느낀 점을 이야기해 봅시다.

- 친구에 대해 생각하지 못했던 다른 점이 있다는 것을 알게 되었다.
- 내가 친구에 대해 이럴 것 같다고 짐작해서 생각했던 것들이 있었는데 그게 꼭 진실은 아니었다.
- 친구에 대해 더 알게 되었고, 조금 더 가깝게 느껴진다.

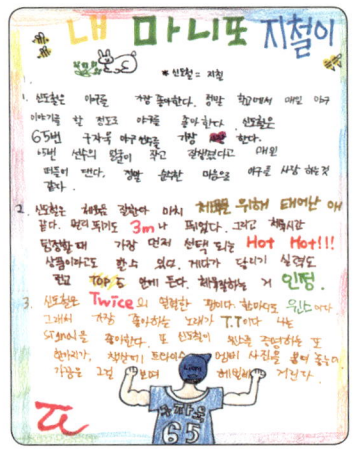 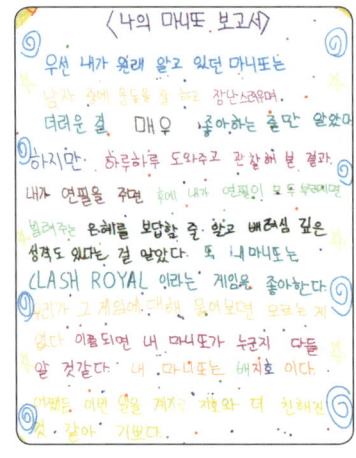 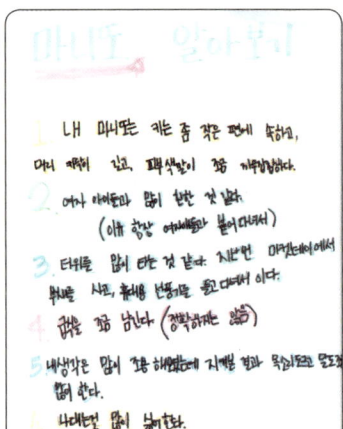

【마니또 관찰 일지】

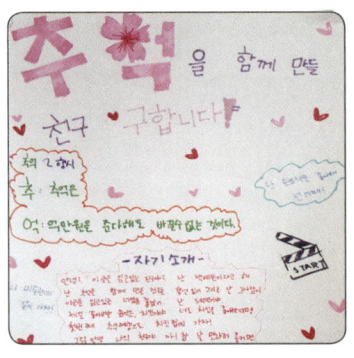 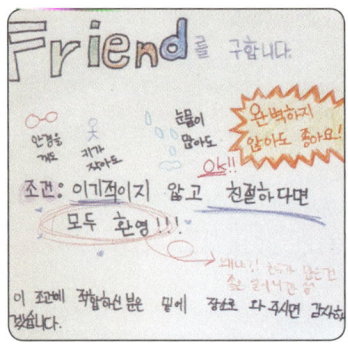 

【내가 원하는 친구 찾는 광고】

●선생님 이야기

　강렬해 보이는 빨간색 표지에 줄 같은 것을 들고 있는 아이, 우산을 쓰고 있는 오리 같기도 하고 강아지 같아 보이기도 하는 동물. 앞표지와 뒤표지를 채우고 있는 그림이다. 둘은 서로 어떤 연관이 있을까? 표지를 보고 아이들의 상상이 펼쳐졌다.

　속표지에 나오는 그림들을 보고는 무슨 내용인지 더 모르겠다는 반응이다. 헨리가 개구리를 키우는 장면을 보고 28마리나 키운다는 사실에 놀라워하는 친구들이 많았다. 그리고 이내 개구리보다는 강아지가 더 완벽한 애완동물이라는 헨리의 말에 동의했다. 같이 놀 수 있고 산책할 수 있는 강아지가 있었으면 좋겠다고 하는 아이들이 많았다. 아이들도 함께 뭔가를 나눌 수 있는 존재가 주는 즐거움을 아는 듯하다.

　두 번째 이야기-오리를 읽으면서 아이들은 오리가 너무 쓸쓸해 보인다고 했다. 언덕 위에 혼자 집이 있는 것도 외로워 보이는데 바람까지 불어 더 쓸쓸해 보인다고 했다. 혼자 보내는 시간이 너무 외로워 보여서 자신을 속여서라도 친구를 찾고 싶은 오리의 마음이 이해된다고 했다. 자신은 하루라도 이렇게 못 지낼 것 같다고 말하는 친구들도 있었다.

세 번째 이야기-만남의 첫 장면, 오리가 '딩동' 하며 벨을 누를 때는 긴장된다며 빨리 읽어 달라고 했다. 오리가 강아지가 아닌 사실이 밝혀진 장면에서는 모두 정적이 흘렀다. 자신이 헨리라면 어떻게 했을 것 같은지 이야기를 나누었다. 대부분의 아이들이 오리와 함께 한 시간, 추억이 있으니 친구로 지낼 것 같다고 했다. 어떤 아이는 오리가 자신의 정체를 솔직하게 밝힌 것은 용기이므로 잘못을 했더라도 용서를 해 줘야 한다고 말하기도 했다. 아이들도 스스로 자신의 모습을 솔직하게 밝힌 오리의 행동에 용기가 필요하다는 점에 모두 수긍하는 눈치였다.

헨리가 적은 '오리의 여러 가지 재주' 글을 읽으며 아이들의 표정이 밝아졌다. 특히 '이 오리는 변장의 천재다=대단히 똑똑함.'을 읽을 때는 모두 "맞다~맞다~" 하며 즐거워했다. 글을 다 읽고 나서 아이들은 글 속에서 헨리가 오리를 사랑한다고 느껴져서 좋다고 말했다. 또 오리의 이름을 스폿이라고 부르는 것은 상대방을 친구로 인정하는 것이라고 했다. 우리도 서로에게 좋은 친구가 될 수 있게 "야!" 가 아닌 "ㅇㅇ야"라고 다정하게 서로 불러주자는 이야기를 함께 나눴다. 마지막에 헨리와 오리가 함께 잠을 자는 장면에서 행복함과 평화로움이 느껴진다는 아이들이 많았다.

책을 읽은 후 친구를 사귄다는 게 어떤 의미인지, 나에게 완벽한 친구는 어떤 친구인지에 대한 이야기들을 나눴다. "자신과 뭔가 공감할 수 있는 것이 있는 친구, 함께 나눌 수 있는 뭔가가 있는 친구, 말이 잘 통하는 친구, 나를 이해하고 지켜봐 주는 친구, 어떤 조건이 아니라 서로를 이해해 주는 마음을 가진 친구" 라는 이야기들이 많이 나왔.

우리 아이들도 헨리와 스폿처럼 서로의 모습을 있는 그대로 인정해 주고, 서로를 이해하려고 노력해서 함께 보내는 시간이 행복하고 의미 있기를 바라며 책 읽기를 마쳤다.

#우정 #추억 #나만의_친구 #완벽하지_않아도_좋아 #너와_함께_해서_행복해

4학년 중편동화

더불어 살다

기타등등 삼총사

박미라 글 · 김정진 그림 / 시공주니어

●책이야기

> "야, 김희동."
> "응, 왜, 범석아?"
> 희동이가 싱겁게 웃으며 범석이를 바라봤다.
> 범석이가 굳은 표정으로 잠시 시간을 끌었다.
> "너 빠져!"
> "……."

학교에서 본 아이들의 모습은 예전에 비해 여러 가지 문제로 친구들과 관계 맺기를 어려워하는 아이들이 점점 많아지고 있는 느낌이다. 이 책의 주인공 희동이도 그런 아이들 중 하나다. 특히 희동이는 ADHD(주의력결핍장애)다. 잠시도 가만있지 못하고 끊임없이 엉뚱한 소리를 늘어놓고 어수선하고 정신 사나운 아이. 아이들은 희동이와 같은 아이와 한 반에서 만나고 같이 생활하는 것을 힘들어 하고 노골적으로 못마땅해 하기도 한다. 희동이와 같은 아이들을 만나면 이 시대의 생활 방식과 잘 맞지 않는 특성을 가졌기 때문에 덧씌워진 차별일 수도 있다는 생각에 마음이 아프다.

『기타등등 삼총사』는 각기 다른 고민과 재능을 가진 세 친구가 교장 선생님의 정년 퇴임식 연주를 맡으면서 겪게 되는 갈등과 화해의 과정을 그린 이야기다. 기타를 정말 좋아하고 열심히 연습하지만 영 실력이 늘지 않는 희동이는 사람들에게 '멋진' 연주를 보여 주고 싶은 친구들에게 방해가 될 뿐이다. 아이들은 이 문제를 어떻게 해결할까?

사랑의 시작은 관심이라고들 한다. 희동이와 같은 친구를 아이들이 이해하고 함께 어울리려면 아이들의 감정을 무시하고 무조건 착한 사람, 좋은 친구가 되어 주라고 하기보다 이 문제를 터놓고 이야기하면서 서로 노력할 점을 찾아보는 것이 어떨까? 이 책을 함께 읽으며 적극적으로 이야기하고 서로 노력할 점을 찾아본다면 그 물꼬를 터 줄 수 있지 않을까 희망을 가져 본다.

●4학년 수업이야기

1차시	2차시
책 읽어주기 ｜ 토론하기	끝까지 읽어주기 빈 의자 놀이하기

흐 름	활 동
읽기 앞서	**표지 읽기** 어떤 이야기일까요? • 세 친구의 모험 이야기일 것 같아요. **경험 떠올리기** 친구를 놀이나 활동에서 빼고 싶을 때가 있었나요? 그 까닭은 무엇이었나요? • 모둠 활동을 할 때 계속 장난만 치고 집중을 안 해서 우리 모둠이 시간이 다 되도록 과제를 제대로 못했을 때 속상했어요. 친구들이 놀이나 활동에서 나를 빼 버리려 한 적이 있나요? 이유가 무엇이었는지, 그때 내 마음은 어땠는지 이야기해 봅시다. • 알까기를 할 때 인원이 다 찼다고 끼어들지 말라고 해요. 나만 따돌리는 것 같아 기분이 나빠요.

읽어주기

⏸ 78쪽까지 읽어주기

토론하기

친구들이 희동이 보고 연주에서 빠지라고 하네요. 희동이는 싫다고 합니다. 희동이를 연주에서 빼야 할까요?

읽으면서

찬반 입장을 모두 생각해 보기 위해 자기 의견과는 상관없이 찬성과 반대를 같은 수로 나누어 토론한다.

끝까지 읽어주기

희동이는 연주회에서 어떻게 했나요? 그 까닭은 무엇일까요?

빈 의자 놀이하기

등장인물에게 어떤 말을 하고 싶은가요?

빈 의자 3개에 각각 '희동', '윤빈', '범석'을 써 붙인다. 빈 의자에 등장인물이 앉아 있다고 생각하고 그 친구에게 하고 싶은 말을 한다.

읽고 나서

세 친구는 멋진 연주를 하고 싶어 했습니다. 내가 생각하는 '멋진'은 어떤 것인가요?

세 친구의 연주는 멋진 연주였나요? 그렇게 생각한 까닭을 말해 보세요.

소감 이야기하기

책을 읽은 느낌을 이야기해 봅시다.

● 아이들 이야기

친구들이 희동이 보고 연주에서 빠지라고 하네요. 희동이는 싫다고 합니다. 희동이를 연주에서 빼야 할까요?

❶ 희동이를 연주에서 뺀다.
- 희동이가 무대에 올라가면 공동체의 유지가 되지 않고 노래를 망치기 때문이다.
- 연주가 엉망이 되면 부끄럽고 창피하다.

❷ 희동이와 같이 연주한다.
- 같이 올라가면 좋겠다. 희동이가 일주일에 수요일을 계속 기다린다고 했고 밤11시까지 연습했다고 나왔으니까 노력했다는 뜻이므로 같이 올라가면 좋겠다.
- 희동이가 아무리 못한다고 해도 정말 열심히 연습했는데 희동이를 빼고 올라가면 희동이가 정말 속이 상할 것 같기 때문이다. 또 어머니께서도 슬퍼하실 것입니다.
- 희동이는 우리와 다른 것이 아니라 배우는 속도가 느린 것이기 때문입니다.
- 둘이 하는 것보다 셋이 하는 것이 소리도 더 크고 함께 하는 것이 더 좋아서입니다.
- 희동이도 기타등등 삼총사의 멤버이고 무대에 올라가서 신나고 즐겁게 즐기면 되는 것이기 때문에 같이 올라가도 된다고 생각합니다.

등장인물에게 어떤 말을 하고 싶은가요?

- 희동아, 너무 마음 아파하지 말고 친구들하고 사이좋게 지내. 너도 분명히 잘할 수 있는 일이 있을 거야.
- 윤빈아, 과학 공부 열심히 해~ 다 너에게 도움이 되는 거야.(모두 웃음)
- 윤빈아, 범석아. 아무리 그래도 거짓말을 한 건 잘못된 거야. 희동이랑 사이좋게 지냈으면 좋겠어.
- 희동아, 너도 연습도 열심히 하고 노력을 해. 노력하다 보면 실력이 늘게 되고 친구들하고도 더 잘 지내게 될 거야~

책을 읽은 느낌을 이야기해 봅시다.

- 원래 희동이는 기타를 좋아하는데 기타보다 친구들이 더 좋다고 해서 감동적이었습니다.
- 희동이가 똥개보고 길길이라고 이름을 지어 주고 쥐포를 줄 때 감동스러웠습니다.
- 윤빈이와 범석이가 희동이를 마음대로 평가해서 희동이가 너무 불쌍하고 입장을 바꿔 생각해 보았는데 너무 슬펐습니다.

●선생님이야기

"친구들이 얼마나 속상할지 왜 그렇게 이해가 안 되지?" 교육 경력이 제법 될 때까지도 친구의 마음을 아프게 하고도 대수롭지 않게 여기며 자꾸만 같은 행동을 되풀이하는 아이들의 행동이 이해가 안 가서 답답하고 괴로웠다.

그런데 전국초등국어교과모임 전국 연수에서 그 답을 찾았다. 지금 우리들에게 가장 부족한 것은 '다른 사람의 고통에 대한 상상력'이고 이것은 교육되고 훈련되어야 한다는 것이다. 정말 정확한 분석이라는 생각에 소름이 돋는 느낌을 받았다. 우리는 아이들에게 다른 사람의 고통에 대한 상상력을 충분히 길러주고 있는가? 뭔가 기발한 것들에 대한 상상력만이 쓸모가 있고 대단한 것처럼 교육되고 훈련되는 건 아닐까? 기술이 더 발전되고 생활이 더 편리한 사회가 우리를 행복하게 하는 것은 아닐 것이다. 우리가 더 치열하게 고민해야 할 지점에 '문학의 힘'이 도움이 되어 줄 것이라 생각된다.

『기타등등 삼총사』는 아이들의 일상에서 쉽게 만날 수 있는 이야기로 희동이의 마음을 느끼고 그 아픔에 공감하게 해 주었다. 또 희동이 어머니의 마음을 상상하고 희동이 친구들의 마음에 공감하며 고통을 함께 느꼈다. 그랬기 때문에 대부분의 아이들이 희동이가 서툴더라도 함께 해야 한다고 했고 엉터리 연주를 상상하면서도 세 친구가 함께 하는 것이 진짜 '멋진' 연주라고 말하기도 했다. 우리 반에서 '멋지다'는 것에 대한 생각에 작은 변화가 온 것이다.

이 한 권의 책으로 아이들의 행동에 큰 변화를 기대하기는 어려울 것이다. 그러나 이

한 번의 경험이 무의미하지는 않을 것이라는 확신이 든다. 나와 다른 사람에 대한 경계를 허물고 등장인물에 동화되고 다른 사람의 마음에 공감하게 되는 것이 문학 작품의 힘인 것 같다. 더불어 살아가는 존재로서 다른 사람의 고통에 대한 상상력이야말로 인간이 갖추어야 할 능력으로 충분히 교육되고 훈련되어야 할 중요한 가치라는 공감이 절실히 필요한 시대이다.

#편견 #배려 #공감 #삼총사 #'멋진'_의_의미 #타인의_고통에_대한_상상력

4학년 장편동화

더불어 살다

엄마 사용법

김성진 글 · 김중석 그림 / 창비

● 책이야기

> "엄마는 불량품이 아니라, 아기처럼 아무것도 모르는 게 아닐까?
> 갓 태어난 아기처럼 말이다. 그러니까 네가 엄마에게 알려 주면 어떻겠니?
> 엄마는 너를 처음 보아서 모르는 것일 뿐이니까 말이다."

'생명'과 '장난감'은 얼핏 어우러질 수 없는 낱말이다. 그러나 우리 주위를 돌아보면 소중한 생명을 장난감처럼 다루는 예를 어렵지 않게 찾아볼 수 있다. 숨을 쉬고 살아 움직이며 심지어 마음이 생겨 무거워지는 '생명 장난감'이라는 소재는 아이들로 하여금 생명에 대한 태도를 돌아보게 한다.

『엄마 사용법』은 8살 현수가 백지 상태의 '엄마'를 배달 받고 관계를 맺어 가는 과정을 보여 주는 작품이다. 현수에게는 엄마가 없었다. 엄마가 있는 친구들이 부러웠던 현수는 '엄마'를 배달 받고 조립하면서 마치 아이를 갖게 된 엄마의 마음처럼 뭐라 설명할 수 없이 설레는 감정을 느끼게 된다. 세상에서 제일 멋진 엄마를 갖게 될 거라고 기대했던 현수의 마음과 달리 '엄마'는 현수가 바라던 모습이 아니었다. 현수가 바라는 엄마는 현수에게 관심을 가지고 현수를 사랑해 주는 엄마다. 장난감 엄마는 빨래하고 청소하고 요리도 하지만 초인종을 눌러도 문을 열어 줄 줄 모르고 현수가 학교에 늦지 않도록 깨워 줄 줄도 몰랐다. 현수를 보고 웃어 주지도 않고 학교에서 돌아와도 반갑게 안아 주지 않았다. 실망한 현수에게 할아버지는 현수가 바라는 대로 장난감 엄마에게 알려 주라고 말한다. 할아버지의 조언에 따라 엄마와의 관계를 하나씩 만들어 가는 현수와 친구가 되고 싶어 지붕 위에서 똥을 던지는 고릴라의 모습에서 다른 사람과 어떻게 관계를 맺어 가야 하는지에 대한 지혜를 얻을 수 있다.

사람은 서로 아끼고 귀하게 여기는 마음으로 서로의 성장과 행복을 위해 노력할 때 진정한 기쁨을 얻는 사회적 존재다. 서로 아끼고 귀하게 여기는 마음, 바로 사랑하는 마음이다. 현수가 바라는 엄마의 모습에서도 현수를 행복하게 한 것은 사랑하는 마음임을 알 수 있다. 아이들뿐 아니라 어른들도 이 책을 통해 자신이 타인을 넘어 모든 생명체와 관계를 맺어 왔던 방식을 돌아보기는 계기가 되기 바란다.

●4학년 수업이야기

흐 름	활 동
읽기 앞서	**표지 읽기** 어떤 내용일까요? 책 속의 엄마는 어떤 엄마일까요? 작가 선생님은 이 책을 왜 썼을까요?
읽으면서	**1장 읽어주기** ⏸ 10쪽. '금방이라도 터져 버릴 것 같았지.'까지 읽어주기 현수는 어떤 아이인가요? 현수의 소원은 무엇인가요?

▶ 18쪽 끝까지 읽어주기

현수가 엄마를 사 달라고 한 까닭을 알았나요?

2장 읽어주기

▶ 30쪽. '그제야 조금 마음이 놓였어.'까지 읽어주기

책 내용으로 생명 장난감에 대해 알 수 있는 것을 정리해 봅시다.

▶ 41쪽. 끝까지 읽어주기

과학 기술이 발전하면 정말 '엄마' 같은 생명 장난감을 만들 수 있을까요?

- 미래에는 생명 장난감을 만들어서 팔 것 같아요
- 진짜 사람처럼 진짜 동물처럼 만들 수 있을 것 같아요.

3장 읽어주기

읽으면서

▶ 50쪽. '그렇지만 그런 일은 절대로 없을 거야. 엄마는 현수의 맘에 꼭 들었으니까.'까지 읽어주기

현수가 화가 난 까닭은 무엇인가요?

현수는 왜 불안했나요?

태성이는 엄마가 하는 일이 어떤 것이라고 생각하나요?

4장 읽어주기

▶ 72쪽. "이건~ 진짜 엄마 사용법은 아닌 것 같다."까지 읽어주기

현수가 원하는 멋진 엄마는 어떤 모습인지 말해 봅시다.

▶ 82쪽. 끝까지 읽어주기

할아버지가 찾은 진짜 엄마 사용법은 무엇인가요?

현수가 '엄마'에게 알려 준 것은 어떤 것인가요?

5장 읽어주기

고릴라가 똥을 던진 까닭은 무엇이었나요?

현수가 왜 '엄마'를 좋아하게 되었을까요?

현수가 '엄마'를 사랑하는 마음을 알 수 있는 부분을 찾아보세요.

엄마에 대한 생각 비교해 보기

태성이와 파란 사냥꾼이 생각하는 엄마의 역할과 현수가 생각하는 엄마의 다른 점을 찾아봅시다.

태성이와 파란 사냥꾼은 장난감 엄마가 아이들에게 필요한 일을 잘 처리해 주니까 엄마로서 충분하다고 생각해요. 그러면 아이들은 행복할 거라고 믿고 있어요. 그런데 현수는 그렇지가 않아요. 여러분은 어떤가요?

- 현수는 진짜 우리들 엄마처럼 현수를 사랑하는 마음을 원해요. 우리를 혼내는 것도 맛있는 것도 해 주시는 것도 우리가 건강하게 잘 자라기를 바라서 그런 거니까.
- 엄마하고 같이 있어서 행복해지는 거라고 생각해요.

읽고 나서

생명 장난감에 대해 토론하기

생명 장난감을 만드는 것에 대해 어떻게 생각하나요? 짝과 글로 쓰는 대화를 해 봅시다.

'글로 쓰는 대화'는 짝과 둘이서 말없이 글로 생각을 주고받는 토론 방법으로 모든 아이들이 토론에 참여할 수 있다. 이후 어떤 찬성과 반대 의견이 있었는지 다 같이 토론 내용을 공유한다.

「우리 가족 사용법」 책 만들기

「우리 가족 사용법」을 그림책으로 만들어 봅시다.

●아이들이야기

태성이와 파란 사냥꾼이 생각하는 엄마의 역할과 현수가 생각하는 엄마의 다른 점을 찾아봅시다.

- 태성이는 청소하고 빨래하고 자기가 하라는 대로 다해 주는 게 엄마라고 생각해요
- 가족들을 위해 일하는 사람처럼 생각해요. 그런 일을 안 해 주면 필요 없다고 했어요.
- 파란 사냥꾼도 아무리 어질러도 말없이 치워주고, 뭐든지 맘대로 다 시킬 수 있으니까 엄마 옆에 있는 아이가 행복하다고 했어요.
- 그런데 현수는 자기를 사랑해 주는 엄마를 바라고 있어요. 엄마한테 마음대로 하려는 게 아니고 자기한테 관심 갖고 옆에 있어 주기를 바라는 것 같아요.

생명 장난감을 만드는 것에 대해 어떻게 생각하나요? 짝과 글로 쓰는 대화를 해 봅시다.

❶
- 생명 장난감이 참 불쌍하네.
= 맞아, 감정이 생기면 죽이잖아.
- 왜 만들었나 몰라.
= 어, 그러고 보니 감정이 참 중요하구나.
- 파란아저씨들이 잔인해. 감정 있는 사람들이 말이야.
= 맞아, 감정은 좋다, 기쁘다, 이렇게 좋은 뜻도 있는데 이런 걸 억제하고 죽이는 건 정말 잘못됐어.

❷
- 생명 장난감은 조립을 잘못하면 이상하게 되기 때문에 없어져야 해.
= 나도 그렇게 생각해. 조립을 잘못하면 버려야 되고 마음이 생겨도 버리기 때문이야. 거기다 생명 장난감이 부작용을 일으켜도 버려져서 쓰레기가 너무 많이 생기기 때문이야.
- 맞아. 생명 장난감이 오류 때문에 인간에게 많은 위험을 줄 수 있어.
= 네가 생명 장난감이라면 어떻게 하겠니?

- 주인이 시키는 대로 할 수밖에 없을 것 같아.
= 고릴라도 주인에게 교육을 잘못 받아서 사람들에게 똥을 던지는 것 같아.
- 내가 생명 장난감이라면 기분이 나쁠 것 같다.
= 나는 몰래 그 집에서 빠져나가 가출할 거야.

「우리 가족 사용법」을 그림책으로 만들어 봅시다.

❶ 내가 만드는 「엄마 사용법」
- 집에 들어갈 때 "엄마"하고 큰 소리로 부르며 안아 주기
- 엄마가 짜증내면 꼭 안아 주기
- 혼날 때 입 무겁게 하기 / 사랑한다고 말해 주기 / 뜨겁게 포옹하기 / 말 많이 걸기 / 볼 때마다 웃어주기
- 요리할 때, 공부 가르쳐 줄 때 천재라고 칭찬해 주기
- 엄마 기분 안 좋을 때 위로하기 / 웃으며 생활하기 / 화가 났을 때 기분 맞추기
- 같이 기뻐하기 / 밥 먹고 수다 떨기 / 가사 일을 역할 분담하기

❷ 그 밖의 다른 사람 사용법
- 아빠 사용법 : 아빠 마음에 드는 행동하기
- 나 사용법 : 할 것 먼저 하고 놀기
- 친구 사용법 : 같이 놀기 / 자주 놀아 주기 / 함께 숙제하기 / 즐거운 하루 보내기 / 칭찬하기 / 비밀 지키기 / 좋아하는 놀이 가르치기 / 잘못한 것 꼬집지 않기 / 좋은 일 해 주기 / 비밀 지키기 / 힘들 때 위로하기 / 준비물 빌려주기 / 모르는 것 가르쳐 주기 / 같이 놀기
- 동생 사용법 : 잠 올 때 화내지 않기 / 화가 났을 때 건드리지 않기 / 화가 났을 때 달래 주기 / 양보하기 / 웃어 주고 안아 주기 / 같이 놀아 주기 / 양보하기 / 뽀뽀해 주기
- 강아지 사용법 : 장난쳐 주기 / 놀아 주기 / 산책 시키기
- 누나 사용법 : 부탁할 일 한꺼번에 말하기 / 컴퓨터 하는 시간 지키기

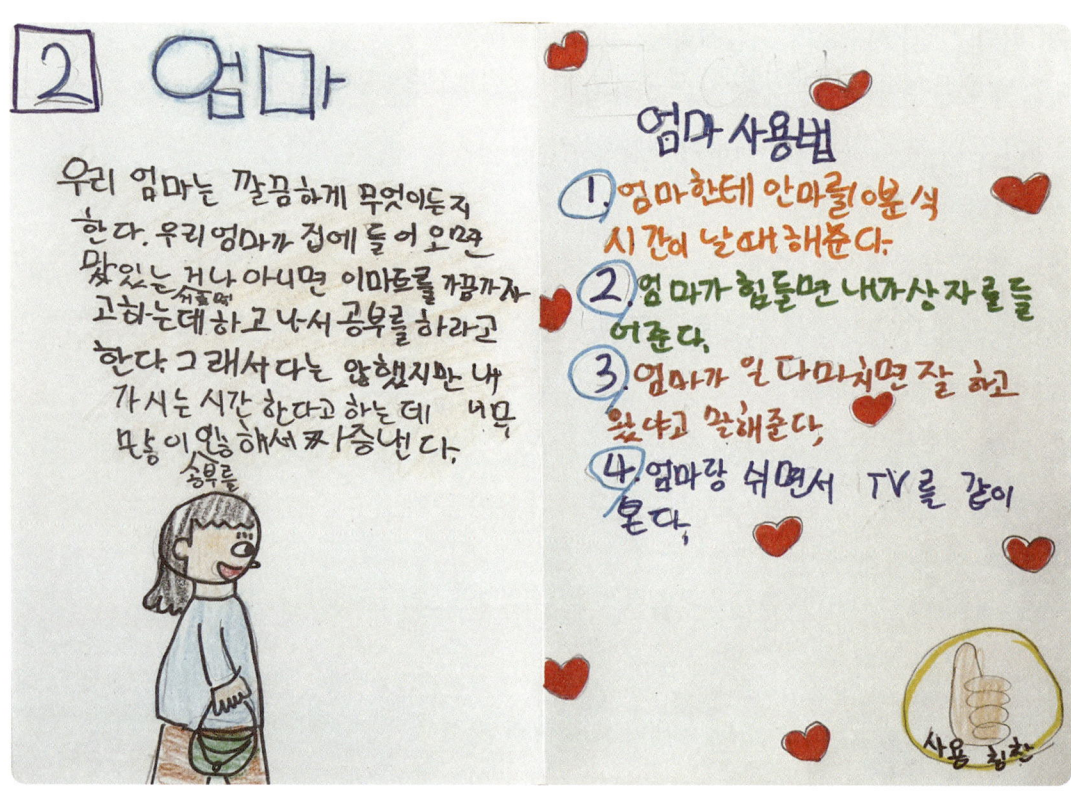

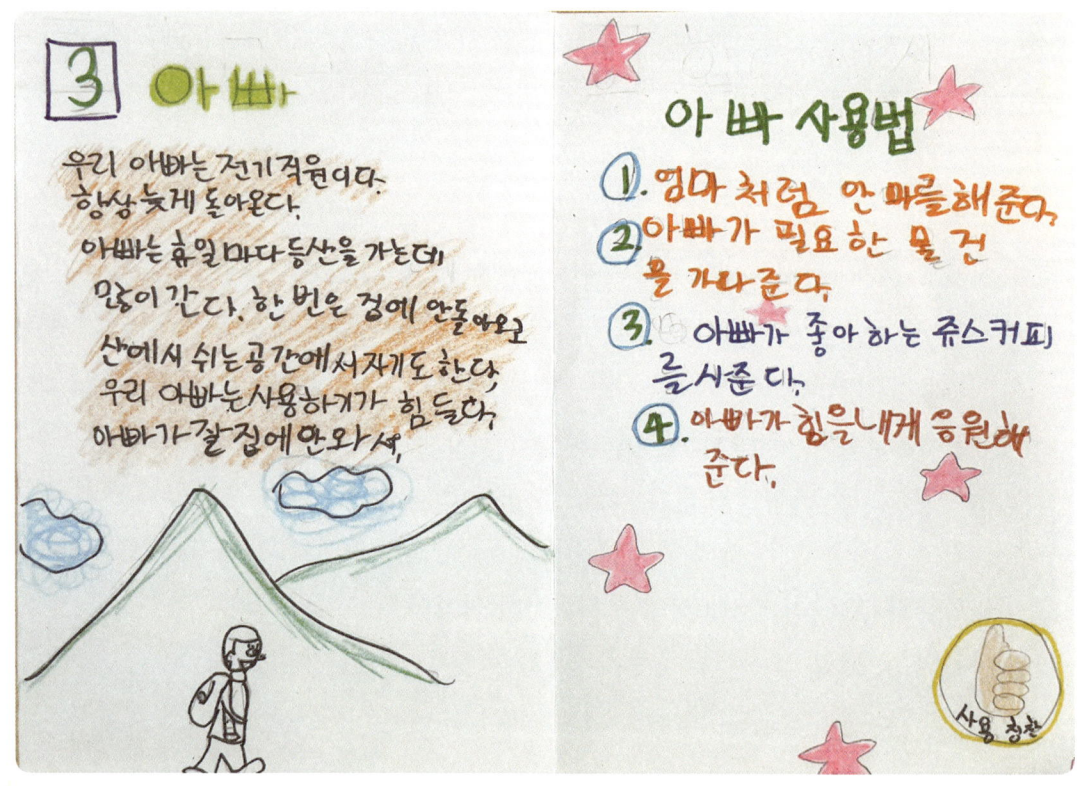

●선생님 이야기

　로봇의 발전이 심상치 않다. 사람의 모습과 점점 더 가까워지고 있다. 몇 년 전에 아이들과 함께 읽을 때만 해도 아이들은 상상에서나 있을 법한 이야기로 느끼는 듯했다. 그러나 이제는 생명 장난감을 만나는 것은 당연한 것이라고 생각했다. 그래서인지 현수가 생명 장난감을 구입하고 조립하는 과정을 따라가면서 아이들은 이야기에 자연스럽게 빠져들었다.

　생명 장난감이 '엄마'였던 것도 아이들이 이야기에 몰입하는 데 큰 몫을 했다. 엄마를 갖고 싶어 하는 현수의 마음에서부터 아이들은 현수와 하나가 되었다. 아이가 엄마를 갖고 싶어 하는 것은 너무나 당연한 요구라고 인정했기 때문일 것이다.

　기다리던 끝에 배달되어 온 현수의 '엄마'가 현수가 바라던 모습이 아닌 것을 알고는 현수만큼이나 안타까워하면서 진짜 엄마가 되어 주기를 바라는 현수를 진심으로 응원했기 때문에 할아버지의 단순하고 분명한 조언은 아이들 모두에게 큰 울림을 주었다. 주인의 행동을 그대로 따라 하는 외톨이 고릴라 이야기는 할아버지 조언의 의미를 분명하게 이해할 수 있도록 도와주고 있다.

　고릴라와 '엄마'가 바뀌어 가는 모습은 교사의 잔소리로는 닿을 수 없는 아이들의 마음속 깊은 곳까지 '다른 사람과의 관계에서 내가 먼저 좋은 모습을 보여야 그대로 돌아온다.'는 주제 의식을 자연스럽게 스며들게 한다. 다른 한편으로 4학년 아이들에게 논리적 사고로 접근하기 어려운 주제인 유전자 조작이나 생명 윤리에 대해서도 진지하게 생각하는 계기가 되었고 인간에 가까운 로봇을 통해 오히려 사람이 얼마나 소중한 존재인지 '마음의 무게'를 느끼게 한 작품이었다.

#생명_장난감　#마음이란?　#엄마의_역할　#다른_사람과_마음을_나누는_방법
#서로에게_소중한_존재되기

더불어 살다

꽃밭의 장군

재닛 차터스 글 · 마이클 포먼 그림 · 김혜진 옮김 / 뜨인돌어린이

● 책이야기

> 조드퍼 장군은 오랫동안 꽃과 벌을 지켜보았습니다.
> 얼마나 평화롭던지요. 전에는 왜 이런 것들을 알아보지 못했을까요?
> 한참 후 자리에서 일어났을 때, 장군은 자기가 꽃을 깔고 앉았다는 것을 알고
> 당황했습니다. 꽃은 처지고 슬퍼 보였습니다.

    이 책은 1961년에 초판이 나왔지만 현재까지도 생생한 이야기를 건넨다. 제2차 세계대전을 어린 시절 겪은 두 작가의 따뜻한 시선을 통하여 평화와 인간성 회복에 대한 분명한 메시지를 전한다. 단순하고 또렷한 빨강, 파랑, 초록의 색감과 삽화가 주제와 잘 어울린다.
    조드퍼 장군은 표지와는 달리, 첫 페이지에서 냉엄한 얼굴로 등장한다. 그는 세상에서 가장 유명한 장군이 되고 싶어 날마다 아침부터 자신의 병사들을 열심히 훈련시키고 행진 연습을 하도록 시킨다. 언젠가 유명한 장군들처럼 책에 쓰이길 꿈꾸며 매일을 산다. 그러던 어느 날, 말을 타고 달리다가 사고로 풀밭에 떨어진 장군은 푹신한 풀밭 덕에 다치지 않고, 여태 빠르게 달리느라 보지 못한 주위를 둘러본다. 또한 숲을 지나 걸어가며 순수하고 아름다운 자연의 모습과 향기에 넋을 잃는다. 그리고 그날 밤, 꿈에서 낮에 본 것들이 병사들의 행진에 도망치고 짓밟히는 모습을 보고 화가 나 잠에서 깬다. 그는 제대로 보지 못했던 여린 생명체들의 아름다움과 나약함을 알아보고, 평화의 가치를 깨닫게 된 것이다. 그래서 병사들은 모두 각자의 일을 하도록 집으로 보내고, 건축가들에게는 부대를 상

점, 학교, 아이들이 놀 수 있는 공원으로 바꾸게 하여 아이들이 행복한 나라, 누군가를 겁주거나 다치게 하지 않고 자연과 어울려 살아가는 나라를 만든다.

강함에 도취되어 약자들을 짓밟는 마음은 예나 지금이나 무지하고 너무나 위험한 마음이다. 강한 것에 쉽게 매력을 느끼는 우리 아이들에게 평화에 대한 감수성을 길러 주고, 약하고 아름다운 존재들이 일깨우는 생명의 소중함을 마음 깊이 느끼도록 돕고 싶다.

●2학년 수업이야기

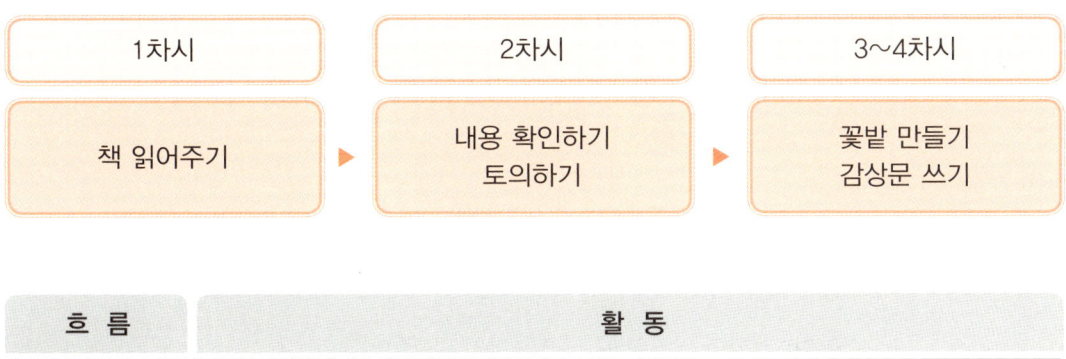

흐 름	활 동
읽기 앞서	**경험 나누기** **내가 다른 사람(동물)을 겁주거나 다치게 한 적이 있나요? 그때 왜 그랬는지, 어떤 마음이 들었는지 말해 볼까요?** • 동생이 나를 화나게 하면 펀치를 날려요. 그래도 화가 계속 나요. / 친구가 화나게 해서 밀친 적이 있어요. 속상했어요. **다른 사람이 나를 겁주거나 다치게 한 일이 있나요? 여러분은 어떨 때 겁이 났나요?** • 선생님이 혼낼 때 겁이 나요. / 부모님이 화낼 때 무서워요. / 어떤 사람이 동물을 괴롭히는 것을 볼 때 겁이 나요. / 뉴스에서 무서운 사건이 나올 때요. / 나보다 나이 많은 사람이 나를 겁주거나, 누가 나를 때리려고 할 때 겁이 나요.

읽기 앞서	### 표지 읽기 **어떤 장군일까요? 왜 장군이 꽃밭에 있을까요?** - 장군 얼굴이 무랑 배추 같고 엄청 못생겼어요. / 머리카락이 긴 것 같이 보여서 웃겨요. / 장군은 적군인 사람을 많이 죽였을 거예요. **아름다운 꽃밭에 있으면 어떤 기분이 드나요?** - 행복해져요. / 상쾌해요. / 포근한 기분이에요.
읽으면서	### 읽어주기  - 앞 면지에 가득한 꽃 그림을 보여주며 내용을 짐작해 보도록 한다. - 인물의 표정을 주의 깊게 보며 읽도록 한다.
읽고 나서	### 내용 확인하기 **꿈에서 꽃밭이 망가질 때 장군은 어떤 마음이었을까요?** - 행진을 멈추고 싶은 마음 / 화가 나고 슬픈 마음 **꽃에 마음이 있다면 꽃의 마음은 어떠했을까요?** - 무서운 마음 / 멀리 도망치고 싶은 마음 **꿈에서 깨서 장군이 한 일은 무엇이었나요?** - 이제부터 무엇이든 다치게 하거나 겁주지 않겠다고 했어요. / 병사들에게 살아 있는 것들이 잘 자라도록 보살피라고 했어요. / 병사들에게 군대를 떠나 집으로 가서 자기 일을 하라고 했어요. **조드퍼 장군의 말대로 '살아 있는 모든 것이 잘 자라도록' 하기 위해 병사들이 한 일은 무엇 무엇인가요?** - 농부는 땅을 일구고 씨를 뿌렸어요. / 어부는 바다에 가서 그물로 물고기를 잡았어요. / 부대를 없애고 상점, 학교, 공원을 만들었어요.

다른 나라의 장군들은 이 나라가 왜 세상에서 가장 아름다운 나라라고 말했을까요?

- 사람과 동물이 행복하게 어울려 사는 나라이기 때문에 / 숲과 아름다운 꽃밭이 많아서 / 멋진 공원과 놀이터가 많이 있어서

토의하기

강한 군대로 유명한 나라와 가장 아름다운 나라 중 여러분이 원하는 나라와 그 까닭은 무엇인가요?

- 아름다운 나라. 아이들이 행복하게 놀 수 있기 때문 / 아름다운 나라. 동물들과 어울려 살면 좋을 것 같아서 / 아름다운 나라. 공원이 많고 살기 좋기 때문에 / 아름다운 나라. 다른 사람을 겁주지 않아도 되기 때문에

- 강한 군대로 유명한 나라. 다른 나라로부터 국민을 지킬 수 있어야 하니까 / 강한 군대로 유명한 나라. 강한 것도 중요하니까

장군은 무엇이든 다치게 하거나 겁주지 않겠다고 했습니다. 여러분도 그런 결심을 한 적이 있나요?

읽고 나서

우리 반을 '아름다운 반'으로 만들기 위해서 어떻게 해야 할지 이야기해 봅시다.

꽃밭 만들기

서로 겁주거나 다치게 하지 않는 평화로운 교실, 꽃밭처럼 아름다운 교실을 만들기 위한 나의 약속을 모아 꽃밭을 만들어 봅시다.

감상문 쓰기

'꽃밭의 장군'을 읽고 감상문을 써 봅시다.

등장인물에게 편지 쓰기, 인상 깊은 장면과 그 까닭 쓰기, 줄거리 요약 후 생각과 느낌 쓰기, 4컷 만화 그리기 등 다양한 방법을 자세히 안내하고, 자신이 하고 싶은 방법으로 쓰도록 한다.

●아이들이야기

우리 반을 '아름다운 반'으로 만들기 위해서 어떻게 해야 할지 이야기해 봅시다.

- 자기가 먼저 배려를 하고 사이좋게 지냅니다.
- 마음 신호등을 지킵니다.(바른 생활 교과서 용어로 멈추고, 생각하고, 행동하는 것)
- 욕을 쓰지 않고, 소리 지르지 않습니다.
- 싸우지 않고 사이좋게 놀아야 합니다.
- 물건을 빌려주고, 서로 서로 사이좋게 놀아야 합니다.
- 차별하지 말고 다함께 놀아야 합니다.
- 겁주지 말고, 욕도 쓰지 말고, 때리거나 심한 말도 하지 말고 사과하고 배려합니다.
- 나쁜 말 쓰지 말고 예쁜 말 쓰기, 놀리지 않기, 양보하기를 지킵니다.
- 짝끼리 배려하고 친구가 싫어하는 일은 안 해야 합니다.
- 친하게 지내고 많이 웃고 폭력을 쓰지 않아야 합니다.
- 싸우고 나서 내가 먼저 사과합니다.

서로 겁주거나 다치게 하지 않는 평화로운 교실, 꽃밭처럼 아름다운 교실을 만들기 위한 나의 약속을 모아 꽃밭을 만들어 봅시다.

'꽃밭의 장군'을 읽고 감상문을 써 봅시다.

- 조드퍼 장군은 어느 일요일 날에 시골길을 달리는데 말 위에서 떨어졌을 때 폭신폭신한 풀밭에 누워 있는 장면이 기억에 남는다. 나도 만약에 말을 타다가 말에서 떨어졌을 때 폭신폭신한 풀밭에 떨어졌으면 좋겠다. 혹시나 그런 일이 있으면 나도 조드퍼 장군처럼 풀밭에 누워 풀을 뽑아서 입에 물고는 따뜻한 햇볕을 쬐고 있을 것이다.
- 꽃, 공원, 학교가 없던 나라가 꽃이 많아지고 학교, 공원이 생기니까 정말 신기했다. 그 나라 장군 이름이 조드퍼였다. 조드퍼 장군님 정말 잘하셨어요. 정말 아름다운 나라가 되었어요.
- 꽃밭의 장군이 풀밭에 떨어졌을 때, 편안하게 느껴지고 나도 편안했다. 그리고 꽃밭의 장군이 만든 꽃나라가 아주 예쁘고 감동적이었다. 위에서 꽃나라를 보니 아름답고 예뻤다.
- 꽃, 공원, 학교가 없던 나라가 꽃이 많아지고 학교, 공원이 생기니까 정말 신기했다. 그 나라 장군 이름이 조드퍼였다. 조드퍼 장군님 정말 잘하셨어요. 정말 아름다운 나라가 되었어요.

●선생님이야기

'평화'를 아이들과 이야기하기 위해 『꽃밭의 장군』 외에도 많은 책을 찾아 읽어 보았다. 저학년 아이들의 눈높이에 맞는 책을 찾느라 고민이 많았다. 전쟁의 참혹함에 대해 피해자의 입장에서 묘사하는 책, 전쟁의 두려움과 악함에 주목하는 책은 자칫하면 긍정적인 가치에 쏟을 관심까지 부정적인 쪽으로 돌리게 할 것 같아 걱정이 되었다. '평화'의 아름다운 모습을 통해 중요한 가치가 무엇인지 뚜렷이 이야기하면서도 지나치게 교훈을 주려고 하는 느낌이 들지 않아서 이 책이 마음에 들었다.

책의 표지를 보자마자 아이들은 큰 웃음을 터뜨렸다. 인물의 모습이 왠지 우스꽝스럽고 신기해 보였기 때문이란다. 제목 중 '장군'의 뜻을 모르는 아이들을 위해 장군이 어떤 일을 하는지, 가슴에 왜 주렁주렁 훈장을 달았는지 간단히 알려 주었다. 장군이 왜 자신과 도무지 어울리지 않는 꽃밭에 있을까 호기심을 가지며 책을 읽기 시작했다.

책을 소개하기 전에 미리 '다치거나 겁주게 한 적, 또는 겁먹은 적'에 대해 충분히 이야기를 나누었다. 이야기의 내용과 장군의 대사에 자신의 경험을 연결할 수 있도록 돕고 싶었다. 조드퍼 장군이 '아무도 다치게 하거나 겁주지 않을 거야.'라고 말할 때 목소리에 힘을 주어 읽었다. 장군이 부대를 없애고 아이들이 뛰노는 공원을 만들라고 말하며 나라를 아름답게 가꾸라고 말하는 장면에서는 아이들의 표정도 한결 더 밝아지는 것 같았다.

꽃은 약하고 쉽게 짓밟힐 수 있지만 마음에 평화를 가져다주는 아름다운 존재다. 우리 아이들도 그러한 존재다. 아이들에게 강한 군대로 유명한 나라와 세상에서 가장 아름다운 나라 중 어느 나라가 좋겠냐고 물었을 때, 대부분 아름다운 나라가 마음에 든다고 했지만 그렇지 않은 경우도 있었다. '강하다'는 말을 좋아하고 무기의 종류와 멋진 총의 이름과 생김새 등을 꿰고 있는 그 아이들은 평소에도 강한 존재에게 큰 매력을 느끼곤 했다. "총이 그렇게 좋니?"라고 물으니 어찌나 뿌듯하고 당당하게 그렇다고 하는지. 그렇지만, 오늘은 그들에게 진실을 맞닥뜨려 주기로 했다. "총은 너희 말대로 강하고 멋지게 생겼다. 그런데, 총을 사용하는 결과는 어떻게 되지? 총이 원래 처음 만들어진 용도는 무엇일까?" 그렇게 아이들과 함께 죽이기 위해, 더 강해지기 위해, 겁주기 위해 만들어진 무기들의 잔혹함에 대하여 이야기를 했다. 물론 오늘날의 재미있는 장난감 총에는 총알을 장전하는 것이 아니라면 큰 위험이 없겠지만, 원래 처음의 총이 어떤 존재인지 너희는 반드시 알고 있어야 한다고 말이다. 잠시 기죽어 있던 아이들은 나중엔 선생님이 너무 쉬운 얘기를 한다는 듯 "우리도 알아요! 우리가 좋아하는 총은 그런 총이 아니란 말이에요."하고 대답했다. 물론 그 이후로도 싸움 흉내 놀이가 끝나진 않았지만, 무기의 안 좋은 유래를 이야기할 때 아이들이 깊이 생각하는 진지한 표정과 약간 상기된 모습이 기억에 남는다.

마지막에는 생활 속에서 우리 반을 아름다운 반으로 만들기 위해 우리 또는 내가 할 수 있는 일에 대해 함께 이야기했다. 생각보다 아이들에게 어려운 주제였는지 '어렵다'는 반응이 많아 예시를 많이 들어 주었다. 싸우지 않기, 때리지 않기로 시작하여 배려하기, 친하게 지내기 같은 이야기들을 많이 적었다. 사실 이 수업의 발문들이 아이들의 다양하고 창의적인 답변을 이끌어내는 성질의 것은 아니기에 당연히 어려운 질문이었다. 약속이 실천으로 이어질 수 있도록 '아름다운 우리 반의 날'을 정한다거나 비밀친구, 수호천사 미션을 실천하는 등 실제 학급의 행사와 관련하여 좋은 기회를 만들어야겠다고 생각했다.

수업 다음날, 편안한 분위기에서 우리가 만든 꽃밭에 적힌 각자의 약속을 내가 전체 학생들에게 읽어 주었다. 그들의 이름과 약속을 한 명씩 짚으며 잘 실천할 수 있길 격려했다. 평소에 각자 발표할 때보다 더 숨죽여 자기 차례를 기다리며, 자기가 쓴 글의 의미를 한 번 더 새기는 듯 쑥스럽게 웃는 아이들의 모습이 인상적이었다.

조드퍼 장군이 강해지고 유명해지기 위해 병사들을 훈련시키고 열심히 책을 읽는 모습은 어떻게 보면 꽤 성실히 노력하는 태도, '성공'을 위해 열정적으로 헌신하는 태도로 보인다. 하지만 방향 없는 성실은 위험하다. 장군은 그저 주위를 살피지 않고 행진하기만 바빴다. 어느 날 우연히 마주친 자연은 푹신하게 그가 다치지 않게 받아 주고, 향기와 아름다운 모습으로 그를 반겼다. 그제야 장군은 평화의 모습을 알아보고 그것을 지켜야 함을 깨달았다. 우리는 중요한 가치가 무엇인지 몰라본 채 누군가를 슬프게 하는 실수를 한다. 이 책을 통해 함께 주위에서부터 아름다운 꽃밭을 만들어 나가는 우리가 되길 바란다.

#평화 #인권 #비폭력 #반전 #생명존중 #방향_없는_성실은_위험해
#꽃밭보다_아름다운_우리반_만들기 #누구도_겁주거나_다치게_하지_않을_거야

떳떳하게 일하다

#당당하게

#내가_좋아하는_일 #행복한_노동자

#일하는_사람 #저마다_다양한_모습 #일하는_이들의_마음

#노동의_소중함 #일하는_보람

#누구나_즐겁고_안전하게_일하는_세상 #존중_받을_권리

#노동자 #노동조합 #노동_3권 #근로기준법

#전태일 #내일의_전태일

#여성의_노동

#해녀들의_약속 #소신

1-2학년 그림책

떳떳하게 일하다

대단한 밥

박광명 글·그림 / 고래뱃속

● 책이야기

대단히 많은 사람들이 만든 대단한 밥상이야.
대단히 많은 사람 가운데 특별히 너에게 온 거야.

책 표지에서부터 밥심이 불끈 솟구친다. 앞뒤 표지를 쫙 펼쳐 보면 그림과 제목이 완성된다.

'산 넘고 바다 건너 너에게 온 특별한 밥상 이야기, 대단한 밥!'

제목처럼 이 책은 내 앞에 놓인 밥상이 얼마나 많은 사람들의 수고로움과 노력으로 차려지는지 보여 준다.

이 책을 그리고 쓴 박광명 작가는 밥을 먹지 않는 조카에게 밥의 소중함을 이야기해 주는 그림책을 보여 주고 싶었다고 한다. 3년의 시간을 들여 완성했다는 이 책은 내가 매일 받는 밥상의 음식이 만들어지기까지 각자의 자리에서 열심히 일하는 사람들의 모습과 일터의 풍경을 생생하게 보여 준다.

이른 아침부터 음식을 만드는 엄마, 재료를 사는 아빠, 물고기 경매장, 청과물 시장, 씨리얼 공장, 케첩 공장, 카카오 열매 채집, 물고기를 잡는 어부의 모습은 매일 먹는 밥과 반찬이 하늘에서 뚝 떨어지는 것이 아니라 '대단히 많은 사람들이 만든 대단한 밥상'이라는 것을 보여 준다. 그래서 책의 마지막 쯤, 각기 다른 일을 하는 열네 명의 사람들이 밥상을 차리고 있는 모습에서 내가 밥을 먹을 수 있는 것이 이렇게 많은 사람들의 노력 덕분이란 것을 알게 된다.

이 책은 밥에 대한 이야기이기도 하지만 '일하는 사람'들의 이야기이기도 하다. 작가는 물고기와 경매하는 사람들만 있는 어시장을 그리지 않았다. 리어카 끄는 아버지와 밀어 주는 어린 딸, 조그만 대야에 생선을 담아 손님에게 팔고 있는 할머니, 난롯불 피워 놓고 커피를 파는 아줌마까지 배경으로 그려진 사람들도 열심히 일하고 있다. 각자의 자리에서 제 몫을 하고 있는 일하는 이들의 모습이 활기차게 움직인다. 아이들과 이 책을 보며 밥과 일에 대해 이야기해 보면 어떨까 싶다.

●1학년 수업이야기

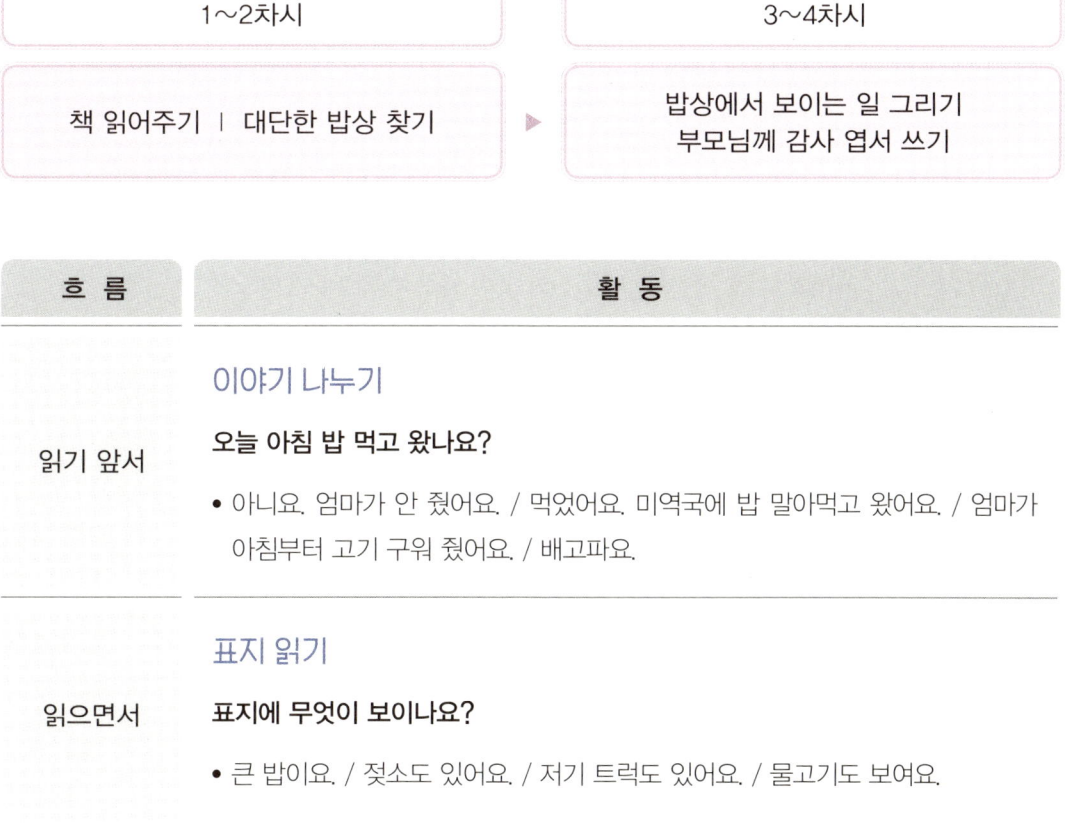

흐 름	활 동
읽기 앞서	**이야기 나누기** 오늘 아침 밥 먹고 왔나요? • 아니요. 엄마가 안 줬어요. / 먹었어요. 미역국에 밥 말아먹고 왔어요. / 엄마가 아침부터 고기 구워 줬어요. / 배고파요.
읽으면서	**표지 읽기** 표지에 무엇이 보이나요? • 큰 밥이요. / 젖소도 있어요. / 저기 트럭도 있어요. / 물고기도 보여요.

왜 대단한 밥이라고 했을까요?

- 밥이 엄청 커요. / 밥에는 영양소도 많고 비타민도 많아요. / 밥을 먹으면 힘이 나니까요. / 밥은 맛있어요. / 밥을 먹으면 배고픈 것이 없어져요.

앞 면지 읽기

'또 밥이야?'라고 말하는 아이 표정이 어때요?

- 시무룩해요. / 밥을 싫어하는 것 같아요. / 밥이 지겨운가 봐요.

여러분도 이 아이처럼 '또 밥이야?'라는 생각이 들 때가 있나요?

- 아침에요. 난 토스트를 먹고 싶은데 엄마는 밥을 먹어야 한대요. / 나도 아침에 씨리얼 먹고 싶은데 밥 먹으래요. / 난 밥이 좋은데. / 그냥 떡 먹고 가고 싶은데 맨날 밥 먹으래요. / 난 매일 치킨만 먹었으면 좋겠어요.

읽어주기

읽으면서

⏸ '사실 밥상에는 수많은 이야기가 담겨 있어'까지 읽어주기

아침 밥상에 무엇이 있나요?

- 씨리얼이요. / 사과도 있어요. / 우유요. / 생선이요. / 계란에 케첩이 뿌려져 있어요.

⏸ '누군가는 이른 아침부터 분주하게 음식을 만들고'까지 읽어주기

아침부터 분주하게 음식을 만드는 이 분은 누구인 것 같아요?

- 엄마요.

⏸ '누군가는 북적거리는 마트에서 장을 봐'까지 읽어주기

마트에서 누군가 장을 보고 있네요.

- 아빠인 것 같아요. / 사과도 샀어요. / 생선도 사고 파도 샀어요. / 씨리얼도 저기 구석에 있어요. / 아까 밥상에 차려져 있는 걸 산 것 같아요.

⏸ '온 가족이 카카오 열매를 따고'까지 읽어주기

카카오로 무엇을 만들 것 같아요?

- 커피? / 모르겠어요.

읽으면서	카카오로는 초콜릿을 만들어요. 그런데 카카오를 따는 사람을 볼까요? 누가 보이나요? • 어떤 아이가 따고 있어요. / 아기 업은 엄마도 보여요. / 어른도 같이 따고 있어요. 맞아요. 모든 가족이 다함께 카카오를 따고 있어요. 가족 농장을 하고 있는 것 같네요. 여러분 같은 아이들도 일을 하고 있어요. ⏸ '농부가 일 년 동안 쌀을 기르지'까지 읽어주기 농부가 벼를 수확하고 있네요. 농부 아저씨의 표정이 어때요? • 웃고 있어요. / 농사가 잘 돼서 기뻐하고 있어요. ⏸ '네 앞에 놓인 시시해 보이는 밥상은'까지 읽어주기 지금까지 본 모든 사람들의 힘으로 이런 아침 밥상이 차려졌어요. • 아! 맛있겠다. / 배고파요. / 물고기 진짜 맛있겠어요. / 아침에 저렇게 많이 먹어요? ⏸ '대단히 많은 사람 가운데 특별히 너에게 온 거야'까지 읽어주기 그래서 이 밥상은 엄마 혼자 차린 것이 아니에요. 누가 함께 차린 건가요? • 어부 아저씨요. / 카카오 따는 아이도 있어요. / 케첩 공장 아저씨요. / 장을 봐 온 아빠도 있어요. / 쌀농사 지은 농부 아저씨요. **끝까지 읽어주기**
읽고 나서	**대단한 밥상 찾기** 이제 진짜 대단한 밥을 보여줄 거예요. 뭘 보여 줄 것 같아요? • 밥이 엄청 크고 맛있는 밥이요. / 선생님의 사랑이 담긴 밥이요. / 치킨 밥이요. 너무 맛있어서 너무 대단해요. / 송이버섯 밥이요. 맛있고 영양도 많고 비싸서 대단해요. / 떡도 만들 수 있는 밥이요. 밥은 떡으로도 변신하니 대단해요. / 불고기 밥이요. 우리나라 전통음식이니 대단해요. / 떡볶이 밥이요. 대단히 매워요. / 김치밥이요. 우리나라를 대표하는 밥이에요. 선생님이 보여줄 것은 그것보다 훨씬 더 대단한 밥이에요. 이것은 어떤 밥상일까요? • 우와, 맛있겠다. / 선생님이 차렸어요? / 어? 우리 집 식탁인데요?

맞아요. 현준이네 밥상이에요. 현준이 어머니께서 차리신 대단한 밥상이에요.

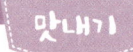

- 부모님들께 수업 계획을 알리고, 평상시 밥상의 모습을 아이들 모르게 사진을 찍어 보내 달라고 한다.
- 부모님들이 보내 주신 밥상 사진을 한 장씩 보여주며 자기 집 밥상 찾기를 한다.
- 밥상 사진 대신 매일의 급식 사진으로 대체해도 좋다.

읽고 나서

밥상에서 보이는 일 그리기

이 밥상을 차리기 위해 많은 사람들이 자기 자리에서 열심히 일을 했어요. 여러분 집의 밥상을 보니 어떤 사람과 어떤 일이 보이나요?

- 배추를 키우는 농부요. / 쌀을 키우는 농부도 있어요. / 생선을 잡는 어부도 있어요. / 버섯을 키우는 사람도 있어요. / 햄을 만드는 공장에서 일하는 아저씨도 있을 것 같아요. / 김을 만드는 사람도 있어요. / 미역을 따는 해녀도 있을 것 같아요. / 닭 농장에서 계란을 모으는 사람도 있어요. / 우리 집은 이모부한테서 고기를 가져오고 할머니한테서 계란을 가져와요.

자기 집 밥상에서 보이는 일 중 하나를 골라 그림으로 그려 볼까요? 그린 후 자기 집 밥상 사진 옆에 붙여 보세요.

민이는 물고기 잡는 어부아저씨를 그렸어요. 우리 집 밥상에 생선이 있는 사람 손들어 볼까요? 민이가 어부아저씨를 친구 밥상으로 연결해 주세요.

- 우왜! 꼭 지도 같아요. / 서로서로 많이 연결되어 있어요. / 안 연결된 데가 없어요.

여러분 밥상과 친구들 밥상과 온 세상이 연결되어 있네요.

• 맞아요. / 더 연결하고 싶어요.

읽고 나서

맛내기

- **방법 1**: 2절지 네 장을 창문 모양으로 붙여 교실 바닥에 둔다. 밥상 사진을 가장자리에 붙이고 아이들은 자기 집 밥상 앞에 앉는다. 각자 그려온 그림을 사진 옆에 붙인 후 "저는 물고기를 잡는 어부 아저씨를 그렸어요."라고 말하면 자기 밥상에 생선이 있는 친구들이 손을 든다. 발표한 친구는 매직으로 자신의 그림과 손 든 친구의 밥상을 연결한다. 이렇게 모두 돌아가며 발표하고 선을 연결한다.
- **방법 2**: 밥상 사진을 2절지 가운데로 모아 붙이고, 일하는 사람들의 그림은 바깥에 붙인다. 아이들은 각자 자기 밥상과 관련이 있는 그림을 선으로 연결한다.

부모님께 감사 엽서 쓰기

우리가 먹는 밥이 마술처럼 짠하고 그냥 차려지는 것이 아니네요. 매일같이 대단한 밥을 차려 주시는 부모님께 감사 엽서를 써 봅시다.

읽고 나서

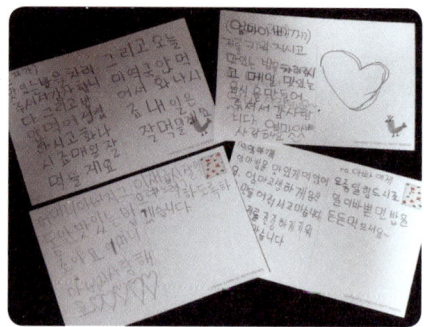 

각자의 자리에서 열심히 일하시는 분께도 감사 편지를 써 봅시다.

●아이들이야기

각자의 자리에서 열심히 일하시는 분께도 감사 편지를 써 봅시다.

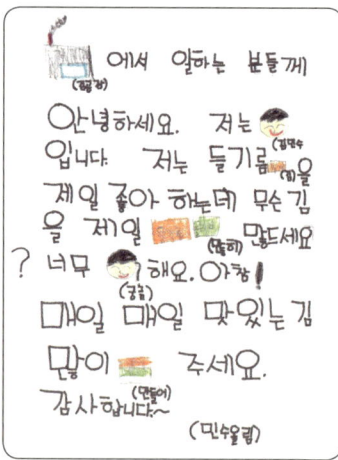 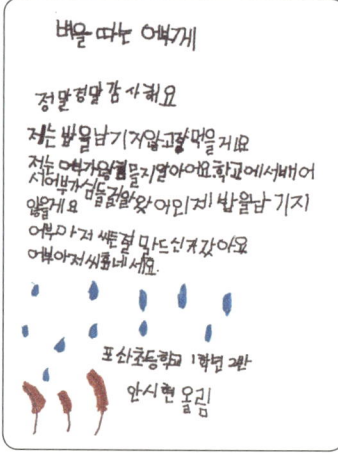 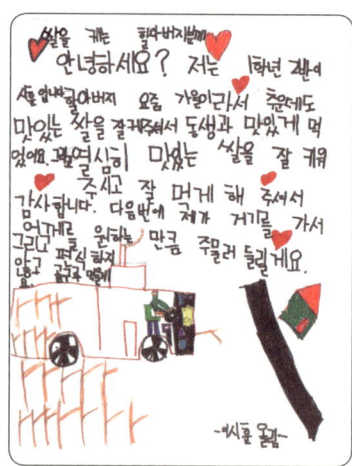

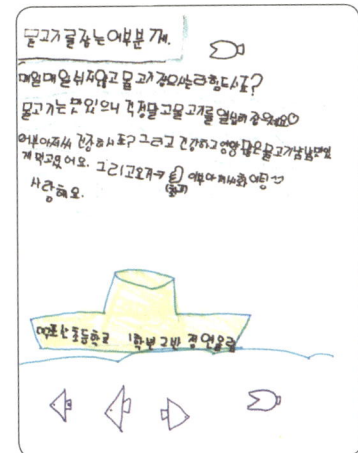  
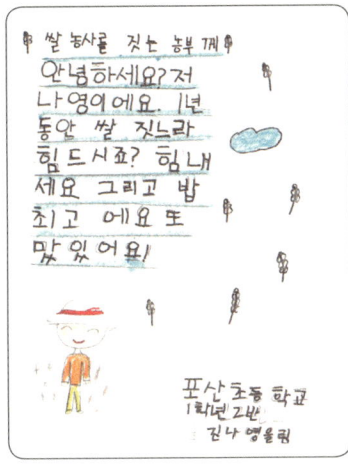 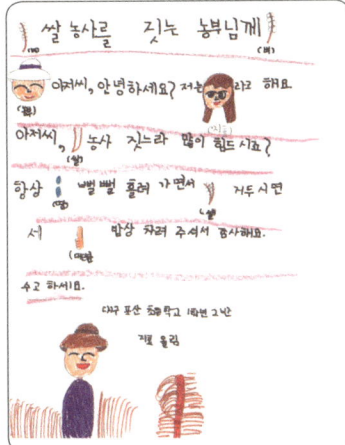 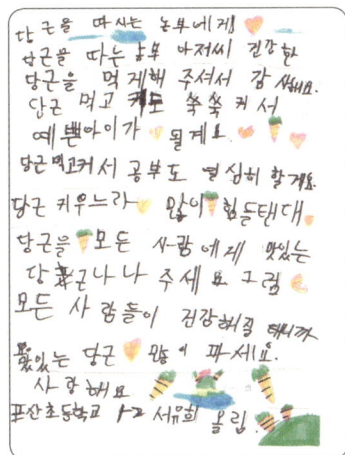

●선생님 이야기

급식 시간마다 매일 밥과의 전쟁을 치르는 아이들이 세 명 있다. 세 아이 모두 그렇게 맛이 없는지 식판을 노려보며 가만히 앉아만 있다. 부모님들도 속이 터지시는지 상담을 오셔선 한 입이라도 먹게 해 달라고 하신다.

이 책을 본다고 안 먹던 아이들이 맛깔스럽게 밥을 먹진 않겠지만, 온갖 방법을 써도 숟가락 한 번 들지 않고 고스란히 버리는 그 아이들에게 만든 이의 수고로움을 알게 해 주고 싶었다. 자식에게 밥을 챙겨 주는 것이 부모의 당연한 몫이긴 하지만, 그 당연함을 아이들이 '일'로 알아주었으면 했다. 아이들은 '돈을 벌어야 일이지요' 했다. 하지만 그런 경제적 개념의 노동만이 일이 아니라고 알려 주고 싶었다.

　세상 모든 것이 각자의 자리에서 묵묵히 일하는 사람들의 따사로운 마음으로 이루어진다는 것도 느꼈으면 했다. 그저 돈을 벌기 위한 것이 아니라 밥을 지을 때 가족이 맛있게 먹었으면 하는 엄마, 아빠의 마음이, 좋은 쌀이 그득하게 맺혔으면 하는 농부의 마음이 그 '일'에 들어 있다는 것을 알았으면 했다.

　작가는 '밥과 세상 모든 것이 이어져 있음을 깨닫게' 해 주고 싶었단다. 난 밥과 세상 모든 일하는 사람들이 이어져 있음을 아이들과 함께 나누고 싶었다. 그리고 우리 반 친구들도 그렇게 이어져 있음을 보여주고 싶었다.

　이런 마음이 앞서서 그런지 수업을 계획하며 여러 가지 일과 일하는 사람들의 노력, 즐거움 등에 대해 설명할 준비를 많이 했다. 그러다가 아차 싶었다. 내가 하고 싶은 말만 잔뜩 늘어놓진 말아야 하는데. 그래서 책을 읽어주는 사이사이 나의 설명은 최대한 뺐다. 그리고 자기 집의 밥상 사진을 가지고 많은 이야기를 나누었다. 엄마, 아빠가 차려주신 그 밥이 얼마나 맛있는지, 이 음식을 먹기 위해 어떤 사람들이 어떤 일을 하는지, 어떤 마음으로 그 일을 하실지 등 다 적지 못해 그렇지 아이들은 한 시간이 훌쩍 넘게 신이 나서 이야기를 주고받았다.

　수업을 준비하며 1학년 아이들과 '일'에 대해 어떻게 수업할까 걱정이 많이 되었다. 1학년 학생에게 노동에 대해 수업하는 것이 맞는가에 대한 의문도 들었다. 하지만 세상에는 많은 일이 있고 모두들 자기 자리에서 열심히 일하고 있다는 것을 아는 정도라면 해야 하지 않을까 싶었다.

　평상시 상차림 사진을 찍어 달라고 했지만 보내 주신 사진을 보니 정성 들여 음식을 장만하신 모습이 보였다. 바쁜 주말, 정성껏 숙제를 해 주신 부모님들께 감사하다.

　　　#밥상　#일하는_사람　#잘_먹었습니다　#일하는_이들의_마음　#고무판화_그림책

3-4학년 그림책

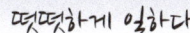
떳떳하게 일하다

오늘도 마트에 갑니다

이작은 글·그림 / 리틀씨앤톡

●책이야기

> 나는 엄마를 따라 마트에 와요.
> 빵 이모, 과자 이모, 과일 이모, 사다리 삼촌, 트럭 삼촌
> 마트에는 이모와 삼촌이 참 많아요.
> 아! 진짜 이모랑 삼촌은 아니에요.
> 이모들은 빨간 앞치마를 두르고,
> 삼촌들은 빨간 장갑을 끼죠.
> 나도 가방을 벗고, 모자를 써요.

마트는 너무나도 친숙한 곳이다. 장난감을 사기 위해, 일주일에 한 번 장을 보기 위해, 혹은 가족 나들이 삼아 다녀오기도 하는 일상적인 공간이다. 열심히 카트를 끄는 아이가 그려진 표지를 보고 '엄마랑 같이 마트에 와서 신나게 과자를 담고 있구나.'라고 생각할 수 있다. 그렇지만 책은 흔히 하는 것과는 전혀 다른 이야기를 담았다.

무채색 배경에 혼자 싱그러운 노란 색 옷을 입고 이리 저리 바삐 움직이는 아이는 빵 이모, 과자 이모, 과일 이모, 사다리 삼촌, 트럭 삼촌을 따라 다니며 그들의 일을 돕는다. 마트에서 일하는 노동자들의 모습이 아이의 시선이 옮겨짐에 따라 하나씩 펼쳐진다. 이야기의 끝에서야 아이가 이곳에 있는 진짜 이유를 알게 된다. 마트에서 계산원으로 일하는 엄마의 일이 끝날 때까지 기다리고 있다는 것을.

세상에는 다양한 직업이 있다. 우리가 생각지 못한 일도 많다. 아이를 따라가며 우리가 미처 깨닫지 못하고 있거나 늘 기억하지 못하더라도 '일하는 사람들'이 저마다의 자리에서 주어진 책임을 다하고 있기에 우리의 평범한 일상이 잘 이루어지고 있음을 깨닫고 그 소중함도 생각해 볼 수 있다. 더 나아가 주변의 일하는 사람들에 대한 고마움도 느껴 볼 수 있는 기회가 되기를 바란다.

● 4학년 수업이야기

1차시	2차시	3차시
책 읽어주기 하는 일 알아보기	일하는 사람들 모습 그리기	부모님 일 인터뷰하기

흐 름	활 동
읽기 앞서	**마트에서 일하는 사람들 알아보기** 마트의 모습입니다. 장소에 맞게 일하는 사람들을 붙여 봅시다. • 계산원은 계산대에서 계산을 합니다. • 주차장에서 주차 관리를 해 주십니다.
읽으면서	**읽어주기** ⏸ 처음 ~ '나는 가방을 벗고, 모자를 써요.' 까지 읽어주기 그림에서 빵 이모, 과자 이모, 과일이모, 사다리 삼촌, 트럭 삼촌은 누구일까요? ⏸ '엄마는 마트에서 일을 해요. ~ 이제 일을 시작할 거예요.' 까지 읽어주기 엄마가 하시는 일은 어떤 일인가요? • 계산원입니다. 어떤 사람들이 있었나요?

읽으면서	• 빵 이모, 과자 이모, 사다리 삼촌, 트럭 삼촌, 과일 이모 **무슨 일을 하고 있었나요?** • 빵 이모는 빵을 구워서 옮기고 있어요. / 과자 이모는 과자를 진열하고 있어요. / 사다리 삼촌은 높은 곳에 물건을 옮기고 있어요. / 트럭 삼촌은 무거운 물건을 들고 있어요. / 과일 이모는 시식할 과일을 깎고 있어요. ### 끝까지 읽어주기 **'나'는 마트에서 무엇을 할까요?** • 엄마가 일을 마칠 때까지 기다립니다.
읽고 나서	### 다시 읽기 **책에 나오진 않았지만 마트에서 일하는 사람 중에 다른 일을 하는 사람을 본 적이 있나요?** • 주차를 할 때 봉을 들고 방향을 안내해 주시는 분이 있어요. • 서비스 센터에서 전화도 받고, 물건을 반품하고 싶을 때 반품을 도와주는 분도 있어요. ### 일하는 사람들 모습 그리기 **우리 학교 주변의 지도를 보고, 내가 만났던 일하는 사람들은 어떤 사람들이 있었는지 이야기해 봅시다.** • 택배아저씨 / 지킴이 선생님 / 떡집 아주머니 / 고산지구대 경찰관 일하는 사람들에게 고마웠던 경험을 이야기해 봅시다. 그 때의 장면을 떠올려서 일하는 사람을 그려 봅시다. 마을 지도에 '일하는 사람들'을 붙이고, 그 분들에게 고마웠던 일을 포스트잇에 써 봅시다. 서로의 생각을 나누어 봅시다.

  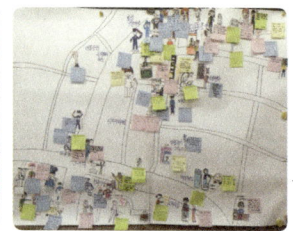

부모님 일 인터뷰하기

- '부모님의 일에 대해 인터뷰하기' 과제를 낸다.
- 부모님이 어떤 일을 하는지, 힘들고 어려운 점, 일을 하는 이유, 뿌듯한 점을 인터뷰한다.
- 일하는 하루를 시간의 흐름에 맞게 간략하게 그린다.

읽고 나서

일하는 부모님을 인터뷰하고 난 후의 생각을 나누어 봅시다.

마무리하기

책에 대한 느낌과 활동한 소감을 이야기해 봅시다.

●아이들이야기

일하는 사람들에게 고마웠던 경험을 이야기해 봅시다.

- 선생님: 다각형, 나눗셈 등 공부를 쉽고 재미있게 가르쳐 주시고, 체육이랑 신나는 놀이를 많이 해 주셔서 고마웠다.
- 학원 버스 운전기사 아저씨: 학원에 버스 타고 갈 때 매일 앞에서 기다려 주셔서 감사하다.
- 택배 아저씨: 내가 팽이를 샀을 때 물건을 빠르고 망가지지 않게 가져다 주셨고 무거운 물건도 우리 집 앞까지 놔두고 가 주셔서 고마웠다.
- 경찰관: 모둠 숙제를 할 때 경찰아저씨께 범죄에 대하여 물었는데 이것저것 친절하게 알려 주셔서 많은 것을 알게 되었다.
- 마트 직원: 내가 마트에서 물건을 찾고 있을 때 어디 있는지 알려 주셔서 쉽게 찾을 수 있었다.
- 문구점 아주머니: 내가 지우개를 살 때 더 잘 지워지는 지우개를 추천해 주셔서 그것을 샀는데 써 보니 잘 지워져서 고마웠다.
- 경찰관: 아침에 등교할 때 차가 쌩쌩 달리고 있었는데 경찰관 아저씨가 도와주신 덕분에 안전하게 학교에 갈 수 있었다.
- 피아노 선생님: 대회를 준비하느라 '키스 더 레인'을 연습할 때 친절하고 상냥하게 가르쳐 주셔서 고마웠다.
- 고산도서관 사서 언니: 책을 빌릴 수 있게 도와주고 읽은 책 정리도 해 주고 읽고 싶은 책을 못 찾을 때 찾을 수 있도록 도와주었다.
- 신매시장 반찬가게 아주머니: 우리 가족이 반찬을 만들 재료가 없거나 레시피가 부족할 때 가게에 가서 원하는 반찬을 사서 맛있게 먹을 수 있다.
- 지킴이 선생님: 어제 학교 앞 횡단보도를 건널 때 호루라기를 휙 불며 가라고 해 주셨는데 그때 뭔가 멋있어 보였다.
- 약사 선생님: 내가 기침이 나고 머리가 아플 때 약을 만들어 주셨다.
- 천주성삼병원 간호사: 내가 많이 아팠을 때 링거를 정성스럽게 놔주셨는데 그때 정말 정성이 느껴져서 고마웠다.

일하는 부모님을 인터뷰하고 난 후의 생각을 나누어 봅시다.

- 우리 아빠는 회사에서 경영 기획 및 경영 관리 일을 한다. 출근하면 업무 관련 메일을 확인하고 그날 해야 할 일을 정리한다. 오전에는 각종 자료를 검토하고 기획 보고서를 작성한다. 오후에는 다른 부서 사람들과 업무 관련 회의를 한다. 퇴근 후에 대학원에 가서 공부를 한다. 나는 아빠가 하는 일들이 이렇게 많은지 처음 알았다. 평소에 아빠가 얼마나 열심히 일을 하고 노력하는지 알 수 있었다.
- 우리 엄마의 직업은 주부이다. 7시에 일어나서 가족 밥을 챙겨 주고, 내가 학교에 가면 집안일을 하고 청소를 한다. 오후 5시에는 저녁을 준비하고 6시에 저녁식사를 한다. 가족이 밥을 차렸는데 먹지 않을 때와 아빠가 늦게 들어오시는 것을 싫어한다. 그리고 가족과 함께 이야기하고 책을 읽을 때가 제일 뿌듯하다고 한다. 우리가 없을 때 엄마가 이렇게 많은 일을 하는지 몰랐다. 우리 엄마는 역시 살림의 여왕인 것 같다. 최고!
- 우리 엄마는 어린이집 선생님이다. 아기들에게 공부도 가르쳐 주고 돌봐 주고 보육일지도 쓴다. 어려운 점은 아이들이 다치면 책임을 모두 지는 것, 매일 일지를 써야 하는데 주말에도 쉬지 못한다는 것, 아이들이 계속 울고 보챌 때라고 했다. 엄마와 인터뷰를 하고 나니 엄마가 대단해 보였다.
- 아빠가 높은 곳에서 카메라를 달 때 무섭고, 날씨가 무덥거나 추울 때 카메라를 다는 것이 힘들다고 했다. 그런데 그 일을 무사히 끝내고 집에 와서 하루를 잘 마무리했다고 생각할 때 보람 있다고 하셨다.
- 아빠가 매일 밤 12시에 오고 새벽 4시에 자서 아빠를 만나기 힘들다. 그래서 나와 함께 하는 순간이 생기면 그때가 제일 행복하다고 하셨다.
- 아빠의 작년 제자가 평균이 좋지 않았는데 아빠가 가르쳐 줘서 성적이 올랐을 때 보람이 있다고 하셨다.
- 엄마는 동생이랑 내가 웃을 때, 미소를 볼 수 있을 때가 가장 뿌듯하다고 하셨다.
- 아빠가 일 다 끝내고 가족이랑 저녁 먹을 때가 제일 행복하다고 하셨다. 그런데 내 생각은 아빠가 월급 받을 때인 거 같다. 월급 받는 날 아빠가 미소를 지으면서 들어오시는데 엄마가 '월급 얼마 받았어?'라고 물으면 미소가 사라진다.

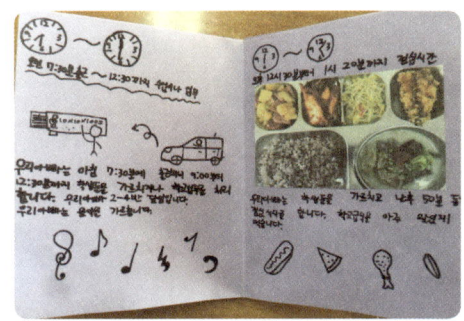
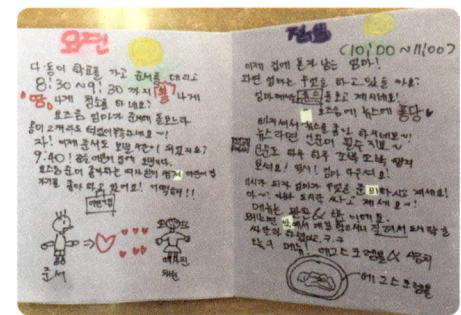

책에 대한 느낌과 활동한 소감을 이야기해 봅시다.

- 나는 우리가 볼 수 있는 곳에서도, 그리고 보이지 않는 곳에서도 일을 하는 다양한 사람들이 있다는 것을 알게 되었다.
- 내 주변에 있는 일하는 사람들을 별로 신경 쓰지 않았는데 이 책을 읽고 나서 주변에 있는 사람들 모두 우리 생활에 꼭 필요한 일을 하고 있고, 우리에게 도움을 주고 있다는 것을 알게 되었다.
- 오늘 우리 주변에서 일하는 사람에 대하여 배웠다. 평소에 당연하다고 생각했던 사람들의 소중함을 배우고 느낄 수 있었다.
- 마트에서 일하시는 분들도 어려움이 있다는 것을 알았다. 앞으로 마트에서 일하시는 분들을 보면 다르게 느껴질 것 같다. 흔하게 볼 수 있는 직업 하나하나가 의미가 있고 소중

하다는 것을 알았다.
- 마트에서 일하는 분들은 매일 웃고 있어서 안 힘들 줄 알았는데 매일 열심히 일하시니 이제부터 그분들을 만나면 내가 웃는 얼굴로 인사해야겠다.
- 시식하는 코너에서 일하는 사람도 소중한 직업이라는 것을 알게 되었다. 이제 너무 많이 먹지 말고 고마운 마음을 가지고 시식해야겠다.

●선생님이야기

학교 가까이에 마트가 있어서 그런지 익숙한 마트 이야기로 수업을 여니 아이들이 하고 싶은 말이 넘쳐났다. 부모님과 사고 싶었던 물건을 사러 갔던 이야기부터 그 마트가 곧 문을 닫게 되어서 세일을 많이 하고 있다는 요긴한 정보도 흘러나왔다. 자연스럽게 책 속의 장면과 동수라는 아이의 이야기에 몰입할 수 있었다. 하지만 자주 접한 마트라는 공간에서 '일하는 사람들'에 대한 생각을 나누는 것은 아이들에게도, 나에게도 낯선 경험이었다.

책을 읽을 때 아이들은 일하는 사람들의 모습을 꽤 몰입해서 보았다. 그리고 '짐 옮기는 사람 허리가 90도로 꺾였어요.', '사다리가 저렇게 높아요?', '나도 마트에 문 열렸을 때 뒤쪽 창고 같은 데서 물건 옮기는 사람 본 적 있어요.'라며 마트에서 일하는 다양한 사람들의 모습을 세심하게 잘 찾아냈다.

마트에서 만날 수 있는 일하는 사람들을 시작으로 우리 마을의 일하는 사람으로 공간을 넓혀서 경험을 나누었다. 이 부분이 좋았다. 아이들이 살아가는 삶 속에서 만난 일하는 사람들과의 겪었던 일을 이야기하고, 만난 사람을 그려서 마을 지도에 붙이고 보니 정말 다양한 사람들의 도움 속에서 살고 있다는 것을 알 수 있었다. 그리고 굳이 이 사람들의 소중함을 일일이 말하지 않아도 우리 주변에 일하는 많은 사람들 덕분에 내가 건강하고 편하게 일상생활을 살아갈 수 있다는 것을 아이들 스스로 깨달았다. 아이들의 성장이 기특하고 대견했다. 미래에 이 아이들도 사회에 나가서 저마다 다양한 모습으로 일을 하며 살아가겠지. 그때 어떤 일을 하든지 당당하게 일하고 저마다의 소중한 가치를 발견해 나갈 수 있었으면 좋겠다. 함께 만든 마을 지도에 우리 반 아이들이 커서 당당하고 행복하게 일하고 있는 모습을 그려 본다.

한편, 주인공 동수는 아직 어리다. 하루 종일 엄마를 기다리며 마트 이곳저곳을 기웃거리던 동수가 분홍 구두를 마주할 때 드디어 엄마를 찾았다며 우리는 다 함께 안도하기도 했다. 오랜 시간 서 있어야 하는 계산원 엄마의 통통하고 하얀 발에는 어린 아이를 살뜰히 보살피지 못하는 미안함도 묻어 있을 것이다. 앞으로는 맞벌이 부부나 일하는 엄마가 가장 힘들어 하는 아이 돌봄의 문제도 국가 기관과 지역 사회가 함께 해결해 나가며, 여성의 노동이 당당한, 더 나은 사회가 되면 좋겠다.

#일 #마트 #우리_주변의_일하는_사람들 #부모님_일_인터뷰 #여성의_노동
#행복한_노동자 #당당하게 #돌봄

5-6학년 그림책

떳떳하게 일하다

엄마는 해녀입니다

고희영 글 · 에바 알머슨 그림 · 안현모 옮김 / 난다

● 책이야기

> "그 꽃밭에서 자기 숨만큼 머물면서 바다가 주는 만큼만 가져오자는 것이 해녀들만의 약속이란다."
> ············
> "오늘 하루도 욕심 내지 말고 딱 너의 숨만큼만 있다 오거라."

제주 해녀들의 삶을 기록한 다큐멘터리 『물숨』의 감독 고희영이 스페인의 그림 작가 에바 알머슨과 함께 실제 해녀 한 분을 모델로 써 내려간 아름다운 그림책이다. 발간 볼에 수줍게 웃음 짓는 해녀 얼굴로 따뜻하게 시작하는 작품은 '나'가 엄마와 할머니의 이야기를 노래하듯 들려주는 가운데 눈으로는 청록의 바다를, 귀로는 호오이~ 숨비소리를 느끼게 한다. 책장 하나하나에 그리움, 따스함, 더 바랄 게 없다는 넉넉함이 가득하다.

이야기는 크게 세 부분으로 나누어 볼 수 있다. 해녀로서 엄마와 할머니를 소개하는 부분, 해녀가 싫다던 엄마가 어떻게 다시 해녀가 되었는지 들려주는 부분, 그리고 엄마가 전복을 억지로 캐려다 죽을 뻔했던 경험으로부터 해녀들만의 약속을 드러내는 부분이다. 할머니는 상군 해녀답게 언제나 평온하면서도 단단한 심지로 엄마를 품어 준다. 할머니가 전하는 해녀들의 약속은 그래서 더욱 무겁다. "오늘 하루도 욕심 내지 말고 딱 너의 숨만큼만 있다 오거라." 이것은 해녀의 일을 더욱 가치 있게 만드는 소신이자 이야기에서 가장 기억될 표현이다.

해녀는 유네스코가 인정한 세계무형유산으로 그 가치를 인정받았다. 그렇지만 내륙 도시에 살고 있는 우리 아이들은 '해녀'를 만나기가 쉽지 않을 뿐더러, 바다 일을 하겠다는 생각도 거의 없다. 이야기를 따라가며 평소에 만나기도 어렵고 잘 알지도 못했던 해녀의 세계에 편견 없이 다가가면 좋겠다. 그리고 아이들이 이야기 속 '엄마 해녀'처럼 자기가 진정 좋아하는 일을 찾고, 그 일을 더 가치 있게 만드는 약속을 생각하면서 어떤 일이든 소신 있게 해내기를 바란다.

●6학년 수업이야기

1~2차시	3차시
책 읽어주기 ǀ 다시 읽기 ǀ 토의하기 ▶	나만의 약속 정하기

흐름	활동
읽기 앞서	**해녀 알아보기** (다양한 해녀 사진을 보여주며) 누구인가요? • 해녀 해녀들이 입는 옷과 도구, 해녀 문화(숨비소리, 불턱, 동시 입수, 할망 바다), 위계질서, 일본 아마와 다른 점을 알아봅시다. **맛내기** 해녀에 대한 자료는 포털 사이트에서 검색할 수 있으며, PPT 등으로 보기 쉽도록 만들어 둔다. **해녀에 대해 궁금한 점은 무엇인가요?** • 돈은 어떻게 얼마나 버나요? / 월급이 있나요? • 어떻게 숨을 오래 참나요? / 얼마나 오래 잠수하나요?

읽기 앞서	• 남자도 할 수 있나요? / 해남이 있나요? • 어떤 해산물을 잡나요? • 몇 살부터 할 수 있고 몇 살까지 할 수 있는지? 누가 해녀가 될까요? 어떤 사람이 해녀가 될까요?
읽으면서	### 읽어주기 ⏸ 처음 ~ '마치 입속에 혼자만의 비밀 사탕을 물고 있는 것 같습니다.'까지 읽어주기 앞으로 이어질 이야기의 실마리가 되는 낱말은 무엇일까요? • 엄마, 해녀, 바다, 숨비소리, 바다님 말씀, 호오이 등 ⏸ '할머니는 지금까지 단 한 번도 바다를 떠난 적이 없다고 ~ 할머니 따라 매일같이 바다에 나가게 된 엄마.'까지 읽어주기 엄마가 다시 해녀로 살고 싶어진 까닭은 무엇인가요? • 바다가 그리워서, 바다가 좋아서 / 고향이 그리워서 / 엄마를 닮아서 / 자신이 바다에 있을 때 가장 행복하다고 느껴져서 '엄마'처럼 나에게도 하지 않으면 견딜 수 없는 일이 있나요? 나는 어떤 일을 즐겁게 계속 할 수 있나요?  특정 직업이 아니라 일로 이어질 수 있는 다양한 활동을 예시로 든다. (아이들 이야기 참고) 이 중에서 5가지 정도 자신이 즐겁게 계속 할 수 있는 일을 고르도록 한다. ⏸ '그러던 어느 날 ~ 바다가 주는 만큼만 가져오자는 것이 해녀들만의 약속이란다.'까지 읽어주기 해녀들이 이런 약속을 정한 까닭은 무엇일까요? • 욕심 억제 / 자신의 모든 행동에 있어 스스로 판단하고 평가할 수 있다. • 안전 / 사고 예방 / 목숨 유지 / 자기보호 / 일어날 수 있는 문제를 미리 예방

	• 자연환경 유지 / 후손에게 먹거리가 넘치는 바다가 생길 것이다.

읽으면서	• 각자 생각을 포스트잇에 쓰고 모둠 친구들과 이야기한다.(이야기 후 생각을 바꾸어도 된다.) • 칠판에 포스트잇을 붙여 모든 학생들이 서로의 내용을 공유할 수 있다. 칠판에 이미 붙은 내용과 비슷하면 그 아래에, 다르면 옆으로 붙이게 하여 학생들의 생각을 자연스럽게 분류할 수 있다.

끝까지 읽어주기

다시 읽기

모둠 친구들과 돌아가며 읽어 봅시다.

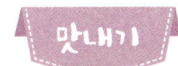

글 부분을 발췌하여 학생들에게 나누어 주고, 모둠 친구들과 돌아가며 읽도록 한다. 행, 연, 문장 등 끊어 읽는 단위는 아이들이 정한다.

혼자 읽어 봅시다.

읽고 나서

토의하기

7키워드 하브루타로 책에 대한 생각을 이야기해 봅시다.

- **7키워드**: 궁금한 점(질문), 소리 내어 읽고 싶은 부분(낭송), 인물과 비슷한 경험, 재미있거나 감동적인 부분, 내가 중요하다고 생각한 부분, 작가가 말하려고 하는 주제(메시지), 베껴 쓰고 싶은 부분(필사)
- 낭송, 경험, 재미 중에서 한 가지, 중요하다고 여기는 부분, 메시지, 필사 중에서 한 가지 이야기하고 싶은 키워드를 골라 자신의 생각을 정리한다.

- 질문 키워드는 모든 학생들이 준비한다. 궁금한 점을 모둠 친구들과 먼저 묻고 답하고, 자리를 바꾸어 다른 모둠 친구들과도 이야기한다.
- 낭송, 경험, 재미 중에서 같은 키워드를 고른 사람끼리 모여 이야기한다.
- 중요, 메시지, 필사 중에서 같은 키워드를 고른 사람끼리 모여 이야기한다.
- 교실 곳곳에 알맞은 자리를 안내하고, 1~2명이 모인 곳에서는 교사도 활동에 참여해 보자.

나만의 약속 정하기

해녀들의 약속에 대해 어떤 생각이 드나요? 이 약속은 해녀의 일을 어떻게 만들어 주는 것 같나요?

'해녀들의 약속'은 물질할 때 위험으로부터 자신을 지키고, 자신이 하는 일을 더 가치 있게 하는 마음가짐이라고 할 수 있습니다. 내가 좋아하는 일을 할 때 그 일을 더 가치 있게 하려면 어떤 마음가짐이 필요할까요? 곰곰이 생각하여 글과 그림으로 나타내 봅시다.

읽으면서

앞서 좋아하는 일 5가지를 고른 데서 다시 한 가지를 정한다. 그 일을 가치 있게 하는 마음가짐을 쓰고 그림과 함께 나타낸다. 관련된 직업으로 나타내도 좋다.

마무리하기

책에 대한 느낌이나 활동 소감을 이야기해 봅시다.

● 아이들 이야기

7키워드 하브루타로 책에 대한 생각을 이야기해 봅시다.

1	소리 내어 읽고 싶은 부분(낭독)	
2	책 속 인물과 비슷한 경험 말하기(경험)	
3	재미있거나 감동적인 부분 찾기(재미)	
4	궁금한 것 서로 묻고 답하기(질문)	
5	내가 중요하다고 생각한 것 찾기(중요)	
6	작가가 말하려고 하는 주제 생각하기(메시지)	
7	책에서 베껴 쓰고 싶은 부분(필사)	

【 7키워드 하브루타 활동지 (예시) 】

❶ 소리 내어 읽고 싶은 부분

- 호오이~ 호오이~ 숨비소리
- 미용실 안의 모든 소리들에 짜증이 치밀었다나요.
- "오늘 하루도 욕심내지 말고 딱 너의 숨만큼만 있다 오너라."
- "자기 숨만큼 머물면서 바다가 주는 만큼만 가져오자는 것이 해녀들만의 약속이란다."
- "바다 밭을 저마다의 꽃밭처럼 아름답게 가꾼단다." 이 부분이 계속 생각난다.

❷ 책 속 인물과 비슷한 경험

- 나도 수영장 물속에서 죽을 뻔한 적이 있었다. 그때 어떤 형이 살려줬다.
- 7살 때 수영장에서 물속에 오래 있다가 물을 먹어 죽을 뻔한 적이 있다.
- 예전에 제주 바다에 가서 놀다가 해파리에게 쏘여 죽을 뻔한 게 기억난다.

❸ 재미있거나 감동적인 부분

- 엄마가 바다 속에서 기절한 뒤에 할머니가 살려주며 한 말이 감동적이다. "바다는 절대로 인간의 욕심을 허락하지 않는단다. 그 꽃밭에서 자기 숨만큼 머물면서 바다가 주는 만큼만 가져오자는 것이 해녀들만의 약속이란다."
- "오늘 하루도 욕심 내지 말고 딱 너의 숨만큼만 있다 오너라."
- 호오이~ 호오이~
- 테왁을 호박에 비유한 것이 재미있었다.
- 8면에서 엄마를 '~대장'이라고 쓴 부분이 반복되어 그냥 풀어 쓰는 것보다 재미있다.

❹ 궁금한 것 서로 묻고 답하기

- 엄마는 몇 살 때 도시로 나가 미용실에서 일했을까?
- 엄마의 딸도 해녀를 하고 싶을까?
- 바다는 왜 인간의 욕심을 허락하지 않을까?
- 할머니는 어떻게 해녀가 되었을까?
- 엄마는 왜 목숨을 걸고서 커다란 전복을 잡으려 했을까?
- 할머니가 엄마를 구하고 난 뒤 왜 입술이 시퍼렇게 물들었을까?
- 할머니는 엄마가 바다를 떠나 도시로 갔을 때 어떤 기분이었을까?
- 도시에서 일하던 엄마가 귓병이 난 이유는?
- 젊은 여자보다 늙은이들이 왜 물질을 더 잘할까?
- 해녀들의 규칙은 누가 만들었을까?
- 아빠는 왜 없을까? 아빠는 왜 안 나올까?
- 왜 할머니는 하루라도 바다를 못 보면 마음속에서 파도가 출렁출렁거릴까?

❺ 내가 중요하다고 생각한 것

- 욕심 부리지 말고 자기 숨만큼만 머물다 오라고 하는 부분
- "바다는 절대 인간의 욕심을 허락하지 않는단다."
- 엄마가 미용사가 된 일. 해녀가 되고 싶다는 걸 더 잘 알게 해 주어서.

❻ 작가가 말하려고 하는 주제

- 해녀의 일, 해녀의 약속
- 어떤 일에도 욕심을 내지 말라는 것 같다.

❼ 책에서 베껴 쓰고 싶은 부분

- 엄마는 해녀입니다. 제주 바다에 사는 해녀가 우리 엄마입니다.
- 우리들은 바다를 바다 밭이라고 부른단다.
- 엄마가 바다 깊은 데서 주먹 두 개를 합한 것만큼 커다란 전복을 발견했는데 손을 더 깊이 넣게 되는 장면. 엄마가 그렇게 애쓰는 마음이 인상적이다.
- 호오이~ 호오이~
- "오늘 하루도 욕심내지 말고 딱 너의 숨만큼만 있다 오너라." 이 부분이 삶에 대한 조언 같다. / 명언이다. / 해녀뿐 아니라 모든 사람들이 욕심 없이 살아가자는 의미를 담고 있는 것 같다.
- "그 꽃밭에서 자기 숨만큼 머물면서 바다가 주는 만큼만 가져오자는 것이 해녀들만의 약속이란다."

'해녀들의 약속'은 물질할 때 위협으로부터 자신을 지키고, 자신이 하는 일을 더 가치 있게 하는 마음가짐이라고 할 수 있습니다. 내가 좋아하는 일을 할 때 그 일을 더 가치 있게 하려면 어떤 마음가짐이 필요할까요? 곰곰이 생각하여 글과 그림으로 나타내 봅시다.

〈좋아하는 일 예시〉 *아이들이 쉽게 흥미를 가지는 게임이나 연예인 팬 활동하는 것 등은 뺐다.

> 가르치기 / 과학 실험하기 / 그림 그리기 / 글쓰기(이야기. 시 창작하기) / 노래하기 /
> 뉴스 시청하기 / 다른 사람 돕기. 봉사하기 / 다른 사람 웃기기 / 다른 사람 이끌기 /
> 달리기 / 동물 돌보기 / 동식물 관찰하기 / 등산하기 / 로봇 다루기 / 만들기 /
> 만화 그리기 / 문학 읽기 / 모델 되기 / 물건 팔기 / 미술품 감상하기 /
> 미식하기(맛있는 것 찾아 먹으며 비평하기) / 바느질하기(수선) / 배달하기. 짐 옮기기 /
> 배려하기 / 별. 천체 관측하기 / 보드게임하기 / 빨래하기 / 사람(약자) 돌보기 /
> 사색하기 / 사진 찍기 / 산책하기. 걷기 / 서예하기 / SW게임하기 / 수학문제 풀기 /
> 시사 자료 찾기 / 식물 기르기 / 신문 읽기 / 신앙. 종교 생활하기(교회. 성당. 절……) /
> 심판하기 / 악기 연주하기 / SNS 하기 / 여러 사람과 놀이하기(레크레이션) /
> 여행(혼자 돌아다니기)하기 / 역사 탐구하기 / 연기. 연극하기 / 영상.UCC 찍기 /
> 영화 감상하기 / 옷 만들기 / 옷 입히기 / 외국어 익히기 / 외모 가꾸기(화장. 패션) /
> 요리하기 / 운동하기(종목별) / 운전하기(교통수단 관심) / 음악 감상하기 /
> 이야기 듣기 / 이야기 들려주기 / 인터넷 검색하기 / 인형놀이하기 / 자전거 타기 /
> 작곡하기 / 저축하기 / 조립하기 / 지도 찾기(수도 찾기) / 청소. 정리하기 / 춤추기 /
> 취재하기 / 캠핑하기 / 퀴즈. 퍼즐 풀기 / 토론. 토의하기 / 틀린 부분 찾아 고치기 / 그 외 ?

- 문학 읽기 : 작가에 대해 비난하거나 욕을 하지 않는다. 책에 대해서 여러 가지 생각을 하며 읽는다.
- 보드게임하기 : 정정당당하고 다 같이 즐겁게
- 동물 돌보기 : 책임지지 못할 거면 키우지 마라.
- 동물 돌보기 : 나의 자식처럼 정성스럽게
- 배드민턴 치기 : 짜증 내지 않기. 평정심 유지. 태도 바르게 하기
- 피아노 치기 : 한 곡 한 곡을 소중히
- 노래 부르기 : 감성적으로 불러서 모두를 즐겁게
- 음악 감상하기 : 음악을 들을 때는 그냥 듣기만 한다.
- 음악 감상하기 : 어떤 음악이든 가리지 말자.
- 만화 그리기 : 사람들에게 행복을 주는 만화를 그리는 만화가
- 미식하기 : 맛 칼럼니스트로서 가격 & 음식의 생김새의 편견을 버리고 맛보겠다!
- 옷 만들기 : 대충 만들지 말자. 열심히 차근차근
- 캠핑하기 : 있으면 있는 대로, 없으면 없는 대로 살아가는 것이다.

책에 대한 느낌이나 활동 소감을 이야기해 봅시다.

- 단순한 바다 이야기인 줄 알았는데 깊은 뜻이 있었습니다.
- 해녀들에게 약속이 있다는 게 신기했습니다.
- 해녀에 대해 알게 되어 좋았습니다.
- 마지막 말이 가장 와 닿았습니다.
- 친구들과 이야기하는 것이 재미있었습니다.

●선생님 이야기

특별한 사건이 펼쳐지는 것도 아니고, 느릿느릿한 감성으로 가득하여 과연 6학년, 특히 남자 아이들이 견뎌 낼까 걱정이 되었다. 읽어 주는 동안 살짝 지루해 하는 기미가 보이고, 약속이고 소신이고 간에 알고 싶지 않다는 얼굴이기도 했다.

그러나 작품은 역시 여러 번 읽어 봐야 제맛이 나 보다. 비록 글 부분만이긴 했지만 자기들끼리 돌려 읽고 혼자 읽는 동안, 작품이 아이들에게 직접 말을 걸었다. 여기저기서 감동적이라는 말이 들렸다. 진지한 분위기를 흩트리는 농담에는 핀잔을 주는 말도 들렸다. 이건 모두 할머니가 말하는 해녀들의 약속, "오늘 하루도 욕심내지 말고 딱 너의 숨만큼만 있다 오너라."가 지닌 힘 덕분이다. 교사인 나도 이 부분 때문에 이 책을 집어 들었으니까. 약속의 의미와 그것이 지닌 무게감이 오래 남아 있기를 바란다. 다만, 그리움이 넘실대는 청록의 바다, 엄마표 꽃테와, 해녀들의 옷과 도구 같은 그림과 그 느낌을 더 깊이 나누지 못한 것은 아쉽다.

아이들이 궁금해 한 것 중에 "아빠는 어디 있지?"라는 질문이 눈길을 끌었다. 해녀들의 이야기라 나는 남자 인물이 없다는 걸 전혀 생각해 보지 않았는데, 아이들은 엄마와 아빠가 같이 나오는 것에 익숙해져서 이런 질문을 하는 걸까? 할머니와 엄마, 딸로 이어지는 여성만의 이야기가 우리 동화 판에 드물었다는 점이 새삼 떠오르면서, 이 책이 젠더 gender 감수성을 위해서라도 꼭 필요하다는 생각이 들었다.

서울에서 공예 디자이너로 살다가 제주로 내려가 해녀가 된 김은주씨의 책 『명랑 해녀』를 보면 해녀들은 자신들의 직업을 부끄러워한다고 한다. 바다를 품은 넉넉함과 삶의 지혜를 가진 해녀들이지만, 해녀의 역사적·사회적 배경이 아마 그런 마음이 들게 만들었을 것이다. 이 와중에 반갑게도 2016년에 해녀는 유네스코 인류무형유산으로 지정되었다. 유네스코 유산이 되든 안 되든 실제 해녀들에겐 이 일이 끝까지 지고 가야 할 일이지만, 이를 계기로 물질에 대한 자긍심과 뿌듯함을 가슴 가득 느꼈으면 좋겠다. 더불어 우리 모두도 해녀의 가치를 소중히 여기고, 그들의 약속에 담긴 마음을 다시금 새겼으면 한다.

작가가 실제 해녀를 모델로 이야기를 썼다고 하니 해녀들에게 부러 더 다가가고 싶어진다. 제주에서 해녀들의 살아 숨 쉬는 소리, 호오이~를 듣고 싶다.

#해녀 #제주_해녀 #숨비소리 #호오이 #해녀들의_약속 #소신
#자기_숨만큼_머물면서_바다가_주는_만큼만_가져오자 #욕심내지_말자

4–6학년 그림책

떳떳하게 일하다

우리는 내일의 전태일입니다

조경희 글 · 양수홍 그림 / 개암나무

●책이야기

> 누구나 즐겁고 안전하게 일할 수 있는,
> 모두가 사람답게 사는 세상이 오길 바라며 나는 오늘도 이 자리에 서 있어.
> 아이야, 너희는 내가 꿈꾸는 미래란다.
> 너희가 자라서 어떤 사람이 되든 근로 기준법이 있다는 사실을 잊지 말렴.

우리나라의 노동 교육이 그 후진성을 벗어나지 못하고 있다는 지적은 어제 오늘의 일이 아니다. 노동 교육은 노동자들이 될 아이들의 삶에 필수적인 교육임에도 자취를 찾기 어렵다. 이는 '노동'이라는 말 자체를 언급하기 꺼려 하는 우리 사회의 그늘 때문이기도 하다.

2016년 한 신문기사* 에 따르면 초등학교에서 고등학교까지 노동 문제에 대해서는 2~5시간 정도를 배울 뿐이라고 한다. 2015개정 교육과정에서는 중·고등학교의 성취기준에 노동권 교육이 들어갔지만, 이제 겨우 걸음마 단계이다. 노동 교육이 철저히 교사의 노동 감수성에 기댈 수밖에 없는 상황에서 최근 노동자·노동권을 다루는 어린이 책들이 조금씩 나오고 있어 반갑다.

『우리는 내일의 전태일입니다』는 우리나라 노동 운동의 한 획을 그은 전태일 열사의 이야기를 그의 입을 빌려 알기 쉽게 조곤조곤 들려준다. 그래서 전태일을 처음 만나는 아

---

* 박용필, 경향신문 2016.4.29.
http://news.khan.co.kr/kh_news/khan_art_view.html?artid=201604292221005#csidx60745028e1fddbbba5f0884114ad071

이들이 그가 어떤 일을 하였고, 그것이 어떤 의미를 지녔으며 또 노동자의 권리는 무엇인지 이해하는 데에 도움이 된다. 앞으로 노동자가 될 어린이들이 그의 뜻을 이어 더 나은 세상을 만들어 가라고 역설하는 점도 뜻깊다.

사실 전태일은 우리 현대사에 강력한 자취를 남겼지만 교과서에서는 매우 보기 드문 인물이다. 경제 발전이라는 명분 아래 노동자의 고통은 외면 당했고, 전태일과 같은 노동 운동가들은 불순한 사람으로 낙인찍히고 잊혀졌다. 그렇지만 그 신념은 살아있으며, 끈질긴 생명력으로 우리 사회를 한 걸음씩 보다 나은 세상으로 변화시키고 있다.

이제 아이들이 전태일을 읽으며 그가 간절히 바랐던 세상을 함께 그려 볼 시간이다. 내일의 전태일로서 교실에서부터 '노동', '노동자'가 부끄러운 말이 아님을 알고, 어느 일터에서든 노동자의 권리를 기억하며 떳떳하게, 사람답게 일하기를 바란다.

●6학년 수업이야기

1차시	2차시	3차시
배경 지식 쌓기 책 읽어주기	다시 읽기 골든벨 준비하기	골든벨 하기 인물 탐구하기

흐 름	활 동
	### 배경 지식 쌓기 **여러 가지 사진 자료를 보면서 1960~70년대 노동자의 처지와 전태일에 대해 알아봅시다.**
읽기 앞서	**맛내기** 청계천, 평화시장, 전태일 사진과 편지·일기, 신문기사, 영화 『아름다운 청년 전태일』 등 시대 배경과 인물을 알 수 있는 자료를 준비하고, '시다', '미싱', '재단사'와 같은 낱말을 설명하며 이해를 돕는다.

읽어주기

읽으면서

⏸ 37쪽. '나는 근로 기준법을 알리기 위해 ~ '바보회'를 만들었어.'

노동자들이 이렇게 권리를 보장 받기 위해 스스로 만드는 모임을 노동조합이라고 합니다.

⏸ 64쪽. '내 모습이 변하지 않았듯이 그때의 신념도 변하지 않았어.'

전태일의 신념은 무엇인가요?

다시 읽기

맛내기

글만 발췌하여 학생들에게 주고, 혼자서 다시 읽도록 한다. 시간이 넉넉하다면 모둠 친구들과 돌아가며 읽어도 좋다.

골든벨 하기

맛내기

각자 책에서 문제를 1~5가지 낸다. 쪽지 한 장에 문제 하나씩 쓰고 출제자의 이름도 적어 빈 통에 담는다. 제비뽑기로 문제를 고르되, 진행 방식을 아이들과 같이 결정한다면 좀 더 재미있게 치를 수 있다.

읽고 나서

인물 탐구하기

⏸ 33쪽, 42쪽, 48쪽 다시 읽기

전태일은 어떤 상황에 놓였나요? 이 상황에서 그는 어떤 말과 행동을 하였나요? 그렇게 말하고 행동한 까닭은 무엇인가요?

전태일이 추구하는 삶은 무엇이며 그에 대한 내 생각은 어떠한지 말해 봅시다.

모둠 친구들과 이야기하며 '전태일은＿＿＿＿＿＿＿다.' 문장을 완성해 봅시다.

- 전태일은 권리다.

- 틀린 것을 보면 그것을 고치려고 하는 정의로운 사람이다.
- 전태일은 영웅이다. / 전태일은 노동자들의 영웅이다. / 전태일은 UN이다.
- 다른 사람을 위할 줄 아는 사람이다.

읽고 나서　**마무리 토의하기**

제목에서 왜 우리를 내일의 전태일이라고 하였을까요? 짝과 글로 쓰는 대화를 해 봅시다.

●아이들이야기

전태일이 추구하는 삶은 무엇이며 그에 대한 내 생각은 어떠한지 말해 봅시다.

- 시장 사람들이 근로 기준법에 맞게 일하도록 하는 것이다. 자신을 희생하면서까지 남을 위하는 것이 대단하다.
- 틀린 것을 올바르게 고치고, 노동자들의 행복을 우선으로 생각했다. 정의롭다. 근로 기준법을 지키기 위한 마음이 책에서 느껴졌다.
- 근로 기준법을 실천시키기 위해 목숨까지 버림. 그만큼 대단하다고 생각한다.
- 우리의 권리는 우리가 지키자. 전태일이 다른 사람을 위해 자기를 희생하면서 권리를 지키려고 하는 게 멋지다.
- 부당한 것에 대응하고 우리의 권리를 지키자. 많은 사람을 위할 줄 알고, 근로 기준법을 확산하게 한 대단한 사람이다.
- 권리를 지키는 것을 추구했다. 나도 나의 권리를 지켜야겠다.
- 자신보다는 많은 사람들을 생각한다. 전태일은 우리나라가 변화하는 데 큰 기여를 한 위인이고 그가 한 일은 앞으로도 많은 사람들의 기억 속에 남을 것 같다.
- 모든 사람이 평등하고 편안한 삶을 추구했다. 전태일의 희생이 우리 생활에 큰 힘을 넣어준 것이 감사하고 존경스럽다.

- 사람들이 편하게, 힘이 되어 주고 싶은 삶을 추구했다. 시다들을 편하게, 근로 기준법을 실행하려고 하는 전태일이 자신이 편하게 살기 위해서가 아니라 다른 사람들을 위해 희생한 것이 만화영화에 나오는 이야기 같아 존경한다.
- 시다들에게 조금이나마 힘이 되어 주고 싶었던 것이다. 근로 기준법을 위해서 자신의 목숨을 내놓는 것이 대단하고 시다들에게 힘이 되어 주려고 했던 것이 멋있다.
- 사회를 바로잡기 위해 자신의 몸과 근로 기준법을 불태웠다.
- 법을 잘 지키고 다른 사람들부터 생각하는 삶을 추구했다.

제목에서 왜 우리를 내일의 전태일이라고 하였을까요? 짝과 글로 쓰는 대화를 해 봅시다.

❶
- 내 생각은 우리도 전태일의 의견을 따라 살아야겠다는 것.
= 우리를 보고 내일의 전태일이라 한 이유는 우리도 사회에 큰 영향력을 미칠 수 있기 때문인 것 같아.

❷
- 왜 우리를 내일의 전태일이라고 했을까?
= 우리도 노동을 하니까?
≡ 전태일처럼 우리도 사회에 봉사하라는 의미가 아닐까?
- 아니면 우리도 내일 바로 노동을 할 수 있는데, 전태일처럼 근로법을 어기는 사람들 때문에 자신의 몸에 불을 지를 수 있기 때문이 아닐까?
= 그럴 수도 있겠네.

❸
- 나중에 커서 우리도 노동자가 될 수 있어서가 아닐까?
= 우리도 전태일처럼 하라고 하는 거 아닐까?
≡ 맞아. 나는 전태일이 근로 기준법을 주장한 것처럼 우리도 미래에 권리를 가지며 일하는 사람이 되길 바라는 것 같아.

- 그런 것 같아.
= 나는 전태일이 다른 사람들의 권리를 위해 자신을 희생한 것이 감동적이야!!
≡ 나도야. 우리도 미래에 다른 사람들을 지키고, 부당한 대우를 참지 않고 우리의 권리를 지키는 사람이 되자.

❹
- 야, 우리가 내일의 전태일이라잖아. 여러분의 기분은?
= 나는 우리도 노동을 할 수 있다는 거를 알려 주기 위해 말한 것 같다.
≡ 나도 (우리가) 노동을 하기 위하여 말한 것 같습니다.

❺
- 어째서 우리는 내일의 전태일일까?
= 글쎄
≡ 그르게
- 내 생각은 뭔가 전태일이 남을 위해 희생한 것처럼 우리도 남을 위해 무언가를 하라는 게 아닐까?
= 그렇구나. 나는 전태일이 노동자를 위해 스스로 몸에 불을 붙이고 그 이후로 노동자들이 근로 기준법에 맞게 일하게 돼서 아닐까라고 생각해.
≡ 나도 그래. 전태일이 한 것처럼 우리도 그렇게 살라는 거 아닐까?
- 오!! 알겠어.

❻
- 모르겠다.
= 내 생각은 우리가 전태일처럼 지켜지지 않는 법을 개선하기에 노력해 줬으면 좋겠다는 생각을 전해 주기 위해서인 것 같아.
- 그렇구나.
= 네 생각은 어떠니?
- 나도 너와 같아.

● **선생님 이야기**

책을 읽기 전 전태일을 소개할 때였다. 23명 아이들 가운데 단 한 명이 전태일을 책에서 본 적 있다고 했다.

"몸에 불을 붙여 죽은 사람 아닌가요?"

"너는 어떻게 그런 걸 다 알아?" 다른 아이들이 놀라며 물었지만 재이는 "그 사람이 죽어서 뭐가 진짜 바뀌었어요?"(큰 영향을 미쳤어요?)라고 묻는다. "바뀌었지! 정말 많이." 정색하며 대답했지만, 전태일이 바란 만큼 바뀌려면 아직 멀다는 걸 알고 있다.

아이들은 낯선 이름에 모르겠다는 얼굴로 가만있더니, 문재인 대통령이 18대 대선 후보 시절 전태일 동상을 찾아가 헌화하는 사진을 보면서 정말 대단한 사람이구나라며 호기심을 보였다. 그래선지 책을 읽는 동안 쉽지 않은 내용이었음에도 귀 기울여 들었다. 노동자들의 열악한 환경에 같이 놀라워하고, 시다들을 걱정하는 전태일의 마음에 감동하기도 했다. 분신 사건에서 아이들이 과도하게 충격을 받거나, 시시껄렁한 농담으로 희화화 하면 어쩌나 걱정하기도 했는데, 왜 그럴 수밖에 없었는지 이해하는 듯 진지하였다. 처음 들어보는 '근로 기준법'도 깨나 인상적이었는지 골든벨을 하는 동안 그 내용을 자주 거론하였다.

사실 '노동'이라 하면 나도 글로 배운 것에 불과한 빈약한 인식을 지녔을 뿐이다. 아이들이 '노동'을 공사장판 노가다, 육체노동, 심지어 낙오자라고 하는 것과 별반 다르지 않다. 게다가 노동 교육을 제대로 해 본 적도 없는데! 그래서 읽기 후 따로 노동 3권이나 노동조합, 근로 기준법 등을 다루지는 않았다. 단지 한 노동운동가의 삶을 통해 아이들이 노동권이 얼마나 소중한지, 그 권리를 얻기 위해 얼마나 큰 희생이 있었는지를 알고, 앞으로 노동자로서 살아갈 때에 그것을 기억하며 떳떳하게 일하면 좋겠다는 마음이었다.

아이들은 전태일을 '다른 사람을 위해 자신을 희생한 착한 사람' 정도로만 기억할 수도 있다. 그럼에도 근로 기준법과 노동자의 권리를 들어보고, 또 자신들도 노동자가 된다는 걸 떠올렸던 이 시간이 그냥 아무 의미 없지는 않았으리라 믿는다. 앞으로 그의 이야기는 더 알려질 게 분명하고, 이런 인물을 시작으로 내 교실에서도 노동 교육을 더 활발하게 해봐야겠다. 독립운동가, 환경운동가, 봉사활동가, 예술가, 정치인 등 숱한 위인들 사이에 노동운동가도 당당하게 자리매김 되는 앞날을 바라본다.

한편, 제4차 산업혁명이 교육계에 큰 변화를 몰고 온다며 한창 어수선하다. 이 시대가

요구하는 교육이 이러하니 하루라도 빨리 학교에 적용해서 앞으로 유능하게 쓰일 직업인을 길러내라고 말한다. 그런데 어떤 직업이 생겨날지는 많이 예측하면서도 정작 그 직업의 질이 어떨지, 어떤 노동 환경에 처해질지는 말하지 않는다. 이러한 때에 오히려 노동 교육이 가장 의미 있는 것은 아닐까? 노동의 권리를 알고 소중히 여기는 것이 앞으로 어떤 변화가 오든, 어떤 일을 하든 즐겁게 일하며 자아실현 하는 인간으로 살아가게 할 거라는 생각이 멈추지 않는다.

#전태일 #근로기준법 #노동자 #노동권 #노동조합 #노동운동 #바보회
#청계천 #평화시장 #시다 #미싱사 #재단사 #내일의_전태일

정의롭게 내딛다

#옳지_않은_일에_화내기 #지극히_평범한_이들의_외침
#일등만_사람이냐_꼴찌도_사람이다 #권리인식
#민주주의 #민주시민 #시민운동 #사회참여
#공정 #평등 #기회_균등 #공정한_경쟁
#기울어진_운동장 #과정에서의_정직함
#정당하게_돈을_번다는_것 #일한_만큼의_행복
#경제민주화 #대형마트_영업규제
#양심의_심판관 #진정한_사과와_반성 #회복적_정의 #마음에_진_빚을_갚으려면?
#반민족특별위원회 #정의로운_새_나라
#동학농민운동 #저항 #촛불혁명 #모두가_녹두_장군

4학년 단편동화

정의롭게 내딛다

검정연필 선생님

김리리 글 · 한상언 그림 / 창비

● 책이야기

> 바름이는 조금 망설이다가 검정 연필을 손에 꼭 쥐었다. 손에서 땀이 났다.
> '그래, 그냥 도와주기만 하는 거랬어. 답을 가르쳐 주는 게 아니고,
> 내가 실수하지 않도록 조금 도와주기만 하는 거야. 결코 나쁜 게 아니야.
> 엄마도 선생님도 내가 시험을 잘 보면 좋아하실 거야.'
> 바름이는 다시 한 번 숨을 크게 들이마셨다가 작게 내쉬었다.

세상에 정답을 알려 주는 연필이 있다면? 어른, 아이, 너나할 것 없이 그 연필을 갖고 싶을 것이다. 「검정연필 선생님」은 정답을 알려 주는 특별한 연필을 갖게 된 바름이가 그 연필을 사용하는 것이 과연 옳은 일인지 고민하는 가운데 다양한 관점에서 생각거리를 던져 준다.

검정연필은 틀린 답을 쓰려고 하면 아무것도 써지지 않는다. 바름이는 '그냥 도와주기만 하는 거'라는 선생님 말에 자신을 합리화하면서 검정연필로만 시험지를 푼다. 그런데 수연이가 5분도 안되어서 시험지를 풀고 엎드려 자는 것을 보고선 그러면 안 될 것 같다는 생각에 마음이 복잡해진다. 급기야 수연이 검정연필로 자신의 마음과 앞으로의 일까지 알아내게 되자, 바름이는 잘못된 것을 바로잡는 큰 결단을 내린다. 검정연필이 틀릴 수 있다는 걸 보여 준 바름이의 재치는 정말 참신하고 재미있다. 책을 읽는 내내 팽팽했던 긴장감이 풀리면서 독자들은 무거운 마음의 짐을 벗고 개운함을 느끼게 된다.

이 책은 학교와 학원에서 시험 결과로만 자신의 존재 가치를 평가 받는 아이들의 마음을 흔들어 놓는다. 시험 성적의 유혹 앞에 무언가 잘못되었다고 느끼면서도 자신을 합리화하며 검정연필을 쓰는 바름이와 수연이의 모습은 비단 아이들만의 문제가 아닐 것이다. 우리 사회가 무한 경쟁으로 치닫게 될수록 일반 학습지보다 10배, 100배나 더 비싼 검정연필 학습지가 만들어질 것이고 비싼 검정연필은 누구나 선택할 수 있는 물건이 될 수는 없을 것이다. 검정연필은 시험에서의 불공정한 경쟁을 뜻할 뿐 아니라 특별한 물건을 소비할 기회조차 불공평하다는 점을 자연스럽게 생각하게 한다.

내가 사는 곳이 공정하다고 느낄 때 우리는 희망을 갖는다. 이 책을 먼저 선생님들이 읽고서 누군가에게만 비밀리에 주어지는 검정연필처럼 '기울어진 운동장'이 아니라 아이들의 꿈이 존중되고 서로 희망을 나누는 정의로운 사회를 함께 바라보면 좋겠다.

●4학년 수업이야기

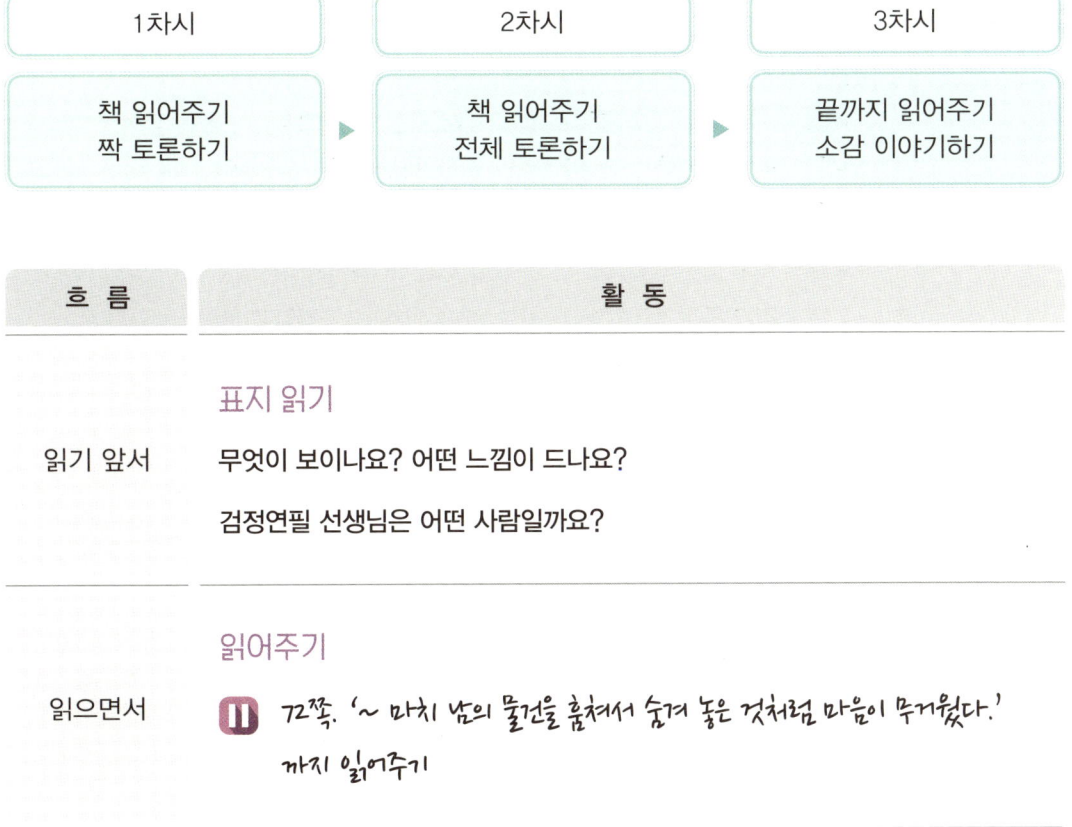

흐 름	활 동
읽기 앞서	**표지 읽기** 무엇이 보이나요? 어떤 느낌이 드나요? 검정연필 선생님은 어떤 사람일까요?
읽으면서	**읽어주기** ⏸ 72쪽. '~ 마치 남의 물건을 훔쳐서 숨겨 놓은 것처럼 마음이 무거웠다.' 까지 읽어주기

검정연필 선생님은 검정연필이 답을 가르쳐 주는 게 아니기 때문에 나쁘지 않다고 말합니다. 이 말에 대해 어떻게 생각하나요?

검정연필은 사람들에게 필요한 물건일까요? 그 까닭은 무엇인가요?

토론하기

⏸ 82쪽까지 읽어주기

'내가 검정연필을 만들지 안 만들지 결정할 수 있다면, 나는 검정연필을 만들겠다' 찬반으로 나누어 토론해 봅시다.

맛내기

아이들 모두를 미리 두 팀으로 나누고, 찬성과 반대를 제비 뽑아 정한다. 팀끼리 의논할 시간을 넉넉히 주고 토론을 시작한다. 검정연필을 갖고 싶은 아이들의 마음을 충분히 헤아려 보는 기회가 된다.

읽으면서

끝까지 읽어주기

바름이, 수연이는 검정연필로 답을 써서 자신의 실력보다 더 좋은 점수를 받았습니다. 내가 이 반에 있는 아이라면 검정연필을 가진 친구들에 대해 어떤 생각이 들까요?

- 나는 너무 억울할 것 같다. 나는 열심히 공부해서 받은 점수인데 바름이나 수연이는 검정 연필로 정답을 알고 시험을 쳤기 때문에 공정하지 못하다.
- 나도 검정 연필을 구해서 시험을 치면 되니까 괜찮다. 바름이한테 물어보고 나도 그 학습지를 할 거다.

바름이가 검정연필을 부러뜨린 일에 대해 어떻게 생각하나요?

소감 이야기하기

읽고 나서

이야기에서 인상적인 장면이나 책을 읽은 느낌, 토론을 하고 나서 떠오른 생각을 이야기해 보세요.

● 아이들 이야기

검정연필은 사람들에게 필요한 물건일까요? 그 까닭은 무엇인가요?

❶ 필요하다
- 다른 친구가 내가 모르게 내 말을 하는지 뒷담화를 알아내고 싶다.
- 나의 미래를 알아내서 잘못된 것을 고쳐서 발전할 수 있다.
- 내가 언제 죽을지 미리 알아내서 미리 준비를 할 수 있다.

❷ 필요 없다
- 검정연필을 아무리 잘 관리한다 해도 나쁜 사람들은 나쁜 목적으로 검정 연필을 사용할 것이고 검정연필을 가지기 위해 싸움과 전쟁이 일어날 것이다.
- 다른 사람의 마음을 알아낸다면 마음을 들킨 사람은 정말 기분이 나쁠 것이다. 비밀은 지켜져야 한다.
- 검정연필만 쓰다 보면 나는 실력이 없어질 것이다. 좋은 직장에 취직도 못할 것이다. 결국 인류는 발전하지 못할 것이다.
- 공정하지 못하고 정직하지 못한 방법이다.

'내가 검정연필을 만들지 안 만들지 결정할 수 있다면, 나는 검정연필을 만들겠다' 찬반으로 나누어 토론해 봅시다.

❶ 찬성
- 현명한 사람에게 맡겨 두고 좋은 일에 쓸 수도 있다.
- 가난한 사람도 돈을 모아서 검정연필을 사면 되고, 또 현명한 사람한테 검정연필을 맡기고 좋은 일에만 쓰게 하면 될 것 같다.

❷ 반대
- 특별한 물건은 아주 비쌀 것이고 가난한 사람들은 검정 연필을 살 수 없을 것이다. 부자들은 시험을 잘 쳐서 대학에도 가고 직장도 잘 갈 수 있을 것이다.

- 그 사람을 믿었는데 나쁜 일에 쓸 수도 있다. 그래서 나는 반대할 것이다. 또 공부는 스스로 해서 실력을 쌓아야 되는데 답만 가르쳐 주는 연필을 쓰면 우리나라가 망하게 될 것이라서 반대다.

바름이가 검정연필을 부러뜨린 일에 대해 어떻게 생각하나요?

- 잘한 일입니다. 사람은 욕심이 생겨서 시험 칠 때나 친구의 마음을 몰래 알아보고 싶을 때 그 때가 되면 참지 못하고 쓰게 됩니다.
- 혹시 나쁜 사람이 가져가게 되면 정말 큰일이 일어날 수도 있기 때문에 검정연필은 없어져야 할 것 같습니다.
- 검정연필을 부러뜨린 것은 잘못한 일인 것 같습니다. 잘 넣어뒀다가 시험 칠 때 말고 다른 일에 써도 될 것 같습니다.
- 검정연필을 없애지 말고 현명한 사람에게 맡겨 두고 좋은 일에 쓸 수도 있습니다.

이야기에서 인상적인 장면이나 책을 읽은 느낌, 토론을 하고 나서 떠오른 생각을 이야기해 보세요.

- 검정연필이 가장 인상적입니다. 나한테 검정연필이 있으면 좋겠다고 생각했습니다.
- 바름이가 수연이에게 검정연필이 틀릴 수 있다는 것을 보여 주는 장면입니다. 바름이의 재치 있는 아이디어가 인상적입니다.
- 토론을 하면서 검정 연필이 있으면 무조건 좋을 거라고 생각했는데 나쁜 점도 있다는 것을 알게 된 것이 인상적입니다
- 스스로 열심히 노력해서 얻는 것이 보람 있는 일이라는 생각이 들었습니다.
- 몇몇 사람만 가질 수 있는 것보다 다 같이 나누어 가질 수 있는 것이 행복하다는 생각이 들었습니다.

● 선생님 이야기

　검정연필이 정답을 알려 주는 특별한 연필이라는 것을 알게 되자 아이들의 입에서는 탄성이 쏟아져 나왔다. 나도 갖고 싶다는 간절한 마음에 모두들 검정연필의 매력에 단번에 푹 빠져 버렸다. 바름이가 검정연필로 시험을 치면서 스스로 합리화는 모습에서는 대부분 아이들이 바름이와 같은 마음이었다. 그러나 눈을 동그랗게 뜨고 얼굴 가득 긴장이 서린 아이들도 눈에 들어왔다. 그 아이들은 "검정연필 선생님의 말에 대해 어떻게 생각하나요?"라는 질문에 흔히 하는 말로 동공지진이 될 만큼 내면의 갈등을 느꼈다. 토론 중에 몇몇 아이들이 검정연필을 현명한 사람들에게 맡기자고 하기에 누가 검정연필을 가지면 좋겠냐고 물어보니 "저요!", "저요!" 하며 모두들 자기가 갖겠다고 했다. 서로를 보며 한바탕 크게 웃었다.

　아이들의 생각은 바름이가 가진 검정연필에 머물렀다. 바름이에게 일어난 기적이 내게 일어나기를 바랐다. 그렇지만 글로 쓰는 대화와 전체 찬반 토론을 거치며 아이들은 차츰 바름이의 입장에서 벗어나게 되었다. 검정연필이 없는, 사고 싶어도 살 수 없는 다른 아이의 입장으로 눈을 돌리며 결국 사회 전체로 사고의 폭을 넓힌 것이다.

　아이들에게 검정연필을 사용하느냐, 하지 않느냐 문제는 사실 개인의 양심에 따라 결정되는 일이다. 그러나 시험처럼 민감한 문제에서 개인의 양심만을 운운한다면 이야기는 식상한 도덕 교과서로밖에 남지 않을 것이다. 앞에서 말한 것처럼 '검정연필'이 지닌 사회적 의미에까지 눈길을 두어, 나의 이익만이 아닌 우리 모두를 생각하며 좀 더 나은 가치, 공정한 경쟁을 택하는 아이들이 되도록 북돋우어 주길 바란다.

#시험 #답을_알려주는_연필 #학습지 #공정한_경쟁 #기울어진_운동장

5-6학년 장편동화

정의롭게 내딛다

오메 돈 벌자고?

박효미 글 · 이경석 그림 / 창비

●책이야기

"빌려간 구슬아? 째깐한 것들 모테 놓고 딴 것아? 가시나야, 니 털보 영감이냐?"
그 말이 가희 가슴을 쳤다.
……
입장료를 받은 게 옳은지조차 헷갈렸다. 어쨌든 털보 영감처럼 되고 싶지는 않았다.
여러 얼굴을 하고 다니면서 백만장자가 되고 싶지는 않았다.

'오메 돈 벌자고?'라는 책 제목과 함께 문구점 주인을 꿈꾸고 있는 아이들의 모습이 눈에 들어온다. 어린 시절 갖가지 물건들이 가득 차 있는 문구점 주인이 부러웠던 경험은 누구나 있을 것이다. 표지에서부터 어린 시절을 떠올리게 한 책은 가희와 동네 아이들을 따라 놀이의 추억으로 우리를 이끈다. 동생과 같은 방을 쓰는 것이 싫어 백만장자를 꿈꾸는 가희는 팔석이 패거리와 어울리면서 점점 놀이에 빠져든다. 놀이의 즐거움에 빠지는 가희와 함께 우리도 구슬치기, 딱지 따먹기, 땅따먹기 등을 하며 골목을 누비던 옛날의 추억으로 빠져들게 된다.

하지만 책은 우리에게 아련한 옛 추억만을 떠올리게 하지는 않는다. 연탄 값을 벌고자 백만장자를 꿈꾸며 동네 아이들로부터 구슬을 받는 가희부터, 추운 겨울 몇 시간씩 쪼그려 앉아 조새질을 하는 엄마, 힘들게 지은 양파를 똥값이라며 뒷동산에 버려야 했던 마을 사람들, 앞에서는 좋은 얼굴을 하고 뒤로는 사람들을 속여 돈을 버는 털보 영감까지…….

서민들이 느끼는 삶의 팍팍함은 예전이나 현재나 별반 다르지 않은 것 같아 씁쓸한 생각이 든다.

아이라면 누구나 놀이를 좋아하는 것처럼 부자가 되는 꿈 역시 모든 사람들이 가지고 있는 소망일 것이다. 가희를 따라 놀이를 즐기고, 백만장자의 꿈을 좇아가다 보면 우린 '정정당당하게 돈을 번다는 건 뭘까?' 라는 물음을 만나게 된다. 그 물음에 대한 답을 아이들과 함께 이 책에서 조금이나마 찾을 수 있을 것이다.

●5학년 수업이야기

1~4차시	5~6차시	7~8차시
책 읽어주기 토의하기	나만의 핫! 아이템 팔기	책 읽어주기 토의하기

흐름	활 동
읽기 앞서	**표지 읽기** **제목 읽기, 지은이와 서지정보 안내하기** **제목과 표지 그림을 볼 때 어떤 내용일까요?** • 문구점을 하고 싶어 한다. / 구슬을 좋아하는 것 같다. / 부모님 대신 문구점을 운영해서 돈을 버는 이야기이다.
읽으면서	**1~3장 읽어주기** **맛내기** • 1차시에 3장씩 읽는다. • 1, 2장은 교사가 읽어 주고, 3장은 아이들이 짝 또는 모둠 친구들과 돌아가며 읽는다. 한 사람이 한 쪽씩 읽기, 3-4문장씩 돌아가며 읽기 등 아이들이 읽고 싶어 하는 방법으로 진행한다.

⏸ 19쪽까지 읽어주기

여러분도 백만장자를 꿈꿔 본 적이 있나요?

⏸ 54쪽까지 읽어주기

'가희가 얼음짱 입장료를 받아야 한다.'에 대한 자신의 생각을 말해 봅시다.

4~6장 읽어주기

⏸ 93쪽까지 읽어주기

'가희가 얼음짱 입장료를 받아야 한다.'에 대한 처음 생각이 바뀐 사람이 있나요? '가희가 얼음짱 입장료를 받아야 한다.'에 대한 자신의 생각을 말해 봅시다.

읽으면서

7~8장 읽어주기

⏸ 116쪽. '~동네 아이들 주머니가 헐렁해지고 있었다.'까지 읽어주기

가희는 현실과 양심 사이에서 고민했는데, 나라면 어떤 선택을 했을까요?

어린 동생들 구슬을 따먹고, 이자 받고, 막대기를 한 개만 가져와서 더 많은 구슬을 받는 가희 행동에 대해서는 어떻게 생각하나요?

9~11장 읽어주기

⏸ 171쪽. '~언젠가 멍청한 선택을 한 듯싶었다.'까지 읽어주기

가희의 선택은 어디서부터 잘못된 것일까요?

나만의 핫! 아이템 팔기

나만의 핫! 아이템을 팔고 소감을 나누어 봅시다.

맛내기

- 11장(173쪽)까지 읽고 '나만의 핫! 아이템 팔기'를 진행한다.
- 방법
  1) 마켓을 실시하기 1주일 전 아이들에게 안내를 한다.
  2) 친구들이 가장 좋아할 만한 것을 생각하여 물품을 준비한다.
     - 설문조사, 인터뷰 등으로 판매할 물품을 정한다.
     - 물품 가격은 2,000원 이하로 정하고, 각자 구입할 돈으로 3,000원을 준비한다.
  3) 판매 준비하기(20분), 판매하기(20분), 정리하기(10분), 소감 나누기(30분)로 진행한다.
     - 판매 준비하기: 자리 배치 및 물건 전시, 가격표 붙이기 등
     - 판매하기: 자신이 정한 가격으로 판매, 판매 중 가격을 조정해도 됨
     - 소감나누기: 아래 〈보기〉 문항을 바탕으로 하여 판매 소감을 나눔

> 〈보기〉
> - 나는 내가 노력한 것에 비해 이익을 얻지 못했다.
> - 나는 내가 노력한 만큼 이익을 얻었다.
> - 나는 내가 노력한 것에 비해 더 많은 이익을 얻었다.

읽으면서

나의 판매 결과는 〈보기〉 중 무엇에 해당하나요? 판매 결과에 대한 나의 마음, 생각은 어떤가요?

12~13장 읽어주기

⏸ 204쪽. '~여러 얼굴을 하고 다니면서 백만장자가 되고 싶지는 않았다.'

내가 가희라면 어떤 선택을 할까요? '가희가 얼음꽝 입장료를 받아야 한다.'에 대한 자신의 생각을 말해 봅시다.

"가시나야, 니 털보 영감이냐?"라는 말이 가희 가슴을 친 이유는 무엇일까요?

토의하기

정정당당하게 돈을 번다는 건 어떤 걸까요?

책을 읽고 나서 떠오른 생각이나, 자신이 가지고 있던 생각에 변화가 있나요? 기억에 남거나 인상 깊었던 장면은 무엇인가요?

놀이하기

- 책을 다 읽고 나서 해도 되고, 책을 읽는 중에 해도 된다.
- 구슬을 준비한다.(교사가 구입하여 준비하고, 자기 것이 있는 아이들은 가져오면 된다.)
- 가희가 했던 구슬치기, 구슬 따먹기, 짤짤이 등 다양한 놀이를 한다.
- 새로운 놀이를 만들어서 해도 좋다.

읽고 나서 **구슬로 다양한 놀이를 해 봅시다.**

● 아이들이야기

'가희가 얼음꽝 입장료를 받아야 한다.'에 대한 자신의 생각을 말해 봅시다.

▶ 54쪽까지 읽어주기 후

받아야 한다. (18명)	받으면 안 된다.(2명)
• 가희의 논이므로 가희 마음대로 할 수 있다. • 자기 땅이고 돈도 없으니까, 돈을 벌려면 돈을 받아야 한다.	• 지금까지 공짜로 아이들이 함께 논 곳이기 때문이다.

▶ 93쪽까지 읽어주기 후

받아야 한다. (8명)	받으면 안 된다.(12명)
• 가희의 논이므로 가희 마음대로 할 수 있다. • 팔석이 무리가 계속해서 논다면 돈을 받아야 하고, 혹시 다른 애들이 올 수도 있으니 꼭 받아야 한다. • 개인 사정은 개인 사정일 뿐, 소유주는 돈을 받을 수 있다. .	• 그 전까지 안 받았고, 마을에 있는 것은 마을 사람들끼리 같이 쓸 수 있기 때문이다. • 입장료를 받으면서부터 구슬을 모으고, 잃고, 어린 동생들 구슬을 따먹고, 엄마 돈을 몰래 훔치는 등 백만장자 때문에 나쁜 짓을 많이 하게 되었다. 계속 받으면 그런 일이 계속 반복 될 것이다. • 팔석이 무리랑 노는 것을 좋아하기 때문에 공짜로 놀게 하고 같이 놀면 된다고 생각한다. • 가희 때문에 친구들이 손해를 본 것이 많고, 가희도 팔석이네 아지트에서 함께 즐겁게 놀았으므로 받으면 안 된다. • 아이들이 놀아 주고 새로운 놀이를 알려 주며 재미있게 놀았으므로 놀아 줘서 고맙다는 의미로 받으면 안 된다.

11 204쪽. '~여러 얼굴을 하고 다니면서 백만장자가 되고 싶지는 않았다.'까지 읽어주기 후

받아야 한다. (3명)	받으면 안 된다.(17명)
• 가희 땅이고, 갚는다고 했으면 갚아야 하기 때문 • 우정은 우정이고, 빚은 빚이기 때문이다. • 미안하기는 해도 입장료는 받아도 된다. 하지만 외상값은 받으면 안 된다고 생각한다.	• 아이들과 함께 얼음꽝에서 즐겁게 노는 것이 중요하기 때문이다. • 백만장자가 되기 위해 나쁜 짓을 많이 했고, 가희도 친구들과 놀 때 입장료를 내지 않고 함께 놀았으므로 • 얼음꽝은 누구나 놀 수 있는 공간이기 때문이다. • 그 동안 아이들과 같이 즐겁게 보낸 시간이 일만데…… 입장료는 받지 말아야 한다. • 가희도 팔석이의 말을 듣고 찔렸으므로(자신도 스스로 잘못된 것임을 알고 있다.) • 마을에서 놀 때 다른 데서도 돈을 받지 않았고, 다른 애들한테도 미안하고 왠지 좀 치사해 보이기 때문이다.

가희는 현실과 양심 사이에서 고민했는데, 나라면 어떤 선택을 했을까요?

❶ **현실을 선택 – 영호에게 준다**
- 백만장자가 꿈이고, 백만장자가 되는 일이 급해서
- 기영이가 진짜 필요하면 구슬을 더 준다고 해서 가지면 된다.

❷ **양심을 선택 – 기영이에게 준다**
- 기영이가 먼저 말했고, 구슬 하나 때문에 동생과의 신의를 저버릴 수는 없다.
- 우정은 돈으로 살 수 없는 것이기 때문이다.
- 구슬을 조금 더 받는 것보다 자기편이 더 중요하기 때문이다.

가희의 선택은 어디서부터 잘못된 것일까요?

❶ **얼음꽝에 입장료를 받았을 때부터이다.**
- 돈을 받으면서 돈 욕심이 생겼다. 욕심은 더 커지기 때문이다.
- 그 때부터 시작하여 나쁜 짓, 치사한 짓을 했기 때문이다.
- 입장료를 받으니까 계속 돈을 벌고 싶어서 작은 일에도 엄마 돈을 훔치게 되었다.

❷ **나희랑 같은 방을 쓰기 싫다고 한 것부터이다.**
- 부모님이 하라는 대로 하면 손해 볼 것이 없기 때문이다.

❸ **짤짤이를 했던 것이다.**
- 내기란 것은 한 순간에 모든 것을 잃을 수 있기 때문이다.

❹ **팔석이 패거리와 놀기 시작한 것**
- 팔석이 패거리한테 돈을 받아서 돈을 벌 생각이면서, 팔석이 패거리와 놀면서 정도 쌓이고 놀이에 빠져 구슬을 잃게 되어서 고민에 빠지게 된다.

'나만의 핫! 아이템 판매' 후 판매 결과에 대한 나의 마음과 생각은 어떠한가요?

❶ **나는 내가 노력한 것에 비해 이익을 얻지 못했다.**
- 매우 매우 매우 매우 매우 실망했다.
- 판매하는 것은 재미있었지만 이익을 얻지 못해 아쉽다.
- 열심히 해도 많이 못 벌어서 좀 실망스럽다.
- 조금 더 벌었더라면 하는 아쉬움이 남는다.
- 씁쓸하고 다음부터 우리 반 친구들이 더 좋아하는 것을 찾아야겠다.

❷ 나는 내가 노력한 만큼 이익을 얻었다. 또는 내가 노력한 것에 비해 더 많은 이익을 얻었다.

- 뿌듯하다!
- 뿌듯하고 자랑스럽다.
- 뿌듯하고 남한테 뭔가를 판다는 것이 쉽지 않다고 생각했다.
- 판매하고 이익을 보니 기분이 좋아진다.

"가시나야, 니 털보 영감이냐?" 라는 말이 가희 가슴을 친 이유는 무엇일까요?

- 자기의 행동이 털보영감이랑 같다는 걸 깨달았기 때문이다.
- 털보 영감은 여러 사람들에게 앞에서는 착한 척을 하고 뒤에서는 나쁜 짓을 하였는데, 가희도 어린 동생들의 구슬을 따먹고 엄마 돈을 몰래 가져가는 등 나쁜 짓을 했기 때문이다.
- 자신도 털보 영감처럼 나쁜 꾀를 내어 돈을 벌었기 때문이다.
- 털보 영감처럼 여러 얼굴을 하고 사람들을 속이는 백만장자는 되고 싶지 않아서다.

정정당당하게 돈을 번다는 건 어떤 걸까요?

- 자기가 땀 흘려서 일을 하고 돈을 버는 것
- 쉽게 꼼수를 부려 돈을 벌지 않는 것
- 자신이 노력하여 일한 것에 대한 대가를 받는 것
- 양심을 속이지 않고 (다른 사람을 속이지 않고) 돈을 버는 것

- 자신이 돈 번 과정을 다른 사람들이 들었을 때 모두 인정해 줄 수 있는 것
- 내가 이익을 봄으로써 다른 사람이 억울한 손해를 보지 않는 것

● 선생님 이야기

　백만장자를 꿈꿔 본 적이 있냐는 질문에 아이들은 너도나도 앞다투어 백만장자가 되고 싶다고 했다. 여행, 공부 안하기, 좋은 차 사기, 집 사기, 기부하고 저금하기 등 돈이 많으면 하고 싶은 것들도 다양했다. 백만장자에 대한 꿈이 다들 커서일까? 나의 예상과는 다르게 1장까지 읽은 아이들은 대부분 가희가 얼음짱 입장료를 받는 것이 당연하다고 말했다. 자신의 땅이니 너무나 당연하다는 아이들의 반응에 조금 놀라기도 했지만, 아이들이 뭔가를 공유하면서 놀아본 적이 없었다는 생각이 들어서 안타까운 마음이 들었다.

　놀이에 빠져드는 가희를 보며 아이들도 함께 미끄럼틀을 타고, 구슬치기를 하고, 구슬 따먹기를 하는 것처럼 즐거워하기도 하고 구슬을 잃은 가희의 모습에 안타까워하기도 했다. 그러면서도 놀이에 빠져 팔석이 패거리와 함께 놀이를 즐기면서 자기 이익만은 잊지 않고 챙기는 가희가 얄밉다는 반응을 보이기도 했다.

　영호와 기영이 사이에서 고민하는 가희를 보며 아이들은 우정이냐 돈이냐를 놓고 실제 친구들과의 사례를 가정해서 생각해 보자며 설전을 벌이기도 했다. 가희의 입장에서 영호를 선택한다고 했던 아이들이 막상 친구가 자신이 아닌 돈을 선택한다고 하니 섭섭해 하기도 하고 어떻게 우정보다 돈을 선택할 수 있냐며 분노하기도 했다.

　'나만의 핫! 아이템 팔기'의 반응은 폭발적이었다. 며칠 전부터 함께 판매할 아이들끼리 모여 물품을 정하고 금액과 판매 전략을 세웠다. 막상 판매가 시작되고 보니 인기가 많은 코너가 있었고 그렇지 않은 코너가 있었다. 판매 수익이 큰 아이들은 뿌듯해 했고, 그렇지 않은 아이들은 실망했다. 하지만 아이들은 자신이 노력한 만큼 뭔가를 얻었을 때와 그렇지 않을 때의 감정을 분명하게 느낄 수 있었던 시간이었다고 평가했다. 친구들이 모두 판매에 열을 올리고 있을 때 정호는 라면을 끓여서 무료 나눔을 했다. 자기는 그냥 친구들이 자신의 라면을 먹고 좋아하는 모습을 보는 것이 기쁘다고 해서 모두에게 감동을 선물하기도 했다. 정호 덕분에 기부 문화가 주는 따뜻함까지 느낄 수 있었던 시간이 되었다.

책을 읽다 문득 매일 돈 걱정에 잔소리를 하는 엄마를 아이들은 어떻게 생각하는지 궁금해졌다. 가희는 "엄마는 낭만을 모른다."고 말했는데 너희는 어떻게 생각하냐는 물음에 가희 말이 맞다며 동의하는 친구도 있었다. 하지만 엄마도 낭만을 즐기고 싶지만 낭만을 포기하고 집안일을 하는 것이니 고마워해야 한
다는 말을 하는 아이들도 많았다. 철없어 보이기만 하는 아이들이 그런 것 까지 생각할 줄 알다니!

책을 읽기 시작할 때 아이들은 "돈을 많이 벌고 싶고 돈이 젤 중요하다."라고 했다. 그리고 책을 읽고 난 후 아이들은 "돈은 많이 버는 것도 중요하지만 어떻게 버는지도 중요하다는 생각이 든다.", "백만장자보다 우정이 중요하다.", "돈을 쉽게 벌 수 있다고 생각했는데 생각보다 어려운 일이라는 생각이 들었다. 엄마 아빠가 고생하고 있는 것에 감사하다."라는 생각의 변화를 들려줬다. 난 책을 함께 읽고 생각을 나누는 자리를 마련해 준 것뿐인데 이렇게 많은 생각들을 해 주다니 아이들이 새삼 고맙게 느껴졌다.

한 권의 책을 읽는 동안 아이들의 숨겨진 생각과 모습을 많이 볼 수 있어서 그 어느 때보다 값진 시간이었다. 책을 함께 나눈다는 것이 이래서 즐겁고 가치가 있다는 생각이 든다.

#백만장자를_꿈꾸다 #어떤_백만장자인지가_중요해 #일한만큼의_행복
#정정당당하게_번다는_것은? #나눔의_기쁨 #장치기 #구슬치기 #짤짤이
#놀이의_짜릿함_느껴봤니 #놀이의_마력

5-6학년 장편동화

정의롭게 내딛다

기호 3번 안석뽕

진형민 글 · 한지선 그림 / 창비

● 책이야기

> 그런데 요즘에도 그런 개자식이 있대요.
> 저런 문제아! 골치 아픈 놈! 나쁜 녀석은 혼나야 돼!
> 이렇게 욕부터 하는 사람들이 바로 돌한테만 으르렁대는 멍청한 개자식들이래요.
> 사자는 안 그러거든요.
> 현명한 사자는 뭣 때문에 그런 일이 일어났는지 잘 판단한 다음 행동하니까요.
> 쟤는 왜 저렇게 공부를 못하는지, 얘는 뭣 때문에 자꾸 말썽을 피우는지,
> 그리고 우! 바퀴벌레 사건은 도대체 왜 일어났는지,
> 그 이유를 모르고서는 절대로 문제를 해결할 수 없으니까요.
> 마지막으로 제가 만약 전교 회장이 된다면,
> 저는 언제나 개자식이 되지 않도록 노력하면서 우리 학교를 위해
> 꼭 사자처럼 일하겠습니다. 고맙습니다.

공부도 못해, 어디 하나 잘날 것 없는 시장 떡집 아들 안석뽕이 얼떨결에 전교 회장 선거에 나가게 되면서 벌어지는 이야기이다. 운동원이라고는 별반 다를 바 없는 친구, 기무라와 조조가 다다. 식구들한테 전교 회장 선거에 나간다 말도 못하고 가래떡을 슬쩍 해서 학생들에게 나눠 주다 부정 선거로 경고까지 받는 등 어설프기 짝이 없다. 물심양면 지원하는 엄마도, 믿음 가는 친구들도, 공정하게 대하는 선생님조차 없는 석뽕은 출발부터 불리하다. 그러나 '일등만 좋아하는 학교, 너나 가지삼! 일등부터 꼴등까지 다 좋아하는 학교, 우리가 만드셈!'이라며 친구들과 끝까지 최선을 다한다. 학교라는 작은 사회에서조차

빛을 보지 못하는 지극히 평범한 어린이들이 학교를 향해 처음 으르렁대는 소리에 진심으로 응원하게 된다.

그런데 이야기는 여기서 그치지 않는다. 시장 바로 곁에 피마트가 들어서면서 석뿡이와 친구들의 싸움 폭은 사회로 넓어진다. 어영부영 당하는 시장 상인들과 기득권으로 유리한 고지를 차지한 대형마트의 대조는 안석뿡과 상대 후보의 대결을 고스란히 옮겨 놓은 것이다. 슈퍼집 딸 백발마녀가 뭐라도 해보겠다며 마트에 바퀴벌레를 뿌리지만 화장실이 겁나 좋아서 눈물을 한바닥 쏟는 장면은 그렇게 슬플 수 없다. 거대한 벽에 가로막힌 절망감이 절절하게 느껴진다.

그래서 석뿡이 전교생에게 하는 마지막 연설이 매우 인상 깊다. 일이 일어난 이유를 따져 보고, 문제를 해결하기 위해 행동하겠다는 말은 선거 운동을 하며 부쩍 성장한 석뿡의 모습일 뿐 아니라, 시위와 청원을 시작하는 시장 상인들로 흐름을 이어가면서 평범한 사람들의 희망을 드러낸다. 석뿡이 비록 회장이 되지 못했지만, 더 나은 내일을 위한 자신감을 얻었음을 우리는 알게 된다.

이 이야기 속에는 민주주의의 중요한 축이 아주 자연스럽게 엮여져 있다. 안석뿡과 친구들이 펼치는 선거 활동, 시장과 대규모 점포를 둘러싼 경제민주화 문제, 그리고 문제 해결을 위한 시민들의 참여 활동이다. 사회의 비주류, 낮은 곳의 평범한 사람들이지만, 작품은 우리 사회의 중요한 가치인 민주주의를 자신의 자리에서 알게 모르게 일궈 내는 사람들을 보여 준다.

그래서 이 책은 6학년 사회에 등장하는 민주 정치와 한데 엮어 수업하기에 알맞다. 아래 수업 이야기는 「우리 곁의 민주주의」라는 프로젝트를 진행하던 내용이다. 먼저 민주 정치의 핵심 내용인 헌법과 국민의 권리, 국가 기관을 알아보고 책을 읽었다. 작품의 중요한 소재인 유통산업발전법의 일부 조항에 대해 토론하고, 인권과 연결하여 어린이의 권익 향상을 위한 실질적인 청원 활동까지 펼쳤다. 어설픈 수업이지만 이러한 사례가 여러 선생님들의 온작품 읽기와 민주주의 수업에 보탬이 되기를 바란다.

●6학년 수업이야기

1~6차시	7~12차시	13~21차시
정치와 법 │ 헌법 │ 권리와 의무 국가기관 알아보기	책 읽어주기 토의하기	대표자 자격 알아보기 토론하기 청원하기

흐 름	활 동
읽기 앞서	### 프로젝트 열기 주제 및 활동 구성하기 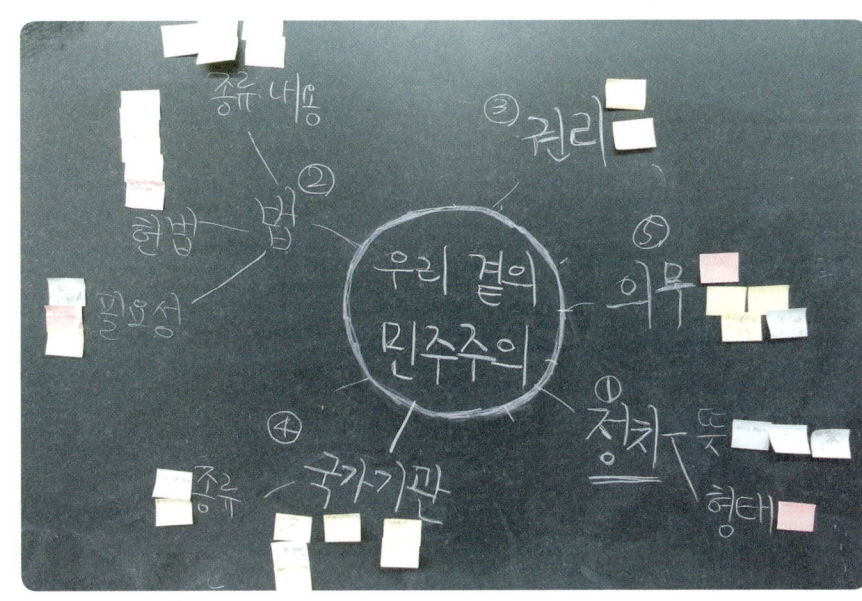 정치가 무엇인지 이야기해 봅시다. ### 헌법 알아보기 법이 필요한 까닭과 헌법의 의미를 생각해 봅시다. 헌법의 전문을 읽고 내용을 알아봅시다.

국민의 권리와 의무 이해하기

헌법에 나타난 국민의 권리를 찾고 어떤 뜻인지 알아봅시다.

헌법에 나타난 국민의 의무를 찾아봅시다.

우리헌법읽기국민운동본부의 「손바닥 헌법책」을 활용할 수 있다. 태블릿 등으로 간편하게 인터넷 검색이 가능한 환경이라면 국가법령정보센터(www.law.go.kr)에서 헌법을 바로 찾아 내용을 살펴봐도 좋다.

한 사람의 권리와 다른 사람의 권리 또는 권리와 의무가 충돌하는 경우가 생기면 어떻게 해야 할까요?

국민의 권리와 의무 또는 더 보태고 싶은 권리를 나타내 봅시다.

읽기 앞서

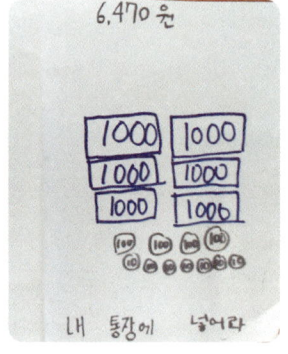  

국가기관 알아보기

국회, 정부, 법원이 하는 일과 법과의 관계를 알아봅시다.

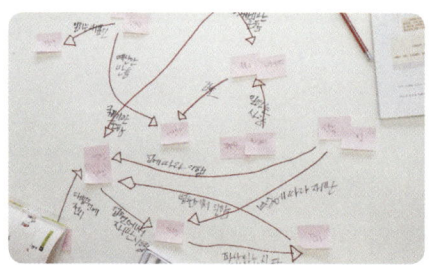 

삼권분립의 뜻과 필요성을 알아봅시다.

표지 읽기

인물의 모습에서 어떤 마음이 느껴지나요?

서지 정보를 알아봅시다.

1~2장 읽어주기

누가 나오나요?

어떤 일이 일어났나요?

- 석뽕이 전교 회장 선거에 나갔다. / 피마트가 생겼다.

3장 읽어주기

⏸ 61쪽까지 읽어주기

석뽕은 어떻게 공약을 만들었나요?

- PC방에 가서 친구들한테 물어보고 / 애들이 하는 말을 듣고

⏸ 62~63쪽 안석진 공약 읽기

읽으면서

공약에 대해 어떤 생각이 드나요?

- 웃긴다. / 좀 어이없다. / 재밌다.

고경태·방민규의 공약과 다른 점은 무엇인가요?

- 친구들한테 물어보고 정했다. / 공부 못하는 애들을 위했다. / 아이들이 진짜 원하는 걸 정했다.

4장 읽어주기

⏸ 68쪽. "남북이 분단되어 ~ 어떻겠냐, 안석진?"

담임이 석진이에게 바라는 것은 무엇인가요?

⏸ 86쪽. '백발마녀는 피마트 화장실이 너무 좋아서 슬프다고 했다.'

어떤 마음인지 알 것 같나요?

- 슬픈 마음 알 것 같아요.
- 마트는 편리하고 시설이 너무 좋은데 시장을 생각하면 안 좋으니 슬퍼요.

	### 5장 읽어주기
	⏸ 97쪽. '나는 고경태하고는 처지가 아주 다르다.'
안석뽕이 유세하고 남은 가래떡을 준 것은 부정 선거인가요?

6~7장 읽어주기

⏸ 127쪽. '경고 2회로 전교 어린이 회장 후보 자격 상실'
학교 명예훼손, 후보 자격 상실이 정당하다고 생각하나요?

읽으면서

- 명예훼손이 아니죠! 시장을 위해서 한 건데! / 선생님이 진짜 너무하다.

⏸ 140쪽. '통나무를 타고 폭포를 거슬러 올라가는 일 ~ 않을 것이다.'
이 말은 무슨 뜻일까요?

- 불가능한 일을 계속 해 보는 것

⏸ 141쪽. '시장 아줌마 아저씨들이 ~ 일주일이 되었다.'
시장 상인들이 어떤 일을 시작했나요?

앞으로 어떤 일이 일어날까요?

사건 간추리기

이야기의 마당은 요일별로 되어 있다. 2절 크기의 활동지에 시간(금요일~일주일쯤 뒤)에 따라 '누가, 어디서, 무엇을 어떻게, 왜'의 항목을 기록할 수 있는 표를 만들어 활용한다. 학생들은 표에 직접 쓰거나 포스트잇을 붙여 표를 완성한다.

읽고 나서

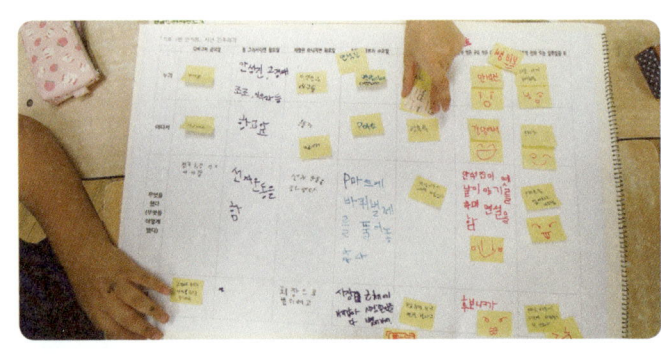

토의하기

7키워드 하브루타로 작품에 대한 생각을 서로 이야기해 봅시다.

민주 사회의 대표자 자격 알아보기

 136쪽. '어리석게도 나는 이제야 내가 얼마나 ~ 입 속의 밥알들이 비로소 꿀꺽 넘어갔다.' 다시 읽기

석뽕은 어떤 사람이 전교 회장 자격이 있다고 깨달았나요?

- 진심으로 하고 싶은 사람

방민규가 떨어진 까닭은?

- 다른 사람 흉보기만 해서

진심으로 하고 싶다고 대표자 자격이 있을까요?

- 자격이 안 되지만, 그래도 하고 싶지 않은 사람이 할 수는 없어요.

우리나라의 대표자는 어떤 자격이 필요한지 알아봅시다.

- 대통령 40세 이상, 국회의원 25세 이상
- 국회의원의 의무: 청렴, 국가 이익을 우선, 양심에 따라 직무수행 등
- 대통령의 의무: 국가의 계속성과 헌법 수호, 평화 통일 의무 등

맛내기

국가법령정보센터에서 헌법 제46조·제66조, 공직선거법 제16조 등을 직접 검색하여 대통령과 국회의원의 피선거 자격과 의무를 살펴보도록 한다.

조사한 내용을 모둠별로 한눈에 알아보기 쉽도록 나타내 봅시다.

대형마트 영업규제 필요성 토론하기

📖 141~143쪽. '시장 아줌마 아저씨들이 ~ '시끄럽게 하지 않으면 아무것도 달라지지 않는다'고 했다. 결국 그 말이 맞았다.' 다시 읽기

대형마트의 영업을 규제하는 현행법을 알아봅시다.

맛내기

- 2017년 현재 유통산업발전법에는 영업시간 제한, 의무휴업일 지정, 전통상업보존구역 내 점포 개설·변경 시 지자체의 조례에 따라 등록을 제한하거나 조건을 붙이는 것으로 대규모 점포의 영업을 규제하고 있다.
- 초등학생이 이해하기 쉽도록 영업 규제의 의미를 단순하게 '① 영업시간 제한 ② 의무휴업일 ③ 재래시장 1km 이내 범위에 대형마트 입점 제한'으로 정하였다.
- 의무휴업일의 경우 실제 마트에서 안내하는 휴업일 안내판을 사진 찍어 활용하면 된다.

읽고 나서

논제를 정해 봅시다.

- '대형마트의 영업 규제 필요하다.'

논제를 분석해 봅시다.

- 논제 배경: 『기호 3번 안석뽕』을 읽었는데 시장 옆에 마트가 생겨서 상인들이 시위하는 이야기가 나왔다.
- 용어 정의: 대형마트는 2층 이상 건물, 체인점, 한 건물 안에 여러 편의 시설 구성, 100대 이상 주차 가능한 점포 등.
- 범주 지정: 대형마트는 E·L 마트, 홈***, 코***로 정한다.
  학교 앞 대*마트와 슈퍼는 대형마트가 아니다.
  백화점은 뺀다.

맛내기

유통산업발전법에서는 '대규모 점포'라 하여 매장 합계 면적이 3천㎡ 이상이 되는 대형마트, 백화점, 쇼핑센터 등을 대상으로 한다. 정확한 법적 정의를 따르는 학생들도 있지만, 학생들이 일상생활에서 보고 겪은 일을 토대로 정해도 무방하다.

모둠별로 찬성과 반대 근거를 찾아봅시다.

근거 자료를 준비하여 입안문을 씁니다.

'대형마트 영업규제 필요하다' 논제로 찬반을 정하여 토론해 봅시다.

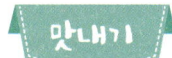

짝과 찬반을 정하여 토론하고, 입장을 바꾸어 토론해 본다. 1대 1 토론을 한 후 모둠에서 2대 2 토론을 진행할 수 있다.

논제에 대한 자신의 생각을 정리하여 글로 써 봅시다.

2012~2015년 지방자치단체의 대형마트 영업시간 제한과 의무휴업일 지정에 대한 1~3심 법원의 판례를 찾아 선고 내용과 근거를 살펴본다. 더 알고 싶은 점이나 자신의 생각을 이야기하며 마무리한다.

읽고 나서

권익 향상을 위한 청원 활동하기

지금까지 활동을 토대로 인권의 뜻을 말해 봅시다.

유엔아동권리협약을 알아봅시다.

학교에서 어린이의 권익 향상을 위해 해결해야 할 문제점을 찾고, 청원할 주제를 정해 봅시다.

모둠별로 청원문을 쓰고 면담을 준비합시다.

그림책 『용돈 좀 올려 주세요』(창비)를 참고하여 효과적인 표현 방법을 생각하고, 상대방에게 진심과 예의를 담은 청원문을 만들도록 한다.

어린이의 권익 향상을 위해 교장선생님을 면담하며 청원해 봅시다.

청원 활동에 대한 자신의 생각과 느낌을 정리하여 글로 써 봅시다.

● 아이들이야기

7키워드 하브루타로 작품에 대한 생각을 서로 이야기해 봅시다.

❶ 소리 내어 읽고 싶은 부분
- 일등만 사람이냐 꼴찌도 사람이다. 꼴찌까지 생각하는 기호 3번 석뿅 안석진!

❷ 책 속 인물과 비슷한 경험
- 나도 전교회장 선거에 나갔지만 떨어졌다.

❸ 재미있거나 감동적인 부분
- 안석진이랑 친구들이 선거운동을 할 때 붓글씨를 쓰고, 고무장갑 끼고 노래하는 장면
- 복도 쪽 창문이 열리더니 농구공만한 기무라의 머리통이 안으로 쑥 들어왔다.
- 백발마녀와 석진이 마트에 바퀴벌레를 뿌리는 장면이 놀랍다.
- 백발마녀가 바퀴벌레를 마트에 푼 후 화장실이 좋다고 울 때(슬펐다.)
- 피마트 점장에게 백발마녀 엄마가 성질 낸 것

❹ 궁금한 것 서로 묻고 답하기
- 왜 많은 학생들이 전교회장으로 고경태를 뽑았을까?
- 기무라는 왜 조조랑 석진이 중에 석진이를 후보라고 말했을까?
- 왜 P마트는 시장 근처에 들어왔을까?
- 마트는 바퀴벌레를 푼 아이들에게 큰 벌을 내리지 않았나?
- 안석진은 선거에서 누구를 뽑았을까?

❺ 내가 중요하다고 생각한 부분
- 안석진이 멋진 연설을 했는데도 전교회장에 떨어졌다.
- 안석진과 백발마녀가 마트에 바퀴벌레를 푸는 것
- 피마트를 상대로 시위하는 것

❻ 작가가 말하려고 하는 주제
- 통나무를 타고 폭포를 거슬러 올라가는 일

❼ 책에서 베껴 쓰고 싶은 부분
- 바퀴벌레 군단을 이끌고 용감히 싸우고 돌아온 백발마녀가 끅끅, 끅끅 화장실 때문에 울고 있었다.
- 그래 2학기 때도 나가자. 대신 나 말고 조조로.
- 조조야말로 최고의 전교 회장감이었다.
- 일등만 사람이냐 꼴찌도 사람이다. 꼴찌까지 생각하는 기호 3번 석뿡 안석진!
- 고거 하나 양해를 못하고 이 요란 방정을 떠는 거 보면, 그쪽도 성질 한 번 겁나게 빤듯한가 보오. 이왕지사 이렇게 된 거, 그럼 나도 빤듯하신 양반한테 뭐 한 가지만 물어봅시다.

'대형마트 영업규제 필요하다' 논제로 찬반을 정하여 토론해 봅시다.

❶ 찬성
- 마트에는 값이 싼 제품이 많아 값이 (상대적으로) 비싼 시장이 손해를 본다. 마트 과일값이 시장 과일값보다 더 쌌다.
- 시장 상인들의 소득이 줄어들 수 있다. 시장 사람들도 살아야 한다. 영업규제가 없으면 사람들이 마트만 갈 것이다. 『기호 3번 안석뿡』에도 시장 상인들이 대형마트 입점으로 인해 어떻게 살아갈지 고민하는 내용이 나온다.
- 골목상권, 생존권을 보호할 수 있다.
- 시장 이용이 불편해서 시장에 계속 가지 않으면 시장이 사라질 수 있다.

- 전통시장문화를 지킬 수 있다. 전통시장은 우리의 멋이다.
- 지역 발전을 위해 필요하다. 제주도에는 큰 마트가 많이 없어서 시장이 크다. 여행자들도 시장에 많이 간다.
- 대형마트가 영업하지 않으면 사람들이 근처에 있는 시장에 갈 수 있다.
- 시장을 더 선호하는 사람이 있다.
- 대형마트 노동자들에게도 휴식이 필요하다.

❷ 반대

- 사람들은 대형마트를 더 편하게 여긴다. 깔끔하고 냉난방, 화장실, 편의시설이 좋다.
- 시장을 방문하는 사람들이 시간이 안 맞아 불편할 수 있다. 늦은 밤에도 필요한 것이 있으면 살 수 있다.
- 소비자의 선택권을 과도하게 제한한다.
- 생산력과 물품 다양성을 키울 수 있다. 대형마트의 경쟁력으로 물품 생산력을 올린다는 뉴스를 보았다.
- 대형마트의 노동자들 월급이 줄어들 수 있다.
- 대형마트를 세우고 영업하는 데 인력이 많이 필요하여 일자리가 생긴다.
- 대형마트와 비슷한 소형마트가 시장 근처에 들어올 수 있다.(시장의 피해는 여전할 것이다.)

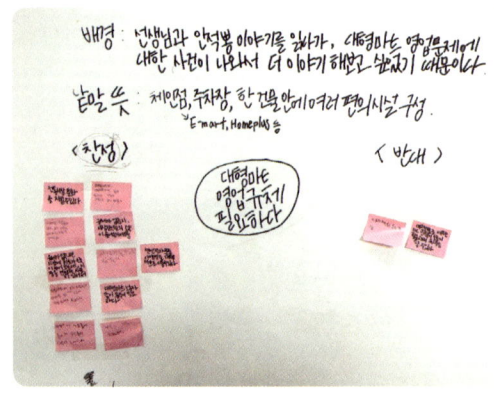
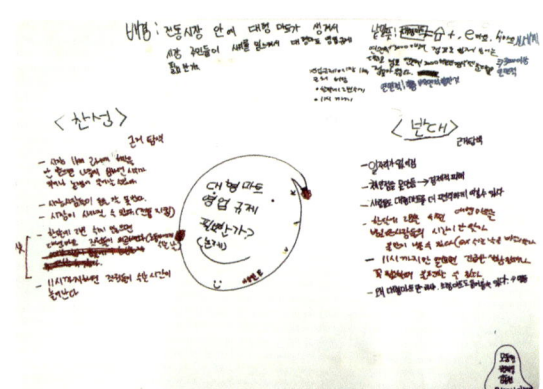

논제에 대한 자신의 생각을 정리하여 글로 써 봅시다.

- 대형마트의 영업규제가 필요하다고 생각한다. 대형마트가 생기면 시장의 전통을 잃을 수 있다. 시장을 이용하는 사람들도 있지만, 대부분 많은 사람들이 시장보다는 대형마트에 간다. 그렇기 때문에 시장 근처에 대형마트가 생긴다면 시장 사람들은 장사하기 어려워질 것이다. 장사가 어려워지면 문을 닫는 가게도 생기기 때문에 시장의 전통을 잃을 수 있다.

  (토론을 하니 나의 주장이 바뀔 수도 있구나라고 생각하였다.)

- 대형마트의 영업규제에 대해 찬성한다. 반대할 근거도 있지만 우리나라에는 소형마트도 있기 때문이다.(굳이 대형마트에 가지 않아도 된다.) 시장은 옛날부터 생긴 우리 전통이다. 사라지면 안 되는 우리 문화유산으로 우리는 시장을 보존해야 한다. 시장은 또 우리 지역 발전을 위한 것이므로 영업규제가 필요하다.

  (토론을 또 하고 싶다.)

- '대형마트의 영업규제 필요하다'에 대해서 토론했다. 찬성도, 반대도 해 봤지만 나는 대형마트 영업규제가 필요하다고 생각한다.

  먼저 시장 상인들의 소득이 줄어들어 살아가기 힘들다. 『기호 3번 안석뽕』에 나왔던 것처럼 시장 상인들에게 대형마트는 피하고 싶은 존재이다. 대형마트가 시장 옆에 생기면 시장 상인들의 소득이 줄어든다. 대형마트 쪽에서 생활비를 줄 것도 아니니 시장 사람들은 살아가기 힘들다.

  그 다음으로, 우리나라 전통시장 문화를 깨 버린다. 예전 보부상 때부터 이어졌던 시장 문화가 대형마트로 인해 발걸음이 줄어든다는 뉴스를 보았다. 소중한 역사가 담긴 전통시장 문화를 지켜야 한다고 생각한다.

  (나는 전체 토론을 기대했지만 그래도 재미있었다.)

- 대형마트 영업규제는 꼭 필요합니다. 그렇지 않으면 시장에 사람이 없어 전통이 깨질 수 있습니다. 또 사람들이 밤을 새며 일할 수 있습니다. 영업시간 제한이 없으면 사람들이 계속 일해야 합니다.

  (상대의 의견을 들으며 토론하여 재미있었다.)

- 나는 영업규제가 필요하다고 생각합니다. 시장 근처에 대형마트가 생기게 되면서 시장

의 손님과 수익이 줄어들었습니다. 대형마트에 사람이 쏠리자 시장에 손님이 줄어들고 소득이 줄어들었습니다. 시장 상인들의 생활이 힘들어지면 할머니 같은 분들은 훨씬 힘들 수 있습니다.

- 대형마트 영업규제가 필요하다고 생각한다. 그 이유는 시장 상인들의 생활이 어려워지기 때문이다. 전통시장 주변에 대형마트가 생기면 사람들이 마트로만 가서 시장 사람들은 물건을 팔지 못해 생활이 어려워진다. 그러다 보면 전통시장이 사라질 수 있다. 생활이 어려워진 시장 사람들이 시장을 떠나게 되기 때문이다.

(대형마트 영업규제 법이 있다니 안심이 된다.)

- 나는 영업규제가 필요 없다고 생각한다. 시장 앞에 마트가 생겨도 사람들이 다 그리로 가는 것은 아니다.
- 나는 토론하는 친구들을 보면서 내가 못난 것인가 생각했다. 물론 애들도 대단한 것 같다. 토론은 정말 힘든 것 같다.

모둠별로 청원문을 쓰고 면담을 준비합시다.

- 운동장에 쓰레기통을 설치해 주세요.
- 체육·놀이 시설(정글짐, 시소, 늑목, 구름사다리……)을 늘려다옵소서.
- 식기 위생 신경 써 주세요!
- 동아리를 우리가 만들게 해 주세요.

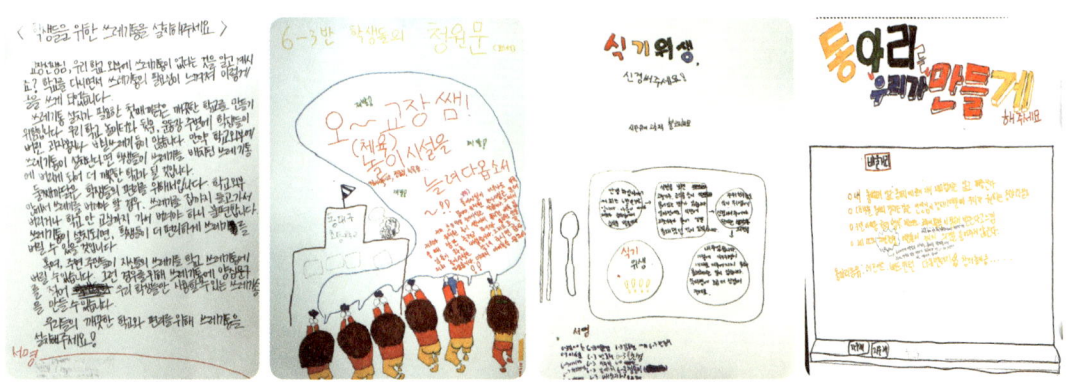

【학생 청원문】

청원 활동에 대한 자신의 생각과 느낌을 정리하여 글로 써 봅시다.

- 교장선생님 답변을 들었는데 전부 회사, 과장님, 국회의원……. 뭔 말인지 못 알아듣고 전혀 반박을 못했다. 2018년 감시 카메라, 2020년 체육관 조명……. 완전 영혼을 판 듯이 멍 때리고 있었다. 정말 말로 못 이길 거란 생각은 했지만……. 너무 범위가 큰 이야기들을 하셔서 어찌 저찌 할 방안을 생각하지도 못했다.
- 여러 가지 사정이 있기 때문에 교장선생님이 안 된다고 하신 것이 많았다. 반박을 하고 싶었지만 범위가 너무 넓어서 건드릴 엄두조차 못 느꼈다. 나름대로 이유가 있다는 것에 대해 놀랐다.
- 교장선생님 하시는 말씀이 조금은 이해가 되고, 이런 경험이 되게 새롭고 아주 엄청난 것을 겪은 것 같다. 또 이런 기회가 생기면 반박 자료와 근거를 좀 더 채워서 면담을 해야겠다.
- 우리가 열심히 생각하고 오랫동안 고민하고 토의하고 얼마나~~ 열심히 했는데!!! 그것을 몇 분 만에 우리가 모르는 정치까지(?) 포함해서 이야기를 하니 할 말이 없어서 조용히 듣고 왔다. 왠지 분한 느낌과 더 할 수 있는데 못한 아쉬움이 들었다.
- 우리가 원하는 것을 다 들어주실 줄 알았는데, 못하는 이유를 논리적으로 설명해서 반박을 못했다. 카메라가 5천만 원, 국회의원에, 회사에…… 무슨 말인지 하나도 모르겠다. 우리 곁의 민주주의 프로젝트는 재미있다. 교장선생님도 힘든가 보다. 종이에 교장선생님이 청원하는 내용이 적혀 있었다. 체육 시설, 카메라 등등 교장선생님도 청원을 하는 것 같다.
- 우리 팀의 식기 위생만 들어주셨다. 그것은 우리 학생들과 영양사 선생님께서 노력해야 한다고 했다. 하지만 이 얘기는 교장선생님과 우리들만 들었기 때문에 이 문제가 잘 고쳐질 수 있을지 의문이다.
- 우리 학교 건물 주인이 따로 있어서 (시설을 세우기) 좀 애매하지만 정글짐 등 조금 변화할 가능성이 있어서 기뻤다.
- 생각보다 우리 이야기를 잘 들어주셨고 잘 말씀해 주셨다. 안 된다고 하신 것도 있고 된다고 하신 것도 있었다. 알게 된 것도 있고 설득된 것도 있다. 초등학교에 다니면서 교장선생님과 면담한 것은 특별한 경험이었다. 재미있었고 좋았다. 과자와 음료수를 주셔서

더 좋았던 것 같다.
- 교장실에 들어가기 두렵고 긴장했지만 박OO이 발표해서 긴장이 반은 줄었다. 교장실은 정말 고급스러웠다. 교장샘이 무슨 말을 할까 되게 궁금하였는데, 교장샘이 얘기할 때마다 너무 논리적이어서 반박을 못했다. 그리고 교장샘 얘기에 계속 빠져들어서 멍 때리게 되었다.
- 내가 생각하는 것보다 교장선생님이 잘 들어주시고 잘 대답해 주셔서 좋았다. 반박하려니 교장선생님 말이 맞아서 할 말을 잃었다. 교장선생님이 우리들을 위해 매일 부탁하고 거절해도 계속 부탁을 해서 꼭 해 달라고 하시니 감사했다.
- 우리 조는 '학교 건물 밖에 쓰레기통을 설치해 주세요'를 발표했다. 교장선생님이 우리 위생이 안전이라고 하시면서 마시막에 쓰레기통 설치로 희귀병까지 말씀하시는데, 저건 좀 억지 아닌가 생각했다. 그래도 교육안까지 보여주시고 선생님의 의견을 이해하게 말씀해 주셔서 수용되었다.
- 체육 시설을 설치해 주시면 안 되냐고 물어봤다. 교장선생님은 우리 학교는 전세이다, 주인이 따로 있다, 그래서 우리 마음대로 못한다, 그리고 자기도 심각하다 하여 물어봤지민 안 된다 했다고 했다. 역시 교장샘이다. 안 된다는데 난 설득 당했다.
- 교장샘이 다 예상했나 보다. 당황 하나도 안하고 반박하셨다. 우리는 교장샘을 이길 수 읍다.
- 우리반 24명이 교장선생님 1분께 반박 한 번 못했다는 점에 후회가 든다.

●선생님 이야기

6학년 아이들과 『기호 3번 안석뽕』으로 프로젝트를 한 지 두 번째이다. 아이들이 다르고 상황이 달라서 프로젝트의 내용과 결과가 다르지만, 큰 줄기는 달라지지 않았다. 선거, 시장과 대형마트를 통해 엿보는 경제민주화 문제, 그리고 시위로 이어지는 시민운동. 어느 것 하나 빼놓을 수 없이 중요한 일이다. 무엇보다 이름 없이, 빛도 없이 살아가는 평범한 우리 아이들, 우리 이웃이 주인공이었기 때문에 아이들이 책에 홀딱 빠지기를 바랐다.

그런데 아이들의 반응은 기대만큼 크지 않았다. 사실 읽어주기 어색한 표현들이 중간중간 섞여 있어 매끄럽지 않은 부분도 있었다. 띄엄띄엄 읽어 주다 보니 까먹은 내용도 많았다. 그렇지만 읽기 후 사건을 간추리면서 자신들이 놓친 이야기가 떠올랐나 보다. 진지하게 토의를 끝내고 우렁차게 "『기호 3번 안석뽕』을 정말 알차게 읽은 것 같습니다."라고 말하는 아이가 이 책이 겉으로 드러나는 반응과는 달리 뜻깊은 시간이었음을 말해 주는 것 같아 뿌듯하였다.

2017년 올해는 때가 때였던 만큼 유난히 아이들과 민주주의, 촛불, 시민이라는 말을 자주 이야기하였다. 40살 되어 가는 나한테도 처음인데 겨우 13살 될까 말까 한 아이들이 촛불 시위와 대통령 탄핵을 겪었다. 이들의 민주 감수성은 남달라야 하지 않을까라는 교사의 사심이 당연히 섞일 밖에. 다행히 큰 부담 없이 아이들도 자신의 생각을 터놓고 재잘거리긴 했다.

그러나 정치는 아직 먼 이야기이다. 정치가 바로 내 문제라는 걸 교과서로 배웠지만 실감은 안 난다. 때로는 잘못된 지식으로 자신의 권리만 앞세우다가 상대방에 대한 존중과 예의를 잃어버릴 때도 있다. 경제민주화 문제에서는 더욱 자신이 손해 보기를 싫어할 테지. 시민 참여 운동은 어떤가? 학교에서의 작은 서명 하나조차 자신이 불이익을 당할지도 모른다며 부탁을 외면하는 아이들이 있는데.

그러니 한 달 넘게 해낸 이 프로젝트는 그 질을 떠나 소중한 경험이라고 확신한다. 고기도 먹어 본 놈이 잘 먹는다고 민주주의도 겪어 본 사람들이 더 나은 민주주의를 실천할 수 있다. 보통 사람들이 만들어 내는, 보통 사람답게 살아가는 것으로 인정받는 민주주의를 우리 아이들의 손으로 일구어 가길 진심 바라본다.

#떡집아들_안석뽕 #일등만_사람이냐_꼴찌도_사람이다 #민주주의 #전교회장선거
#공약은_PC방에서_나온다 #가래떡_유세 #개자식_아니고_사자처럼_일하겠다
#마트에_바퀴벌레_뿌리기 #대형마트_영업규제 #전통시장_활성화 #경제민주화

「기호 3번 안석뽕」 사건 추리기

	단짝 교체 금요일	정 그러시다면 월요일	자랑은 아니지만 화요일	초대형 울트라 수요일	어디가 어때서 목요일	삶아 먹든 구워 먹든 다시 금요일	비밀리에 전해 오는 일주일쯤 뒤
누가							
어디서							
무엇을 했다 (무엇을 어떻게 했다)							
왜							

온작품 읽기, 아이들의 삶을 만나다 __ 203

5-6학년 장편동화

정의롭게 내딛다

노잣돈 갚기 프로젝트

김진희 글 · 손지희 그림 / 문학동네

● 책이야기

"고양이를 구하려다 차에 치였는데 억울하지 않아?"
동우는 쓰러져 있는 자기 가슴에서 꼬물거리는 고양이를 보았다.
동우는 뭐라고 설명해야 제 마음을 잘 표현할 수 있을까 고민했다.
"억울하긴 한데 노자를 다 못 갚아서 어차피 죽었을지도 모르니까…….
죽는 건 싫은데요, 정말 싫은데, 힘찬이가 안 죽어서 다행이기도 하고요.
아, 정말 모르겠어요."
저승사자는 고개를 끄덕이더니 물었다.
"마지막 순간에 무슨 생각했어?"
"아무 생각도 안 했는데. 그냥 힘찬이를 잡아야겠다는 생각?"
저승사자는 빙긋 미소를 지었다. 눈이 순식간에 반달이 되면서 부드러워졌다.
"네 남은 노자 빚은 다 사라졌어."
……
"네가 고양이를 구한 순간 노자 갚기 프로젝트는 완벽하게 끝났어.
해낸 걸 축하해. 자, 그럼 나중에 아주 나중에 만나자."

　옛이야기 「저승에 있는 곳간」에서 따온 이야기로 학교폭력 가해자가 피해자의 저승 곳간에서 빌린 노자를 갚으면서 바뀌어 가는 과정을 담았다. 보통 동화에서 보기 어려운 학교폭력 가해자를 주인공으로 한 데다 첫 장에서부터 교통사고를 당해 저승에 가는 장면, 실제 초등학생들의 생활이 눈에 보이는 듯한 말과 행동이 아이들의 마음을 사로잡는다.

게다가 잊을 만하면 나타나는 저승사자와 노자 장부가 긴장감을 더하면서 이야기 내내 호기심과 궁금증을 불러일으킨다. 그러나 이 작품의 가장 큰 매력은 폭력의 가해자가 피해자를 이해하고 자신의 잘못을 반성하면서 새로운 관계를 맺는 과정에 있다.

현재 학교폭력예방 및 대책에 관한 법률은 가해자에 대한 징벌 절차가 두드러져 보인다. 그리고 경우에 따라 다르겠지만, 때로는 법이 과잉 적용되기도 하고, 어른들의 깜냥과 성급한 간섭으로 아이들의 진심과 다른 해결책이 나오기도 한다. 가해자와 피해자가 철저히 분리되어 가해자가 진심으로 사과하는 기회가 영영 사라지기도 한다.

그런데 이 이야기에서는 그렇지 않다. 비록 '저승'이라는 절박한 이유가 있었지만, 가해자가 피해자의 마음을 살피면서 자신의 잘못을 깨닫고 진정한 사과를 하며 진실한 우정을 맺는다. 그리하여 피해자의 상처가 아물 뿐 아니라, 가해자 또한 비행 딱지를 떼고 건전한 사회 구성원으로 자랄 수 있게 되었다. 마지막에 주인공 동우가 "나 돌아왔어!"라고 하는 것은 저승에서 돌아왔다는 말이기도 하지만, 비틀린 가해자에서 벗어나 순전한 모습을 찾았다는 말로도 그 뜻을 해석할 수 있다.

이는 징벌과 응보가 아니라 진실을 고함으로써 피해자의 상처를 치유하고 공동체를 회복하는 남아프리카의 우분투 전통이나 미국에서 출발한 회복적 정의와도 닮았다. 여기에 우리 옛이야기의 '권선(勸善)' 사상까지 어우러져 진정한 변화와 화해를 보여 주는 점이 이 이야기의 가장 큰 미덕이다.

작품은 이 과정을 매우 자연스럽게 나타냈다. 아이들은 읽는 동안 별다른 활동 없이도 인물의 마음을 느낄 수 있다. 그래서 책을 읽은 후에 이야기를 연극으로 만들어 보면 좋을 것이다. 읽는 동안 저절로 받아들여진 인물의 마음을 자신의 말과 행동으로 드러내고, 주인공이 변하는 계기와 지점을 다시 찾아보면 이야기에 한 발 더 다가갈 수 있을 것이다.

●6학년 수업이야기

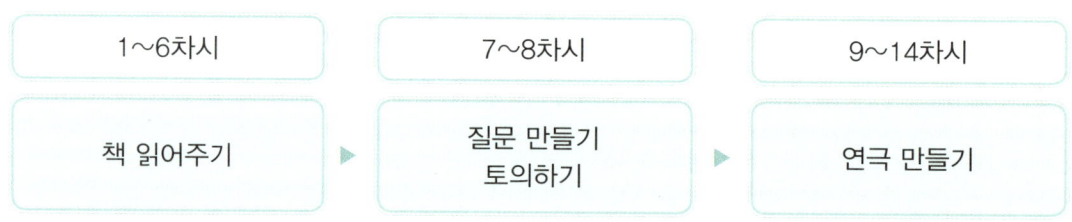

흐 름	활 동
읽기 앞서	### 표지 읽기 이 사람은 누구인가요? 손에 들고 있는 것은 무엇인가요? 무엇이 적혀 있나요? 제목을 읽어봅시다. 저승사자, 노잣돈 갚기라는 말에서 떠오르는 이야기가 있나요? • 덕진다리 이야기요. / 저승에 있는 곳간 / 신과 함께 「저승에 있는 곳간」이 어떤 내용이었는지 이야기해 봅시다.  수업과 상관없이 옛이야기 「저승에 있는 곳간」을 미리 들려주거나 내용 사이사이 웹툰 『신과 함께』에서 표현된 7개의 저승과 49일의 의미를 곁들여 이야기해도 좋다.
읽으면서	### 1~2장 읽어주기 ⏸ 26쪽. '한 달 넘게 병원에 있다가 다시 등교하는 날.' 저승사자가 말한 기한은 며칠인가요? 이제 얼마 남았죠? • 왜 49일이에요? ⏸ 40쪽. '동우는 정신 나간 사람처럼 ~ 붙잡았다.' 어떻게 해야 노자를 갚게 될까요?

읽으면서

3~6장 읽어주기

⏸ 61쪽. '정자 한 개가 사라지고 ~ 있었다.'
이렇게 된 까닭은 무엇인가요?

• 준희가 지각하지 않게 말해 줘서

⏸ 69쪽. '저승사자는 아주 사라져 버렸다.'
어떻게 해야 노자를 갚는다는 말인가요?

• 착한 일을 해야 돼요. / 준희한테 잘해야 돼요.

⏸ 87쪽. '7. 김준희가 못 먹는 고기를 대신 먹어 준다.'
노잣돈 갚기 프로젝트 내용을 보면 준희한테 어떻게 잘해 준다는 뜻인가요? 그냥 착한 일?

• 준희가 좋아하는 일이요. / 준희가 싫어하는 건 안 시켜요.

⏸ 97쪽. "준희를 도와준 게 아니잖아. ~ 병원비에 고양이까지."
준희는 동우 때문에 오히려 귀찮은 일을 맡게 됐는데도 정자가 사라진 까닭은 무엇인가요?

• 준희가 좋아하는 고양이를 도와줘서 / 준희가 고양이를 좋아해서

7~8장 읽어주기

⏸ 115쪽. "힘찬이 엄마는 ~ 구해 줬습니다."
준희가 동우가 고양이를 구했다는 걸 말한 까닭은 무엇일까요?

• 반 친구들한테 동우가 착한 일을 했다는 걸 알리려고 / 동우를 도와주려고

9~10장 읽어주기

⏸ 128쪽. '준희와 태호의 편지만으로도 ~ 달려갔다.'
이번에 노자가 사라진 까닭은?

• 잘못했다고 사과 편지 써서

⏸ 134쪽. "나도 같이 갈게. 끝까지 함께 해야지."
셋은 이제 어떻게 지낼까요? 그 계기는 무엇인가요?

읽으면서

11 150쪽. "그랬구나."

동우가 뭐라고 할까요?

- 미안해.

11장 읽어주기

고양이를 구하려고 한 일이 어떻게 노자를 갚는 일이 되었나요?

- 자기보다 고양이를 먼저 생각해서

읽고 나서

질문 만들기

스스로 질문을 만들어 모둠 친구들과 작품에 대해 서로 묻고 답해 봅시다.

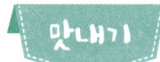

- 질문을 ① 다시 말하기·요약(내용 확인) ② 해석(왜?) ③ 감정 ④ 연계(경험) ⑤ 평가로 분류하고 예시 질문을 보기로 제시한다.(아이들 이야기 참고)
- 보기를 참고하여 공책에 1단계 질문을 1~2개 만들어 쓴다. 모둠에서 오른쪽에 앉은 친구에게 공책을 넘긴다. 자신은 왼쪽에 앉은 친구로부터 공책을 받아 적힌 질문 중 한 가지를 골라 답을 하고, 그 아래에 2단계 질문을 만들어 쓴다. 공책을 오른쪽으로 넘긴다.
- 같은 방법으로 마지막 단계의 질문까지 만들어 서로 묻고 답한다.

토의하기

성재와 동우는 똑같이 돈을 훔치고 준희한테 나쁜 짓을 했는데, 이야기 끝에서 동우와 성재가 다른 길을 걷게 된 까닭은 무엇인가요?

포스트잇에 각자 자신의 생각을 적고, 모둠 친구들과 이야기한다. 다른 모둠으로 자리를 옮겨 거기서 만난 친구들과 생각을 나눈다. 두어 번 활동 후 자신의 생각을 다시 적어 본다.

사건 간추리며 연극할 장면 고르기

이야기 내용을 6장면으로 간추려 봅시다.

- 각자 중요하다고 여긴 사건을 포스트잇에 쓰고, 모둠 활동판에 붙인다. 비슷한 내용은 한데 모으고, 일이 일어난 순서나 인과 관계에 맞게 포스트잇을 배치한다. 내용을 다시 읽으면서 보태거나 빼 6장면으로 간추린다.
- 각 모둠에서 간추린 내용을 미러링 도구 등을 이용하여 다 같이 살펴보고, 전체 토의로 연극할 장면을 선택한다.
- 이 책은 감정의 변화를 일으키는 조그만 사건이 자주 일어나기 때문에 학급의 상황에 따라 장면 수를 늘여도 된다.

모둠이 연극할 장면을 고릅니다.

대본 만들기

각 모둠이 맡은 장면을 연극 대본으로 씁니다.

- A3 크기의 모둠 활동지를 이용한다.
- 배경, 등장인물을 쓰고, 모둠원이 각자 등장인물을 하나씩 맡는다.
- 자신이 맡은 인물이 그 장면에서 할 수 있는 말과 행동을 포스트잇에 하나씩 쓴다. 친구들끼리 등장인물이 되어 즉흥 대화를 하면서 적을 수 있다.
- 적힌 내용을 보면서 순서를 배치한다. 자연스럽지 않은 부분은 보태거나 빼거나 고쳐 쓴다.
- 대본을 완성한다.

연습하기

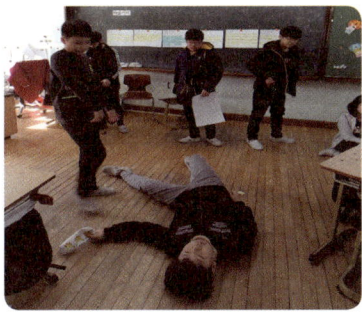

공연하기

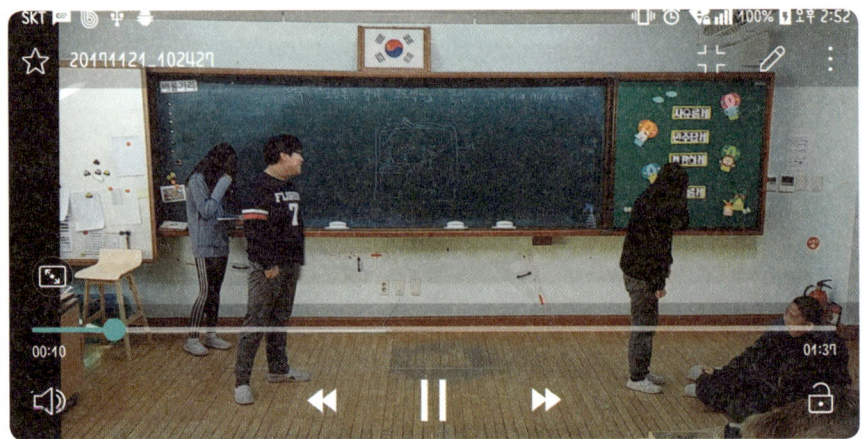

【#3 고양이를 돌보는 준희에게 동우가 지각하지 말라고 알려 줌】

읽고 나서

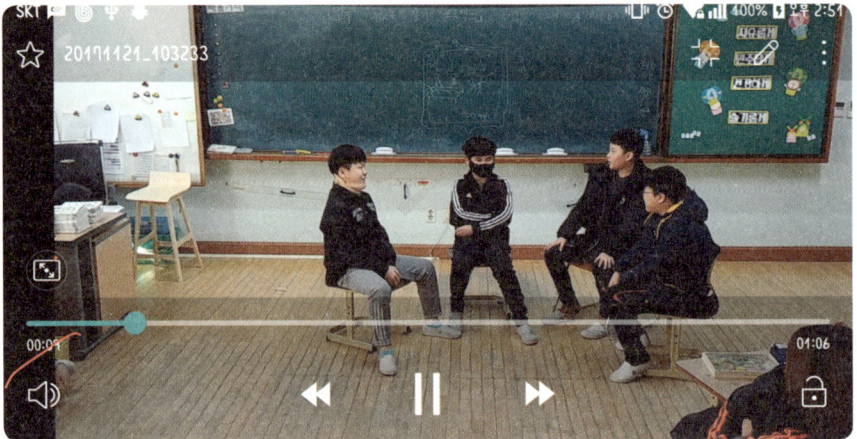

【#6 선생님과 성재 엄마 사이에 오해 받는 동우】

평가하기

모둠 발표 후 촬영한 동영상을 보면서 평가하도록 한다.

우리 모둠의 발표에서 잘 된 점, 고칠 점을 찾아 이야기해 봅시다.
다른 모둠의 발표에서 인상적인 부분을 말해 봅시다.
연극을 만들면서 어떤 생각이나 느낌이 들었는지 말해 봅시다.

● 아이들 이야기

스스로 질문을 만들어 모둠 친구들과 작품에 대해 서로 묻고 답해 봅시다.

질문 유형	예시 질문
다시말하기 · 요약	• 누가 나오는가? 언제, 어디서 일어난 일인가? • 어떤 일이 일어났는가? • 사건을 겪고 인물은 어떻게 되었는가?
해석	• 이 말은 무슨 뜻일까? • 인물의 성격은 어떤가? 왜 그렇게 생각하는가? • (그럴 때) 인물은 어떤 마음이었을까? • (그럴 때) 인물은 왜 그렇게 말(행동)했을까? • 앞으로 어떻게 될까? 이어질 내용은 무엇일까?
감정	• 어떤 느낌이 드는가? • 가장 기억에 남는 말(장면)은 무엇인가? • 가장 재미있었던 장면은 무엇인가?
연계	• 인물과 비슷한 감정(경험)을 느낀 적이 있는가? • 만약 내가 그 인물이라면 (그럴 때) 어떻게 했을까?
평가	• 이야기를 다른 친구에게 추천하고 싶은가? 왜 그렇게 생각하는가? • 이야기와 비슷한 다른 이야기를 들은 적이 있는가? • 한 줄 평을 쓰고 별점을 매겨 보자.

❶ 다시 말하기 · 요약

- 동우의 노잣돈 갚기 프로젝트에 있는 내용 3가지 말하기
- 동우가 차에 치이고 나서 어떤 일이 일어났는가?
- 동우가 이승으로 오기 전 어떤 일이 있었나?
- 동우는 무슨 일을 계기로 준희와 친해졌나?
- 노자장부에서 어떻게 해야 正자가 사라졌나? 동우는 그걸 언제 이해했나?
= 준희한테 착한 일을 하니 正자가 사라진 걸 앎. 지각하겠다는 걸 알려 준 이후

❷ 해석

- 마지막 동우의 말 "나 돌아왔어" 말은 어떤 의미일까?
= 다시는 저승으로 돌아가지 않아도 되어서 이렇게 말한 것 같다.
- 노잣돈의 의미는 무엇일까?
= 선한 일을 하는 것
- 준희는 언제부터 동우에게 마음을 열었을까?
= 동우가 사과하고 나서?
- 준희는 동우한테 괴롭힘 당할 때 왜 아무 말을 안 했을까?
= 더 큰 일을 만들지 않기 위해
- 성재는 왜 끝까지 거짓말을 했을까?
= 한 번 거짓말한 걸 들키면 심하게 혼나니까 들키기 싫어서 거짓말했다.
- 성재는 왜 돈을 훔치려고 했나? / 동우가 태호 집에서 돈을 훔친 까닭은?
= 동우가 돈이 필요해서
- 동우의 성격? 준희의 성격? 성재의 성격? 왜 그렇게 생각하는가?
= 성재는 자신의 행동에 책임을 지지 않으려 하는 성격이다.
- 성재는 왜 동우에게 시비를 걸었을까?

❸ 감정

- 준희가 동우에게 10만원을 받았을 때 어떤 기분이었을까?
= 뭘 잘못 먹었거나 그 돈을 훔친 거라고 생각하고 뒤숭숭했을 것이다.
- 준희가 동우에게 돈을 뺏길 때 어떤 마음이었을까?
- 가장 기억에 남는 장면은?
= 저승사자가 잘못 데려갔을 때
= 동우, 준희, 태호가 친구가 되어 지내는 장면, 교통사고를 다시 당했는데 그 순간 노자를 다 갚았다는 장면
= 마지막에 동우가 고양이를 위해 도로에 뛰어든 장면

❹ 연계

- 내가 동우였으면 노자를 갚기 위해 가장 처음 어떤 행동을 했을까?

= 준희에게 모든 사실을 알리고 어떻게 도우면 좋을지 물어본다.
- 만약 내가 준희라면 왕따를 당하는데도 가만히 있었을까?
= 다른 친구들을 사귀어 보려고 노력할 것 같다.
- 도둑질한 적이 있는가? 만약 내가 동우라면 돈을 훔쳤을 때 어떻게 했을까?
- 만약 내가 준희라면 친구들이 돈을 뺏을 때 어떻게 했을까?
- 내가 동우였다면 마지막에 고양이를 구했을까?

❺ 평가
- 한 줄 평
= 동우에게 참교육해 준 프로젝트 ★★★★☆
= 이야기 주제가 참신하다 ★★★★☆
= 아주 재미있고 실감나는 이야기 ★★★★☆
= 죽다 산 사람은 읽어보자 ★★★★☆
= 죽다 산 내용 ★★★★★
= 나도 죽으면 이런 일이 생길까 ★★★★★

성재와 동우는 똑같이 돈을 훔치고 준희한테 나쁜 짓을 했는데, 이야기 끝에서 동우와 성재가 다른 길을 걷게 된 까닭은 무엇인가요?

- 동우는 노잣돈을 갚으면서 준희의 속마음을 알게 되었기 때문이다.
- 동우는 준희의 입장을 이해했기 때문이다.(준희 더 알기)
- (동우가) 다른 사람의 입장도 생각하게 된 거다.
- 동우는 준희에게 노자를 갚다가 준희의 마음을 알고 친해짐. 성재는 계속 거짓말을 하고, 자신이 잘못했다는 걸 인정을 안 해서
- 동우는 노자 때문에 준희를 도와주다 보니 결국 친해졌다. 성재는 거만해서 자기 잘못을 모르는 것 같다.
- 동우는 노잣돈을 갚기 위해 준희를 도와주며 생각이 바뀌었고 성재는 생각이 바뀌지 않았다.
- 동우는 준희에게 노잣돈을 갚기 위해 친해져서 준희에게 뭘 하면 좋을지 생각했다.

- 동우는 뭘 해야 하는지 알기 위해 친구가 되었고 성재는 준희와 친해지려고 노력하지 않아서이다.
- 동우는 준희에게 노자를 갚기 위해 가까이 갔기 때문
- 동우가 노자를 갚기 위해 준희에게 잘해 줘서
- 반성하는 태도 차이 / 동우와 성재가 생각하는 태도(?)가 다르기 때문에
- 성재는 계속 다른 애들한테 못되게 굴어서 다른 애들을 괴롭히는 것이 습관이 되어서 / 성재 인성이 나빠서 / 성재 자존심이 세서 / 동우와 성재 성격이 달라서
- 교육이 잘못 돼서
- 작가의 의도 때문에

각 모둠이 맡은 장면을 연극 대본으로 씁니다.

- #1 동우 죽음. 저승에서 노자를 빌려 이승으로 돌아옴
- #2 태호 집에서 돈을 훔침, 준희에게 돈 바꿔 오라고 시키고 10만원을 줌
- #3 노잣돈 갚기 프로젝트 시작
- #4 어미 고양이 차에 치이고, 새끼 고양이 돌보기 위해 준희 부름

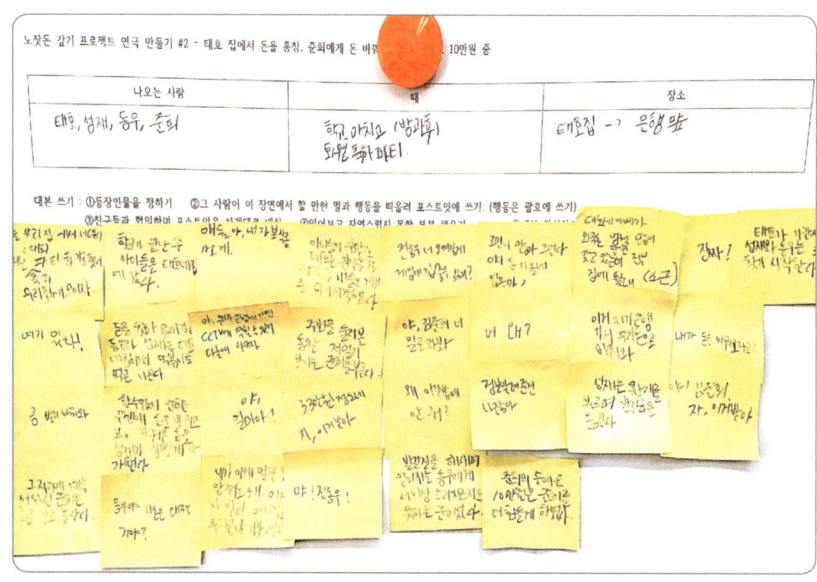

【#2 태호 집에서 돈을 훔침. 준희에게 바꿔 오라고 시키고 10만원을 줌】

- #5 태호 집에서 돈 훔친 거 들킴, 성재가 준희를 끌어들이자 동우가 준희를 편듦, 동우와 성재 싸움
- #6 싸움 동영상으로 동우에 대한 오해가 풀림, 새끼 고양이 구하려다 차도에 뛰어듦, 노자 다 갚음

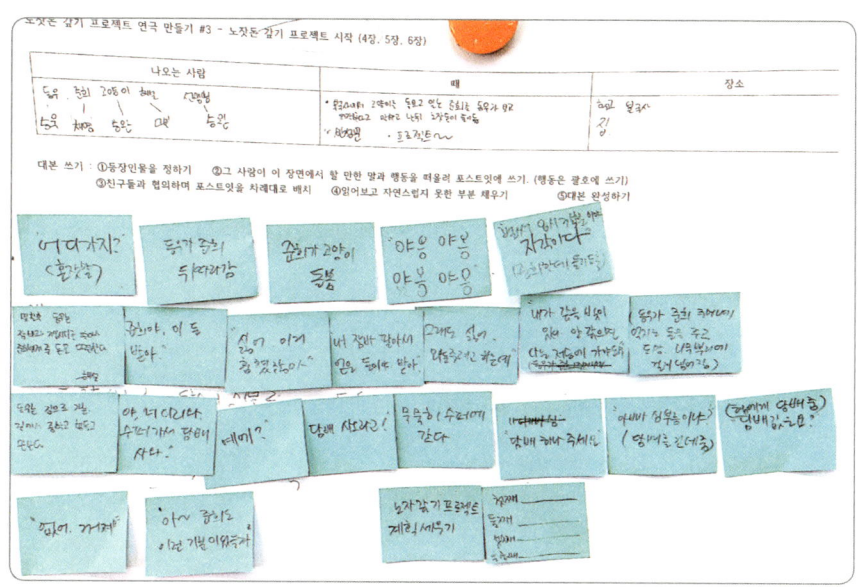

【#3 노잣돈 갚기 프로젝트 시작】

●선생님 이야기

긴 이야기였음에도 아이들이 쏙 빠져들어 이야기와 같이 숨 쉬고 있다는 게 눈에 보였다. 장과 장 사이 쉬는 틈을 많이 두었더니 '노잣돈, 그 저승사자' 언제 하냐고 보채기까지 했다. 주인공 동우의 특별한 경험과 그 무리들의 질 나쁜 행동은 이때까지 자신들이 읽던 이야기와는 많이 달랐기 때문에 아이들은 장면 하나하나에 곧이곧대로 반응했다.

"나쁘다!", "이렇게 그럴 수 있노!", "헉!", "헐~", "오홋"

또 어디선가 불쑥 나타나는 저승사자와 노자 장부, 어미 길고양이의 죽음 등 곳곳에 아이들의 눈길을 끌 만한 요소가 많았다. 그래서 책을 정말 잘 읽었다. 어떤 장면이 있었는지도 쏙쏙 잘 기억하고 무엇보다 주인공 동우가 어떻게 노자를 갚았으며, 그 계기는 무엇이었는지도 잘 이해했다.

질문을 만들어 토의하는 과정에서 아이들은 작품에 대해 아주 진지하게 이야기를 나누었다. 사실 옆 친구가 쓴 질문이 무슨 뜻인지 몰라서 묻고 답한다는 게 어느 새 이야기 내용을 되짚고 있었고, 인물의 마음에 대해 서로의 생각을 말하고 있었다. 그 모습이 무척 신기하였다. 질문과 답을 적어 놓은 공책을 보니 딱히 수준 높은 내용은 없었는데, 공책에 적힌 걸로는 알 수 없는 토의 과정이 있었던 것이다.

연극 만들기도 무척 즐거웠다. 즉흥극과 대본으로 하는 연극의 중간쯤 되는 극을 만들었는데, 몇몇 아이들은 장면을 골라내고 각 장면에서 말과 행동을 만들어 내는 게 힘들었다고 말했다. 그러면서도 연습할 때는 이곳저곳에서 깔깔거리며 예쁘장한 이지도, 조용한 서이도, 목뼈 골절로 보호대를 찬 훈이도 바닥에 벌렁 나자빠지는 연기 열정을 불태웠다.

대본을 쓸 때는 모둠의 모든 아이들이 저마다 등장인물이 되어 그 사람이 할 수 있는 말과 행동을 포스트잇에 적었다. 그걸 시간 순서대로 또는 인과 관계에 맞게 요리조리 배치하면서 대본을 만들었다. 등장인물의 말과 행동만으로 누구도 소외되지 않고 완성한 공동 대본이 된 것이다. 자신들이 뱉은 말과 행동이 그대로 대본이 되었기 때문에 연습 시간도 길지 않았고, 간단한 움직임과 동선만 점검하며 준비하였다. 비록 허술한 점은 많았지만 '함께 만들어 가는 과정으로서의 연극'으로선 최고의 경험을 한 셈이다.

많은 아이들이 이야기가 지닌 깊은 의미까지 다가가진 못했을 것 같다. 그렇지만 폭력의 가해자와 피해자가 저마다의 아픔을 치유하고 건강한 관계를 맺는 작품을 읽으면서, 사람을 이해하고 공감하며 또 삶을 하나 더 알아 가게 되었다고 생각한다. 우리를 둘러싼 폭력의 고리는 상대를 이해하고 진실한 사과와 반성이 있을 때 끊어지고, 더 큰 용서로 감싸 안는 순간 진정한 화해로 나아간다는 점을 줄곧 기억하면 좋겠다.

#저승에_있는_곳간 #학교폭력 #진정한_사과와_반성 #진실한_화해
#마음에_진_빚을_갚으려면? #양심의_심판관 #하기_싫어하는_일을_억지로_시키지_마라
#저승사자 #노잣돈 #노자_장부 #바를_정 #49일 #저승에_있는_거울
#회복적_정의 #우분투 #상처_치유 #관계_회복

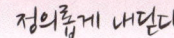

서찰을 전하는 아이

한윤섭 글 · 백대승 그림 / 푸른숲주니어

5–6학년 장편동화

●책이야기

> 나는 암자 위쪽 바위에 올랐다.
> 거인의 배꼽 모양을 한 웅덩이에는 물이 한가득 그대로 담겨 있었다.
> 나는 웅덩이 안을 들여다보았다. 그 안에는 열네 살의 아이가 들어 있었다.
> 나는 그 아이의 얼굴이 좋아졌다.
> "보부상의 아들인 네가 자랑스럽다."
> 내가 말했다. 물속의 아이는 웃고 있었다.
> 나는 웅덩이 물을 다시 손에 담아 마셨다. 웅덩이 물은 여전히 시원했다.

『서찰을 전하는 아이』는 동학농민운동이라는 역사적 사건을 배경으로 한 아이의 발걸음과 노래를 이야기한다. 갑작스러운 아버지의 죽음으로 세상에 혼자 남겨진 아이. 아이는 자신이 가야 할 길을 정하고 걷기 시작한다.

아이는 보부상의 아들이다. 가진 것도 없고 힘도 없는 열세 살의 작은 존재이다. 그렇기에 그러한 존재가 '한 사람을 구하고 어쩌면 세상을 구하는 일'인 서찰을 전하기 위해 나아가는 모습은 그 자체만으로 혁명적이다. 저 어린 나이에, 저 작은 몸으로, 아이는 자신이 해야 할 일을 포기하지 않는다. 시련을 딛고 마침내 서찰을 전달하는 그 모습은 감동마저 일으킨다. 아이는 가지고 있었던 것이다. '용기'라는 찬란한 보물을. 그리고 보여주었다. 세상을 구하기 위해 그 보물을 어떻게 사용해야 하는지.

이야기의 진행 동안 '대가'를 치르며 아이는 성장해 간다. 서찰의 내용인 열 글자의 단서를 풀기 위해 책장수 의원에게 두 자에 두 냥, 양반에게 석 자에 두 냥, 약방 의원에게 석 자에 한 냥, 양반집 아이에게 두 자에 자신의 노래라는 '대가'를 치른다. 그리고 비로소 자기 자신에 대해 점점 알아 가게 된다. "보부상이 되고 싶으냐?"라는 아버지의 질문에 머뭇거리며 대답을 못하던 아이의 처음 모습이 이야기의 끝에서 "보부상의 아들인 네가 자랑스럽다."로 마무리된다. 아이는 어느새 삶의 주체가 되어 있었다. 전라도로 가겠다고 처음 마음을 먹었을 때만 해도 아이는 세상을 몰랐다. 그저 중요한 서찰이라고만 생각하고 있었다. 그러나 한 걸음 한 걸음씩 발을 내디디며 서서히 동학과 전봉준의 실체에 접근한다. 아이는 사람들의 슬픔을 눈으로 보고 겪고 마음으로 이해하며 서울로 압송되어 가는 전봉준에게 울부짖으며 소리친다. "좋은 세상 만들겠다고 하셨잖아요! 양반 천민 없는 평등하고 살기 좋은 세상, 행복한 세상을 만드셔야지요." 아이는 어느새 세상을 구하려 하고 있었다.

　이 책은 동학농민운동이라는 역사를 아이의 눈으로 풀어낸다. 잔혹한 역사 속 사람들의 울분을 직접적으로 드러내기보다 아이의 시선에서 담담하고 순수하게 표현한다. 어른의 시선이 아닌, 어린 아이의 시선으로 바라보는 동학농민운동이기에 오히려 더 마음에 와 닿는다.

　책을 읽는 동안 아이들은 주인공인 아이에게 몰입한다. 주인공 아이의 뒤를 따라가다 어느새 자신이 그 아이가 된다. 아이들은 자연스럽게 아이의 성장을 느낄 수 있다. 그리고 자신의 마음 속 성장도 느끼게 된다. 책을 읽고 난 후 등장인물에 대해 다시 이야기해 보며 세상을 구하는 일은 바로 마땅히 자신이 해야 할 일을 꿋꿋하게 해내는 것임을 아이들과 나누면 좋겠다.

● 5학년 수업이야기

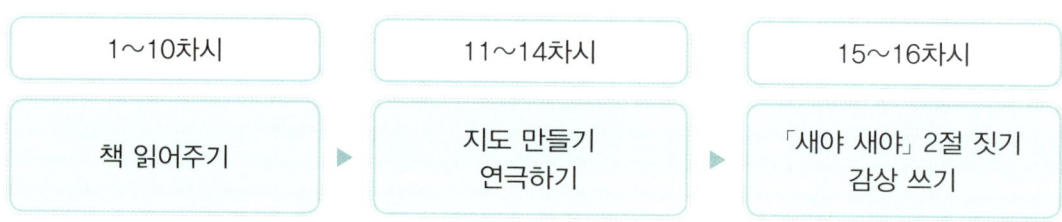

흐 름	활 동
읽기 앞서	**「새야 새야 파랑새야」 노래 뜻 생각하기** 「새야 새야 파랑새야」 노래를 듣고 노래의 뜻이 무엇인지, '새'는 무엇을 나타내는지 생각해 봅시다. • 사람이 죽었거나 불행할 때의 노래 / 농사가 잘못됐다는 노래  「새야 새야 파랑새야」 노래의 뜻을 생각하여 공책에 적어 본다. 책을 다 읽고 나서 다시 적을 수 있도록 빈 칸을 남겨 두도록 한다. **역사적 상상력 펼치기** 이 사진은 1894년에 찍은 것입니다. 무슨 상황일까요? 한가운데 있는 사람은 무슨 생각을 하고 있을까요?  **동학농민운동 알기** 인형극을 보고 동학농민운동에 대해 알아봅시다.  A4 종이를 가로·세로로 4등분하여 전봉준, 조선 관리, 청 관리, 일본 관리를 그리고 나무젓가락에 각각 붙인다. 교사가 인형을 들고 알맞은 목소리와 간단한 움직임으로 이야기를 들려준다. **표지 읽기** 책 제목을 보고 궁금한 점은 무엇인가요? • 서찰의 뜻 / 누구에게 서찰을 전할까? / 서찰의 내용은 무엇일까?

1~3장 읽어주기

⏸ 25쪽. "보부상이 되고 싶으냐?"

아버지 말에 아이가 대답하지 못하고 머뭇거린 까닭은 무엇인가요?

- 보부상이 되기 싫어서 / 되고 싶다고 해도 아버지가 슬퍼할 것 같아서 / 아무 생각 없어서 / 아직 꿈이 없어서

⏸ 29쪽. 그렇게 여러 날이 지난 어느 날, 나는 또 한 번 절실하게 깨달았다. '아버지는 죽었고, 이 세상엔 나 혼자 남겨졌다.' ~ '이제 어디로 갈까?' 조선 땅 어디에도 나를 기다리는 곳은 없었다.

여러분이 아이라면 어떤 마음일까요?

- 무섭다. / 겁난다. 뭐해 먹고 살지? / 이제 뭐하고 살지?

아이가 전라도로 가겠다고 마음먹은 이유는 무엇일까요?

- 아버지가 하려던 일이라서 / 서찰을 전하려고 / 조금의 품삯이라도 받을까 봐

혼자 먼 길을 나서는 아이를 보면 어떤 생각이 드나요?

읽으면서

- 대단하다. / 존경스럽다. / 용기 있다.

내가 아이처럼 가족이 죽고 혼자 남겨지면 어떻게 행동했을까요?

4~9장 읽어주기

⏸ 81쪽. (아이와 양반집 아이의 대화 장면)

아이는 서찰 속 열 글자를 알기 위해 지금까지 어떤 것들을 '대가'로 지불했나요?

- 책장수 노인에게 두 자에 두 냥. 양반에게 석 자에 두 냥. 의원에게 석 자에 한 냥. 아이에게 두 자에 노래를 불러줬다.

당시 '한 냥'이 현재 어느 정도의 금액일지 이야기해 보고, 아이가 글자를 배울 때마다 지불하는 '대가'가 얼마나 큰지 짐작해 본다.

아이는 왜 '대가'를 지불하면서까지 글자를 알려고 했을까요?

- 서찰을 전하기 위해서 / 아버지가 서찰이 세상을 구하는 일이라고 했으니까

'피노리'가 어디인지도 모르면서 서찰을 전하는 일을 포기하지 않는 아이의 모습을 보니 어떤 생각이 드나요?

10~11장 읽어주기

⏸ 101쪽. (서찰의 내용을 알게 된 장면)

서찰의 주인이 녹두 장군 전봉준인 것을 알았을 때 아이의 마음은 어떠했을까요?

⏸ 111쪽. (사공 할아버지와 아이의 대화 장면)

"넌 목숨을 내놓기에 너무 어리다."
"저는 지금 행복합니다."
그 말에 사공 할아버지가 나를 바라보았다.
"난 그 말을 이제껏 한 번도 써 본 적이 없구나."

목숨이 위험할 수도 있는 상황에서도 아이가 행복하다고 말한 까닭은 무엇일까요?

- 하고 싶은 일을 하고 있어서 / 아버지의 뜻을 이어받아서

12~14장 읽어주기

읽으면서

⏸ 122쪽. (아이가 우금치에서 주막으로 돌아오는 장면)

우금치에서 수많은 동학농민군의 죽음을 보고서도 서찰을 전하려는 아이는 '어떠하다'라고 할 수 있을까요?

- 용기 있다. / 포기하지 않는다. / 대단하다.

목숨을 위험할 수도 있는 지금, 아이는 왜 서찰을 전하려고 합니까?

- 전봉준에게 서찰을 전하기 위해서 / 세상을 구하기 위해서

⏸ 137쪽. (아이와 아버지의 대화 장면)

"아버지는 산에서 뭐가 제일 무서워요?"
"아버지는 사람이 제일 무섭다. 산에서 모르는 사람을 만나는 것이 제일 무섭지."

아버지는 왜 사람이 제일 무섭다고 말했을까요?

- 자기를 죽일 수도 있으니까 / 사람이 가장 무서우니까

15~18장 읽어주기

읽으면서

▶ 150쪽. (전봉준과 아이의 대화 장면)

서찰을 전봉준에게 전달했을 때 아이의 마음은 어땠을까요?

- 드디어 해냈다. / 내가 세상을 구했다. / 내가 전봉준을 살렸다.

아이에게서 본받을 점은 무엇이 있나요?

- 포기하지 않는 정신 / 용기 / 용기 있는 행동 / 체력 / 튼튼함

▶ 155쪽. (잡혀가는 전봉준과 아이의 대화 장면)

"좋은 세상 만들겠다고 하셨잖아요! 양반 천민 없는 평등하고 살기 좋은 세상, 행복한 세상을 만드셔야지요."

서울을 떠나올 때와 지금 아이에게 어떤 변화가 있나요?

- 처음에는 그저 서찰을 전달하려고 했어요. / 지금은 세상을 구하고 싶어 해요. / 어른스러워졌어요. / 많은 것을 알게 되었어요. / 돈 버는 방법을 알았어요.

▶ 159쪽. (잡혀가는 전봉준에게 아이가 노래를 불러주는 장면)

전봉준에게 「새야 새야 파랑새야」를 불러 주는 아이의 마음은 어떠했을까요? 내가 아이라면 그 때 어떻게 행동했을까요?

(읽기 전 보여줬던 사진을 다시 보며) 내가 전봉준이라면 어떤 마음일지 이야기해 봅시다.

내가 전봉준이라면 김경천의 밀고를 알았을 때 어떻게 행동했을까요?

- 김경천을 가만 안 뒀을 것이다. / 배신하지 못하도록 감시했을 것이다. / 잡아서 왜 그런 행동을 했는지 물어본다.

▶ 160쪽. "보부상의 아들인 네가 자랑스럽다."

아이가 그렇게 말한 이유가 무엇일까요?

- 해야 할 일을 해서 / 아버지의 업적을 이루어서 / 하늘에서 아버지가 기뻐할 거 같아서 / 자기도 보부상이 되어서

아이는 어떤 '대가'를 받았습니까?

토의하기

작가는 왜 주인공을 이름이 없는 '아이'로 정했을까요?

- 이름이 필요 없어서요. / 아이는 아이니까요. / 이름을 밝히고 싶지 않아서요. / 이름이 없어서요.

작가는 이름이 정해져 있지 않은, 그리고 어른도 아닌 아이를 주인공으로 했어요. 작가가 왜 그런 인물을 주인공으로 했을까요?

- 아이는 힘이 약하니까요. / 아이는 착하니까요. / 아이는 도움을 받을 수 있으니까요. / 어디든 있으니까?

여러분은 누구입니까?

- 아이입니다.

여러분 모두가 아이입니다. 작가는 아이이며 백성인 우리 모두가 주인공임을 말하고 싶었나 봅니다.

아이가 걸어간 길 지도 만들기

읽고 나서

아이가 걸어간 길을 지도로 만들어 봅시다.

맛내기

- 모둠별로 태블릿을 이용해 구글맵에 아이가 걸어간 길을 만들고, 있었던 일들을 간단하게 기록하여 이야기를 되짚는다.
- 지도 만드는 방법: 크롬으로 구글 접속 – 메뉴 지도 – 메뉴 내 장소 – 지도 – 지도 만들기 – 원하는 장소 검색
- 지도를 만든 후 범례에 있는 자 모양 버튼을 클릭하여 장소마다 떨어진 거리를 측정한다.

아이가 걸어간 거리가 얼마나 됩니까?

- 300km요, 280km쯤 되는 거 같아요.

아이가 지금처럼 자동차도 없이 그 먼 길을 어떻게 갈 수 있었을까요?

- 용기가 있어서 / 세상을 구하려고 / 영웅이 되고 싶어서
- 몸이 튼튼해서 / 다리도 튼튼해서
- 자기가 해야 할 일이라서
- 대가를 얻기 위해

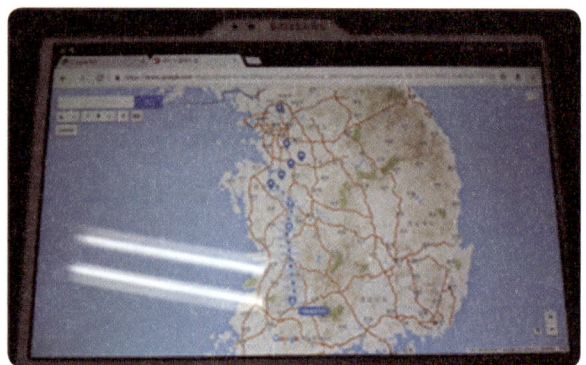

연극하기

모둠별로 장면을 나누어 연극을 하고, 등장인물이 되어 질문하고 답해 봅시다.

맛내기

읽고 나서

- 학생들이 토의하면서 이야기를 모둠 수만큼 나누도록 한다. 어려움을 느낄 경우 교사가 적절히 나눌 수 있다.
- 모둠별 발표가 끝날 때마다 궁금한 점이 생기면 그 역할을 한 학생에게 질문할 수 있다. 그 학생은 자신이 그 역할이라고 생각하고 질문에 대답한다.

우리가 해야 할 일 토의하기

맛내기

토의하기 전 독일 신학자 마르틴 니묄러의 「나는 침묵했다」와 법정스님의 「오두막 편지」 중 한 부분(아이들이야기 참고) 읽고 침묵의 위험성을 생각해 본다.

침묵이 위험한 까닭은 무엇인가요?

- 침묵하면 결국 다 죽게 된다. / 내가 가만히 있으면 모두 아무 것도 하지 않게 된다. / 말도 못하고 있으면 아무도 모른다. / 무엇이 잘못됐는지 알지 못한다. / 시키는 대로 하게 된다.

세상을 구하기 위해 우리가 해야 할 일을 토의해 봅시다.

「새야 새야」 2절 짓기

읽고 나서

2016년 촛불집회 때 불렀던 「민중의 노래」를 들어 봅시다. 「새야 새야」는 동학 농민운동 때 불렀던 노래입니다. 왜 노래를 불렀을까요?

- 잘 기억할 수 있어서? / 노래는 부르기 쉬우니까
- 노래는 같이 부를 수 있으니까 / 다 같이 부르자고

「새야 새야」의 의미를 다시 생각하며 2절을 지어 봅시다.

책을 읽고 느낀 점을 써 봅시다.

●아이들이야기

모둠별로 장면을 나누어 연극을 하고, 등장인물이 되어 질문하고 답해 봅시다.

❶ 아이

- 아이님, 아버지가 죽고 혼자 길을 떠나는 것이 무섭지 않았어요?
= 처음에는 너무 무서웠어요. 어디에 가야 할지도 몰랐어요. 춥고 배고프고 겁이 났어요. 하지만 서찰을 전해야 한다고 생각했어요. 내가 아니면 누가 할 수 있을까요? 아버지의 뜻을 이어받아 한 사람을 구하고 어쩌면 세상을 구할지도 모르는 서찰을 전해야 하니까 참았어요.

- 아이님, 노래의 힘이 사라졌는데 아쉽지 않나요?
= 아쉽습니다.
- 다시 갖고 싶나요?
= 다시 갖고 싶습니다.
- 힘이 왜 사라졌나요?
= 음……. 힘을 쓸 일이 없어져서요.
- 왜 없어졌나요?
= 제가 해야 할 일을 했기 때문에요.
- 그게 뭐죠?
= 서찰을 전했습니다.
- 그럼 끝인가요?
= 끝입니다.
- 허무한데요?
= 왜요?
- 서찰만 전하고 끝났으니까요.
= 제가 한 일들을 다른 사람들이 보고 배울 겁니다.

❷ 양반집 아이
- 양반 도련님, 평민인 아이와 친구가 되고 싶다고 한 이유는 무엇인가요?
= 아이가 나에게 노래를 불러 주었어요.
- 그거만으로 친구가 될 수 있나요?
= 노랫소리가 아주 좋았습니다. 저는 노래를 못하거든요. 나이도 같은데 친구가 안 될 것
  도 없으니까요.

❸ 김경천
- 김경천님, 전봉준님을 왜 밀고했나요?
= 먹고 사는 게 너무 힘들었어요. 양반들은 아무 일도 안 하고 편하게 살 수 있지만 저는
  가만히 있으면 우리 가족 다 굶어 죽어요. 집에서 나 오기만을 바라면서 쫄쫄 굶고 있는
  가족들을 위해서 어쩔 수 없었어요.

- 그렇다고 밀고를 하나요? 전봉준님의 가족과 백성들은요? 양심에 찔리지도 않나요?
= 사람들보다 우리 가족이 더 소중하니까요. 양심에 찔려도 당신이라면 자기 가족을 살리겠어요? 아니면 남의 가족을 살리겠어요? 당장 우리 가족이 죽어 가는데 어떡하라고요.
- 지금 잘했다는 겁니까?
= 누가 잘했다고 했습니까? 이유가 있다고 했지. 아무튼 죄송합니다.

❹ 전봉준
- 전봉준님, 왜 김경천을 가만히 놔뒀어요? 당장 잡아끌고 가서 고문해야 하지 않나요?
= 고민했는데, 그건 아니라고 생각했습니다.
- 왜요?
= 저는 김경천을 믿었습니다. 김경천은 나쁜 사람이 아닙니다. 다 이유가 있어서 그랬을 거라고 생각했습니다.
- 그렇다고 잡혀서 죽으면 전봉준님의 가족과 백성은 누가 지켜 줍니까?
= 제가 죽어도 잘할 겁니다. 다들 제 정신을 이어받아 스스로 지킬 겁니다.
- 못 지키면요?
= 지켰으니까 지금 우리가 태어났죠.
- 아…….

세상을 구하기 위해 우리가 해야 할 일을 토의해 봅시다.

- 잘못된 것은 잘못됐다고 말할 수 있어야 한다.
- 분명하게 말할 수 있어야 한다.
- 용기와 의지를 가져야 한다.
- 힘들고 포기하고 싶은 순간이 오더라도 포기하지 않고 끝까지 해봐야 한다.
- 나쁜 사람들을 혼내 주어야 한다.
- 규칙을 잘 지켜야 한다.
- 저항할 줄 알아야 한다.
- 남을 도와야 한다.

그들이 처음 공산주의자들에게 왔을 때
나는 침묵했다
나는 공산주의가 아니었기에

그들이 사회민주당원에게 왔을 때
나는 침묵했다
나는 사회민주당원이 아니었기에

그들이 노동조합원들에게 왔을 때
나는 침묵했다
나는 노동조합원이 아니었기에

그들이 유대인을 덮쳤을 때
나는 침묵했다
나는 유대인이 아니었기에

그들이 내게 왔을 때,
그때는 더 이상 나를 위해
말해 줄 이가 아무도 없었다.

마르틴 니묄러 - 나는 침묵했다

침묵해야 할 때 분노하는 것은
화를 다스리지 못하는 것이다

분노해야 할 때 침묵하는 것은
용기를 다스리지 못하는 것이다

저항해야 할 때 침묵하면
굴종은 습관이 된다.

법정 – 「오두막 편지」 中

※ 굴종 : 제 뜻을 굽혀 남에게 복종함

「새야 새야」의 의미를 다시 생각하며 2절을 지어 봅시다.

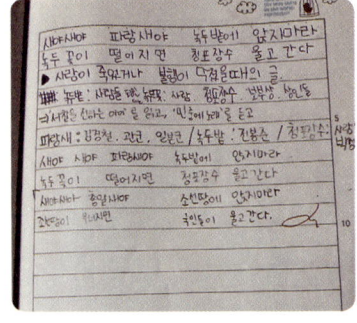

새야 새야 총알새야
조선땅에 앉지 마라
조선땅이 무너지면
국민들이 울고 간다

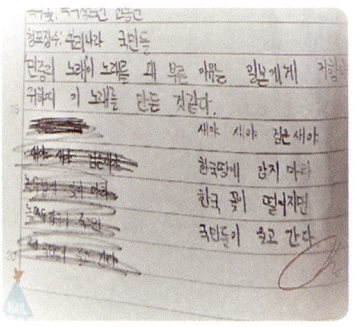

새야 새야 검은새야
한국땅에 앉지 마라
한국 꽃이 떨어지면
국민들이 울고 간다

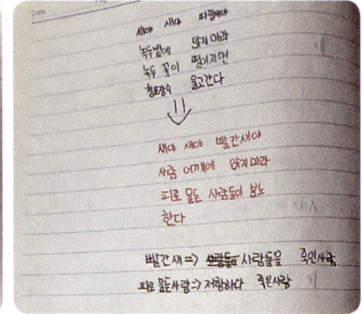

새야 새야 빨간새야
사람 어깨에 앉지 마라
피로 물든 사람들이
분노한다.

책을 읽고 느낀 점을 써 봅시다.

- 이 이야기를 통해 절망스러운 상황에 놓여 있으면서도 희망을 품고 자기 길을 찾아 떠난 한 아이의 씩씩하고 굳센 마음을 느낄 수 있다. 그리고 남자아이가 가는 길에서 좋은 세상을 만들고자 했던 동학농민군의 꿈과 이상을 볼 수 있었다. 그 당시에도 지금도, 더 나은 세상을 꿈꾸는 희망 가득한 목소리들이 있다. 지금 우리가 사는 세상에 대해 생각해 보는 시간을 가졌으면 좋겠다.

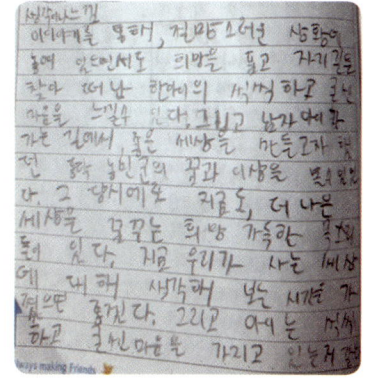

●선생님이야기

우리의 삶은 끝없이 흐르는 역사의 한 부분이다. 우리의 발자취가 모여 거대한 줄기의 역사가 된다. 역사는 우리의 삶 자체이다. 그런데 나의 행동이 역사에 큰 획을 긋고 변화의 시작을 만든다면 어떠할까. 그 변화가 얼마나 클지 알 수 없더라도, 내 행동이 생명의 위협을 느낄 정도로 위험하더라도 포기하지 않고 할 수 있을까?

백성을 사랑하고 / 정의를 세운 것이 / 무슨 허물이랴.
나라 위한 일편단심 / 그 누가 알리오.

동학농민운동의 지도자 전봉준이 41살의 젊은 나이에 사형 선고를 받은 직후 남긴 시이다. 일제는 전봉준에게 살려 달라는 말 한마디면 모든 걸 들어주겠다며 회유했다. 그러나 전봉준은 모든 걸 거부하고 죽음을 선택했다. 너무도 당당한 그의 모습에 일제마저 경의를 표했다. 동학농민운동은 우리의 위대한 저항의 역사이다. 위로부터의 혁명이 아닌, 아래로부터의 혁명이다. 우리 민주주의의 시작이다. 전봉준은 모든 사람들이 평등한 세상, 백성들을 괴롭히는 탐관오리가 없는 세상을 꿈꾸었다. 비록 실패했지만 백성이 주인

되던 세상을 꿈꾸던 그의 정신은 이어져 지금 우리의 마음속에 깊숙이 새겨져 있다. 2016년 겨울 광화문으로부터 터져 나왔던 촛불 집회는 그 정신의 계승이다. 지금도 우리의 마음속에 참다운 민주주의의 씨앗으로 전해지고 있는 것이다.

우리 아이들은 촛불집회라는 민주주의의 혁명을 직접 보았다. 이야기 속 역사가 아닌 눈과 귀, 피부로 직접 느꼈다. 그 저항의 역사를 받아들일 준비가 아이들에게는 되어 있었다. 그러한 때에 『서찰을 전하는 아이』는 아주 매력적인 책이었다. 이 책은 동학농민운동을 열세 살 아이의 시선으로 남긴 처절한 기록이다. 책을 읽으며 아이들이 역사와 문학을 통해 자신이 역사 속의 한 존재이자 역사에 참여하고 있음을 알게 되었고 자신의 삶을 되돌아볼 수 있게 되었다. 아이들과 이 책을 가지고 수업할 수 있었던 것은 큰 행운이었다.

우리는 과거에 빚을 지고 있다. 세상을 구하기 위해 저항했던 많은 위인들의 희생 위에 우리가 있다. 책의 주인공인 아이의 뒤를 따라가는 동안 아이들은 어떻게 살아야 하는가를 느낄 수 있었다. 너희가 책 속의 아이라면 어떻게 할 거냐고 묻자 우리도 아이처럼 서찰을 전달하겠다고, 가야 할 길 가겠다고 한 아이들의 대답에, 그리고 우리도 촛불집회도 열고 저항할 것이라는 말에 마음 한 구석이 뭉클해졌다. 아이들 가슴 속에 숨어 있던 파란 싹들이 돋아나 꽃으로 피어날 때 책 속의 사람들이 꿈꾸며 바라고 바라던 세상으로 더 다가갈 수 있을 것이다. 책과 함께 보내었던 수업을 통해 가슴에 새긴 마음을 아이들이 앞으로 잘 키워 나갔으면 좋겠다. 그리고 삶의 주체로서 용기 내어 나아갈 수 있는 역사 속 주인공이 되기를 바란다.

#역사동화 #1894년 #전봉준 #동학농민운동 #평등 #백성 #삶의_주체 #행복 #저항
#촛불혁명 #시민운동 #모두가_녹두_장군

6학년 장편동화

정의롭게 내딛다

새 나라의 어린이

김남중 글 · 안재선 그림 / 푸른숲주니어

● 책이야기

> 노마는 답을 알고 있었다. 처음에는 몰랐지만 나중엔 모르는 척했다.
> 친일파를 몰아내는 일은 어른들의 일, 다른 사람이 할 일이라고 생각했다.
> 정식이 저 꼴로 돌아온 뒤에도 국밥집에서 쫓겨나지 않은 걸
> 다행으로 생각했을 뿐이다. 옳은 일을 하려다가 바보가 된 형이 창피했을 뿐이다.
> 노마는 숨기고 있던 속마음을 알리스에게 들킨 것 같아 고개를 들 수가 없었다.
> 노마는 부끄러웠다.

이 책은 1946년 윤석중 시인의 동요집 『초생달』에 실린 시 「새 나라의 어린이」를 떠올리게 하는 김남중 작가의 역사동화이다.

해방 이후 남한의 단독 정부 아래에서 친일파 척결을 위해 반민족행위특별조사위원회를 설치하였으나 그 이듬해 정부와 친일파의 방해로 활동이 무산되었던 뼈아픈 시기. 이때를 배경으로 하여 새 나라의 국민이 된 주인공 노마와 주변 인물들의 갈등을 통해 당시 사람들은 어떤 나라를 기대했는지를 입체적이며 생생하게 그리고 있다.

일제강점기 동안 자국민을 고통에 빠뜨리고 자신들은 권력과 부를 누렸던 친일파를 몰아내고 정의로운 세상을 만들기 위해 노력한 정식과 덕관. 친일파든 친미파든 가리지 않고 시대의 권력에 순응하며 자신의 안위만을 목표로 삼는 당숙. 친일파에서 친미파로 신분을 바꾸고 시대가 변해도 손에 쥔 권력을 여전히 누린 채 악질분자로 살아가는 야마다 노칠득. 이에 반해 친독파로 살아왔던 과거에 대한 대가를 치르고 떳떳하게 살기 위해 용

기 있는 선택을 한 앨리스. 그리고 이 모든 상황과 주변 사람들의 모습을 지켜보며 옳은 삶이 무엇인지를 고민하는 과정 속에서 변화와 성장을 보여주는 13살 노마.

  이야기 속에 등장하는 각각의 인물들은 실제로 그 시대를 살았던 '누군가'이며 저마다 처한 위치에서 자신의 선택과 살아가는 방식에 대한 나름의 이유를 갖고 있다. 하지만 현재 대한민국을 살아가는 우리는 정의롭고 평등한 세상을 꿈꾸며 자신의 희생과 처절한 노력을 기꺼이 감내했던 그 '누군가'가 있었기에 가능한 것임을, 그리고 지금도 여전히 부조리와 불평등에 맞설 그 '누군가'를 필요로 하는 시대를 살고 있음을 책을 읽는 동안 머리와 가슴으로 우리 아이들이 느낄 수 있었으면 좋겠다. 이에 더해 여전히 우리 사회의 숙제로 남아 있는 여러 가지 갈등을 어떤 시각과 실천적 관점에서 바라볼 것인지 역사 속 그 '누군가'가 될 우리 아이들과 함께 이야기해 보면 좋겠다.

●6학년 수업이야기

1~10차시	11차시	12~13차시
역사적 상상력 펼치기 책 읽어주기	'새 나라' 토의하기	작가와의 만남

흐 름	활 동
읽기 앞서	**역사적 상상력 펼치기** 표지에서 이 책의 시대적 배경을 짐작하게 하는 것들은 무엇인가요? 이 사진은 1945. 9. 9. 서울 시내에 미군들이 탄 지프차가 들어오고, 이것을 환영하며 구경하러 나온 시민들의 모습을 찍은 것입니다. 사진 속 오른쪽 아래에 카메라를 바라보는 남자 아이는 어떤 생각을 하고 있을까요? 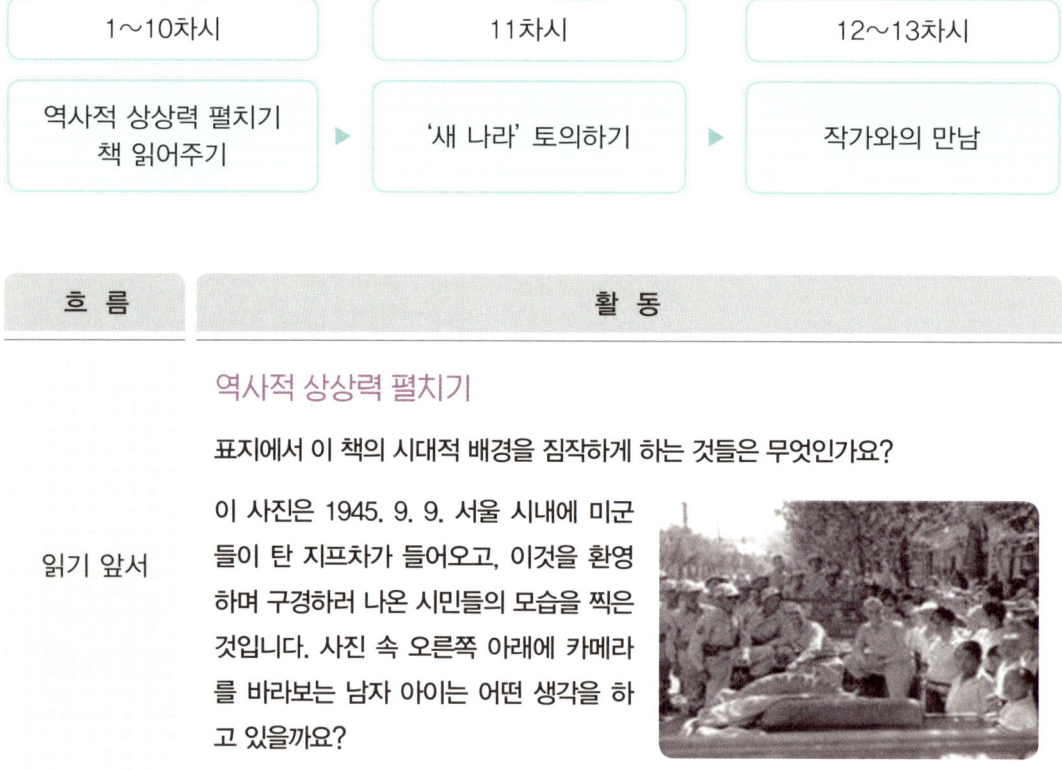

읽기 앞서

미리보기

차례를 살펴보면 모두 11장으로 되어 있습니다. 제목에서 시대적 배경을 짐작하게 하는 낱말을 찾아봅시다.

- 1948년 / 빨갱이 / 반민족행위특별조사위원회 / 친일파 등

찾은 낱말과 관련된 역사적 사건이나 의미를 조사해 보면서 이 책의 등장인물이 살았던 시대를 상상해 봅시다.

조사하면서 새롭게 알게 된 내용이나 책의 내용을 짐작해서 이야기해 봅시다.

사회과 역사 단원 중 같은 시기의 내용과 통합하여 진행할 수 있다. 조사는 개별, 짝, 모둠활동 모두 가능하며 책을 읽기 전에 충분한 시간을 주어 살펴보게 한다.

읽으면서

1~2장 읽어주기

이 이야기의 등장인물, 시간적, 공간적 배경은 무엇입니까?

노마가 처한 상황은 어떠한가요?

- 고아이며 행방을 알 수 없는 형을 기다리고 있다. / 인정 없는 당숙 집에서 눈치 보며 힘들게 살고 있다.

3~5장 읽어주기

⏸ 67쪽. '미안하다. 복수는 포기했어. 나는 노마를 돌봐야 해. 나를 놓아 줘, 제발!'

내가 일본 순사에서 경찰로 신분이 바뀐 노칠득을 만난 정식이라면 어떤 생각이 들었을까요? 어떻게 행동했을까요?

'빨갱이'는 누가, 어떤 사람을 일컬어 부르는 말이었을까요?

6~8장 읽어주기

순희가 정식을 멀리하는 이유는 무엇인가요?

- 자신의 과거가 부끄러워서 / 자신의 처지를 생각하면 정식에게 너무 미안해서 / 정식을 받아들이기가 힘들어서

 94쪽. (정식과 노마의 대화 장면)

"누군가는 해야 할 일이야."

"그럼 누군가에게 하라고 해. 꼭 형이 아니어도 되잖아."

"다들 남한테 미루니까 친일파들이 발 뻗고 사는 거야."

"형 없으면 난 어떡하라고!"

이 장면에서 정식과 노마 중 누구의 입장에 더 공감이 되나요? 짝과 함께 서로의 생각을 나누어 봅시다.

9~11장 읽어주기

알리스 가족과 노칠득의 공통점과 차이점은 무엇인가요?

- 공통점 : 자신의 조국을 강제 점령한 침략국가 정부의 부역자로 살았던 점
- 차이점 : 알리스는 잘못을 스스로 뉘우치고 대가를 치르기 위해 조국으로 돌아갈 결심을 한 반면, 노칠득은 잘못에 대한 반성 없이 새로운 권력의 부역자로 신분을 바꾸어 계속 살아감

알리스는 과거를 부끄러워하고 반성하지만 노칠득은 오히려 더 당당하게 살고 있습니다. 그 이유는 무엇일까요?

맛내기

침략 당한 나라에서 해방 이후 정부와 국민들이 침략한 나라와 그에 협력했던 자들을 어떻게 처벌했는지에 따라 인물의 행동이 달라질 수 있다는 역사적 관점에서 이해하도록 안내하면 좋다.

📕 159쪽. '국밥집 일은 없어졌지만 노마가 진짜로 할 일은 따로 있었다.'
마지막 부분에서 주인공 노마가 결심한 '진짜 할 일'은 무엇이라고 생각하나요?

- 열심히 일해서 돈 많이 벌고 멋진 남자가 되어 알리스를 만나는 것
- 형과 순희 누나 대신 노칠득과 친일파에게 복수하는 것

인물이 추구한 '새 나라'에 대해 토의하기

등장인물들이 저마다 추구한 '새 나라'는 어떤 나라인지 인물이 처한 상황과 관련지어 토의해 봅시다.

읽고 나서

- 각자 인물 선택하기 : 정식, 노마, 당숙, 노칠득
- 선택한 인물이 추구한 '새 나라'에 대한 생각을 공책에 쓴다.
- 모둠별로 돌아가며 한 사람씩 의견을 말하고, 다른 학생들은 공감, 보충, 질문, 반대, 새로운 생각 등으로 '의견 보태기'를 하며 토의한다.
- 인물이 추구한 '새 나라'에 대해 공감하는 입장과 그 이유를 이야기하고, 이에 대한 '의견 보태기' 활동으로 전체 토의를 한다.

작가와의 만남 갖기

이 책을 지은 김남중 작가님께 책을 읽고 나서 궁금한 점을 전자우편으로 물어 봅시다.

- 같은 질문이 반복되는 것을 피하고 작품 이해에 도움이 되는 질문을 하기 위해 각자 질문을 만들고 전체 토의를 거쳐 핵심 질문을 고른다.
- 작가에게 전자우편으로 질문하고 보내 준 답장을 같이 읽으면서 자신이 생각한 답과 비교한다.

●아이들이야기

등장인물들이 저마다 추구한 '새 나라'는 어떤 나라인지 인물이 처한 상황과 관련지어 토의해 봅시다.

- 정   식 : 친일파가 처단되고 독립을 열망했던 국민들이 자유와 평화를 누리며 잘 사는 나라 / 권력을 이용한 부정한 방법이 아니라 열심히 일한 만큼 대가를 받는 공평한 나라
- 노   마 : 학생들이 일하지 않고 학교에 다니면서 잘 먹고 살 수 있는 나라 / 전쟁이나 싸움이 없고 평화롭게 가족과 살 수 있는 나라
- 노칠득 : 친일파가 계속 잘 살 수 있는 나라 / 노칠득은 '새 나라'에 대해서는 관심 없고 어떤 수단을 써서라도 자기 자신만 잘 살기만을 바라는 사람이다.
- 당   숙 : 경제적으로 발전하는 나라 / 빨갱이가 없는 나라

이 책을 지은 김남중 작가님께 책을 읽고 나서 궁금한 점을 전자우편으로 물어봅시다. (전자우편으로 주고받은 Q & A)

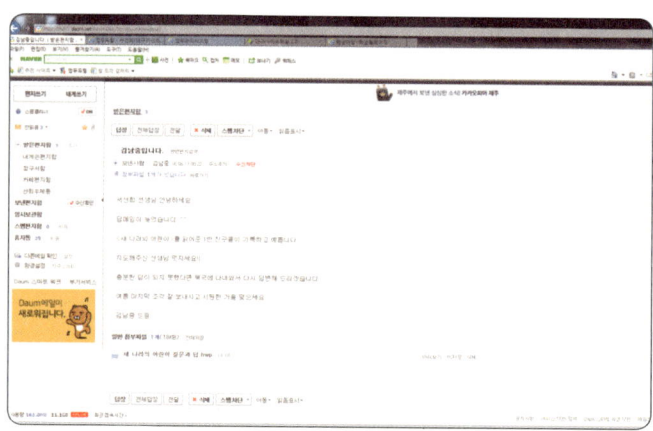

Q1. 작가님께서 『새 나라의 어린이』를 통해 우리들에게 전하고 싶으셨던 것이 무엇인지 궁금해요.

A1. 『새 나라의 어린이』는 희망찬 제목이지만 내용은 슬프고 아픈 이야기입니다. 동화를 쓸 때마다 드는 생각인데 독자들이 책을 읽다가 자기도 모르게 웃음을 터뜨리는 동화를 정말 쓰고 싶어요. 하지만 평생 웃으면서만 살 수는 없어요. 옳지 않은 일에는 화를 내고, 아픈 사람을 보면 같이 울고, 뉘우치는 사람은 용서를 하는 게 건강한 삶이에요.

한 나라의 역사도 인생과 같아서 빛나는 부분이 있으면 어두운 구석도 있어요. 다른 나라를 괴롭히기도 하고 괴롭힘을 받을 수도 있어요. 잘하고 좋았던 부분만 기억하는 게 아니라 힘들고 아팠던 부분을 잊지 않는 게 중요해요. 빛과 그림자는 늘 함께 하니까요.

"역사는 되풀이 된다."라는 명언이 있지요. 우리 역사의 어두운 부분을 제대로 기억하지 못하면 우리는 똑같은 일을 다시 겪을 수밖에 없어요.

독일은 오래전 2차 세계대전을 일으켰던 잘못을 지금도 뉘우치고 있어요. 그래서 우리는 독일을 양심 있고 믿을 수 있는 나라로 생각하지요. 하지만 독일과 같은 편으로 아시아에서 침략전쟁을 일으켰던 일본은 아직도 잘못을 인정하지 않고 있어요. 많은 나라들이 일본을 믿지 못하는 이유가 여기 있어요. 반성해야 용서하고, 용서해야 모두에게 행복한 미래가 올 텐데 우리는 아직 일본의 반성을 제대로 듣지 못했어요. 일본에게 가장 큰 피해를 입었던 우리나라는 일본이 잊지 않고 제대로 반성할 수 있도록 끝까지 도와야 해요.

Q2. 작가님은 왜 이 작품을 쓰게 되셨나요?

A2. 일본이 반성할 수 있도록 우리가 도와야 한다고 앞서 대답했어요. 우리가 도와야 할 대상은 전쟁을 미화하고 반성하지 않는 일본만은 아니에요. (일본 사람 중에는 전쟁을 반대하고 과거를 반성하는 양심적인 사람도 있기는 해요.) 일제 강점기에 수많은 우리나라 사람들이 일본에 빌붙어서 다른 사람들을 괴롭혔어요. 흔히 말하는 친일파들이죠. 친일파들은 해방이 되어서도 벌을 받지 않고 오히려 떵떵거리며 잘 살게 되었어요. 그 이야기는 『새 나라의 어린이』속에 자세히 썼어요.

친일파와 그 후손들은 지금도 잘 살고 있답니다. 일본을 돕는 대가로 받았던 돈과 권력을 하나도 잃지 않았어요. 오히려 더 힘이 세졌다고 할 수 있죠. 그래서 자기들이 했던 잘못을 숨기기 위해서라면 무슨 짓이라도 하고 있어요. 교과서를 바꾸려하고 친일파 청산을 외치는 사람들을 나쁜 사람으로 몰아붙이고 있어요. 돈과 권력이 있으니 역사 정도는 마음대로 뒤흔들 수 있다고 믿나 봐요.

나는 그래서 『새 나라의 어린이』를 썼어요. 일제 강점기에서 오늘날에 이르기까지 친일파들이 어떻게 살아남아 여전히 우리 역사를 뒤흔드는지 바로 알아야 우리가 역사를 바로 세울 수 있기 때문이에요. 친일파들이 반성할 수 있도록 우리가 도와줘야 해요. 친일파들은 우리가 역사를 바로 아는 걸 가장 두려워하고 막으려 하고 있어요. 우리 모두가 역사를 바로 알게 되면 친일파들은 숨을 곳이 없어지고 말아요.

Q3. 제목을 왜 『새 나라의 어린이』라고 지으셨나요?

A3. 『새 나라의 어린이』는 아주 오래된 동요에요. 1945년 해방 무렵부터 불렸으니까요. 가사를 살펴볼까요?

새 나라의 어린이는 일찍 일어납니다
잠꾸러기 없는 나라 우리나라 좋은 나라

새 나라의 어린이는 서로서로 돕습니다
욕심쟁이 없는 나라 우리나라 좋은 나라

새 나라의 어린이는 몸이 튼튼합니다
무럭무럭 크는 나라 우리나라 좋은 나라

'새 나라'라고 하니까 아주 희망차고 밝은 느낌이 들지요? 해방이 되었을 때 우리나라 어린이들도 같은 느낌이었을 거예요. 아이들이 일찍 일어나고 서로 돕는 나라, 몸과 마음이 튼튼한 새 나라를 꿈꾸었겠죠. 하지만 아이들만 일찍 일어나고 서로 돕고 튼튼하다 해서 새 나라가 되는 걸까요? 아쉽게도 해방 직후에는 그런 새 나라를 만들지 못한 것 같아요.

21세기가 된 지금도 우리들은 새 나라를 꿈꾸고 있어요. 서로 서로 돕는 나라, 사람들 몸과 마음이 튼튼한 나라지요. '일찍 일어나는 나라'는 좀 고민해 봐야겠어요. 나는 잠을 푹 잘 수 있는 나라가 좋은 나라라고 생각하니까요. 여러분 생각은 어떤가요? 잠꾸러기가 많은 나라가 좋은가요? 잠꾸러기가 없는 나라가 좋은가요?

어린이들이 행복한 진짜 '새 나라'가 빨리 되었으면 좋겠어요. 더 많이 놀고, 더 많이 웃고, 더 많이 돌아다닐 수 있는 나라 말이에요. 그래서 제목을 『새 나라의 어린이』로 지었답니다.

Q4. 『새 나라의 어린이』뿐만 아니라 작가님의 다른 작품에서도 볼 수 있는데요, 작가님은 역사 속에서 가려진 보통 사람에게 왜 관심이 많으신가요?

A4. 나는 역사에서 가장 중요한 건 보통 사람이라고 생각해요. 수많은 영웅들이 역사책에 이름을 올리지만 역사를 만들고 그 영웅들을 지탱해 주는 건 보통 사람들이니까요. 동화를 쓰면서 그 이름 없는 사람들을 이야기 속에 한 명씩 한 명씩 그려 보고 싶었어요.

그건 아마 나 자신이 보통 사람이라서 그럴 거예요. 어릴 적 『삼국지』나 『초한지』를 읽을 때에도 멋진 영웅들보다 이름 없는 군졸들이 더 눈에 뜨였거든요. 영화로 치면 주인공보다 스쳐 지나가는 엑스트라들이 나랑 비슷하다고 느낀 거예요.

인생이 한 편의 영화라면 어떤 사람도 주인공이 아닌 사람이 없어요. 다만 영화의 종류가 다르고 카메라가 멀거나 가깝다는 차이가 있을 뿐이지요. 역사 속의 보통 사람들 이야기를 쓸 때마다 나는 생각해요. 몇 십 년 뒤엔 나도 바닷가의 모래알처럼 역사 속에 아주 작은 흔적이 될 텐데 누군가 나를 기억해 주었으면 좋겠어요. 내가 동화를 쓰면서 그랬던 것처럼요. 아마 내 책을 읽은 독자 가운데 몇 명은 나를 기억해 주지 않을까요?

Q5. 주인공 정식이를 생각하면 너무 마음이 아파요. 야마다를 혼내 주지 못한 것도 아쉬운데 심지어 정신까지 잃게 되었어요. 마지막 부분에서 꼭 그렇게 하셨어야만 했나요?

A5. 정식이는 힘든 일을 많이 겪었어요. 죽을 뻔했고 복수에도 실패하고 애인을 잃고 나중에는 바보처럼 되어요. 그렇다고 정식이에게 무조건 행복한 결말을 안겨 주기 위해 역사를 거스를 수는 없었어요.

일제 강점기를 거쳐 해방을 맞은 많은 사람들이 정식이처럼 억울한 경험을 했을 거예요. 만약 정식이가 복수도 하고, 애인과 결혼하고, 돈도 많이 벌어 노마와 함께 행복하게 살았다면 『새 나라의 어린이』를 쓸 이유가 없었겠지요.

하지만 정식이가 끝까지 불행하기만 한 건 아니에요. 옳고 그른 것이 일그러진 현실은 정식이를 고생하게 만들었지만 주위에 끝까지 남아준 노마와 순희가 있으니까요. 두 사람은 정식이를 잘 돌봐 주며 함께 힘든 시간을 이겨낼 거예요. 그런 사람들이 우리 할아버지와 할머니들이에요.

아기처럼 변한 정식이는 오히려 행복할거라고 생각해요. 지금까지 고생했던 기억을 잊고 엄마가 되어준 '순희'를 만났으니까요. 언젠가 정식이가 제 정신이 돌아오면 그때까지 돌봐준 순희와 노마에게 더 큰 사랑을 돌려주겠지요.

정식이에게 작가가 너무 잔인한 운명을 안겨 주었다고 생각할지 모르지만 오히려 그것이 작가가 줄 수 있는 가장 큰 선물이었어요. 버텨낼 수 없는 현실을 잠시 잊고 아기가 된 것처럼 사랑하는 사람들과 함께 살 수 있으니까요. 그러니 작가를 너무 못된 사람으로 생각하지는 말아주세요. ㅠㅠ

● 선생님이야기

6학년 1학기 사회는 조선후기부터 현대까지의 역사를 알아 가는 교육과정으로 구성되어 있다. 마지막 단원에서 8·15 광복과 분단의 과정을 알아보는 학습주제가 나오는데 그 내용을 살펴보면 '8·15 광복 이후 우리 민족은 더 이상 일본인들의 횡포를 겪지 않아도 되고 학교에서는 우리말과 한글, 우리의 역사를 배울 수 있게 되었다.(2009 개정 6학년 사회 1학기 교과서 113쪽)'라는 한 문장으로 교과서는 일제강점기에 겪었던 우리 민족의 고통을 모두 해결해 버린다. 사회 수업을 하던 그 시간에 한 학생이 질문을 했다.

"선생님, 친일파는 광복 후에 어떻게 되었어요?"

"어떻게 되었을까요?"

교사인 내가 어설프게 답해 주는 것보다 한 권의 책이 주는 메시지가 더 설득력이 있다고 여겨 김남중 작가의 작품 『새 나라의 어린이』를 소개하고 같이 읽어 보면서 질문에 대한 답을 찾아보자고 권했다.

 아이들은 함께 책을 읽어 가다가 일제 강점기를 지나면서 달라진 게 없는 기득권자들, 친일파에서 친미파로 신분을 바꾸고 나타나서 여전히 큰소리치며 잘 사는 노칠득의 행태를 마주할 때 속이 부글거리고 화가 치밀어 오른다고 했다. 사회 수업 시간에는 일본의 침략행위에 대해서 화내고 속상해 하더니 이 책을 읽고는 친일파가 더 나쁘다며 주먹을 불끈 쥐었다.

 책을 읽고 나서 했던 활동 중에 가장 큰 관심을 보이며 적극적으로 참여했던 것은 단연 '작가와의 만남'이다. 아이들에게 내가 작가님의 전자우편 주소를 알고 있다고 말했을 때 아이들이 놀라워하며 믿기지 않는다는 듯이 진짜냐고 여러 번 확인했다. 아이들이 작가님께 묻고 싶은 질문을 선택하는 과정에서 나도 미처 생각지 못한 질문들이 나왔을 때는 마음속으로 뿌듯해 하며 칭찬을 듬뿍 해 주었다. 함께 책을 읽어 나가는 과정이 결코 쉽지 않았고 간간이 주어지는 활동 시간에도 소극적인 태도를 보이는 아이들이 더러 있어서 책도 건성으로 읽지 않았을까 염려했는데 다행히도 아이들이 써낸 질문들은 그 걱정을 한 방에 날려 주었다.

 우리 아이들이 과거는 지나간 일이 아니라 현재이며 미래라는 것을 이 책을 읽으면서 이해하게 될까? 친일청산 문제, 강제징용이나 위안부에 대한 일본 정부의 진정한 사과와 화해의 문제, 좌파, 우파에서 진보, 보수로 이름을 바꾸어 겪고 있는 사회 곳곳의 갈등 등 현재 우리 사회가 여전히 숙제로 안고 있는 문제에 대해 우리 아이들은 어떤 생각을 갖고 있을까? 지금의 우리 아이들이 꿈꾸는 '새 나라'는 어떤 나라일까?

 더 묻고 싶고 더 듣고 싶었지만 이 질문에 대한 답을 듣기 위해서는 더 많은 시간이 필요하다는 생각이 들어서 작가님께 답장을 받고 잔뜩 들떠 즐거워하는 아이들의 모습으로 끝을 맺고 마무리했다.

 정치와 사회의 문제는 '그 누군가'의 일이지 자신과는 상관없다는 시선으로 방관자처럼 행동했지만 주변 인물들의 삶을 지켜보면서 변화되고 성장한 노마의 모습을 우리 아이들이 다시 한 번 바라보면 좋겠다. 그래서 지금, 그리고 앞으로의 세상에서 방관자가 아닌 참된 가치를 위해 스스로 행동하는 아이들이 되면 좋겠다.

#역사동화 #1948년_서울 #친일파의_역습 #반민특위의_발자취 #정의로운_새_나라
#태국의_포로수용소 #정신대 #빨갱이

생명을 돌보다

#생명 #생명_가득한_땅 #생명_존중
#자연_그대로 #아름다운_자연 #생태계
#환경_오염 #지구온난화 #기후변화 #불편한_진실 #자원고갈
#환경_보호 #늦기_전에_함께_지켜요 #꾸준한_관심
#동물의_자존심 #살아_있는_것은_모두_자존심이_있다
#동물원은_필요한가? #동물쇼 #동물보호법 #동물복지
#구제역 #밀집사육 #친환경_사육

생명을 돌보다

사라지는 물고기

킴 미셸 토프트 글 · 앨러 시더 그림 · 윤나래 옮김 / 다섯수레

모든학년 그림책

● 책이야기

> 꾸준히 관심을 기울이지 않으면 우리는
> 세상에서 가장 아름다운 자원을 잃게 됩니다.
> 기억해 주세요. 물고기가 한 마리 한 마리 사라질 때마다
> 우리 곁에 있는 것들도 하나씩 하나씩 줄어든다는 걸요.

파란 바다 속을 헤엄치고 있는 색색의 물고기 그림 표지가 눈길을 확 끄는 책이다. 표지를 넘기면 여러 빛깔의 푸른 물감들이 서로 엉켜 일렁이는, 깊은 바다 속을 연상시키는 앞 면지가 보인다. 또 한 장을 넘기면 이 책을 만든 이유가 적혀 있다.

작가인 킴 미셸 토프트는 환경 작가로 오스트레일리아의 산호초 해안인 그레이트 배리어 리프를 보호하기 위한 마음을 담아 이 책을 만들었다고 한다. 그레이트 배리어 리프는 오스트레일리아의 북동 해안가를 따라 이어진 세상에서 가장 큰 산호초이다. 그림책의 바다 속 모습은 이곳의 생태를 담았다.

한 장씩 넘길 때마다 물고기는 한 마리씩 줄어든다. 왼쪽 그림은 앞 장의 그림과 이어져 사라지는 물고기를 보여주고, 오른쪽 그림은 다른 종류의 새로운 물고기가 나타난다. 오른쪽 그림의 물고기들은 책을 한 장씩 넘길 때마다 각기 다른 이유로 한 마리씩 사라진다. 그렇게 사라지게 된 이유를 왼쪽 그림 아래에 작은 글씨로 설명해 놓았다. 작살 낚시, 스쿠버 다이빙, 유전, 합성 물질 쓰레기, 살충제 등에 의해 바다 생태계는 점점 파괴되고

마지막 장에는 결국 아무런 생명체도 없는 시퍼런 물만 보인다. 이런 미래를 경고하듯 왼쪽의 바다 그림은 한 장씩 넘길 때마다 크기가 점점 작아진다. 정말 이대로 바다가 줄어들다가 없어질 것만 같아 마음이 조마조마하다.

【『사라지는 물고기』 11과 10 장면 】

열두 마리의 물고기로 시작해 '없음'으로 끝나는 이 그림책은 현실보다 더 오싹하다.

●1학년 수업이야기

1~2차시	3차시
책 읽어주기 ▶	생명 가득한 땅 만들기

흐 름	활 동
읽기 앞서	**그레이트 배리어 리프 알아보기** (그레이트 배리어 리프 사진 보여주며) 바다가 예쁘죠? 세계 최대 산호초 해안인 호주의 그레이트 배리어 리프예요. 산호초가 하는 일은 무엇일까요? • 물고기에게 집이 되어 줘요. / 먹이가 되요. / 니모에서 봤는데 산호초에 물고기들이 알을 낳아요. / 상어가 오면 작은 물고기가 산호초로 피해요. **맛내기** 그레이트 배리어 리프는 사진은 포털 사이트에서 검색한 것을 활용한다.

읽기 앞서	### 표지 읽기 이 산호초가 있는 바다에 이런 물고기들이 살고 있대요. • 물고기가 예뻐요.
읽으면서	### 읽어주기 (12 열두 마리 쪽) 멋쟁이 나비고기들이 있네요. 그런데 잠수부들이 나타나서 (11 열한 마리 쪽) 뭐가 달라졌지요? • 어? 한 마리 없어졌어요. / 열한 마리예요. / 근데 잠수부 나타났는데 왜 물고기가 사라졌어요? **왜 그럴까?** • 잠수부가 물고기를 잡아요. **맞아요. 잠수부들 중에 작살 낚시를 하는 사람이 있대요.**  책의 매 장, 왼쪽 그림 아래에는 생태계 파괴 원인이 작은 글씨로 적혀 있다. 배경 지식이 없을 경우 생태계 파괴 원인에 대해 간단히 추가 설명을 하거나 아이들이 짐작하게 해도 좋다. ⏸ '4 네 마리'까지 읽어주기 이번에는 구실우럭들이 네 마리 남았네요. • 아……. 이제 안 사라졌으면 좋겠어요. / 이러다가 다 사라지겠어요. / 이제 없어지는 거 싫어요. • 여기 바다도 점점 작아져요. / 저러다가 바다도 없어지겠어요. ⏸ '1 한 마리'까지 읽어주기 이제 한 마리밖에 안 남았네. 혼자 남은 쏠배감펭이 외로운 것 같아요. • 설마 저 물고기도 없어지는 거예요? (0 없음) 이젠 아무도 없네요. 텅 빈 바다가 되어 버렸어요.

읽으면서	(마지막 장) 원래는 이렇게 물고기와 산호초들이 가득 찬 바다인데 (다시 앞 장) 여러 가지 이유로 이렇게 아무것도 살지 않는 바다가 될 수도 있어요. • 진짜요? / 그럼 어떻게 되요? 바다의 생명이 모두 없어지면 어떻게 될까요? • 진사람들도 죽을 것 같아요. / 바다를 다시 살려야 되요.
읽고 나서	### 오염된 바다 모습 보기 (여러 가지로 오염된 바다 사진을 보며) 실제로 사람들이 버린 쓰레기, 유조선의 기름으로 바다가 이렇게 오염이 되었어요. • 사람들이 정말 너무해요. / 바다가 온통 쓰레기 천지예요.  포털 사이트에서 '바다 오염'이라고 검색하여 나오는 사진들을 활용한다. 기름에 오염된 바다, 쓰레기로 뒤덮인 바다, 떼죽음 당한 물고기 사진 등이다. ### 생명 가득한 땅 만들기 그럼 우리가 이제 생명이 가득한 땅을 만들어 보아요. 아무것도 없는 땅과 바다에 생명을 듬뿍 불어넣어 볼까요?  • 칠판에 땅을 나타내는 선을 하나 그리고 '0'이라고 표시한다. 여기에 교사가 "아무 것도 없는 땅에 씨앗 하나가 날아왔어요."라고 말을 하며 땅 위에 씨앗인 듯한 점 하나를 찍고 '1'을 표시한다.  • 교사가 시작한 그림에 이어 학생들이 한 명씩 나와 그림을 그리면, 나머지 학생들이 그림에 어울리는 내용의 문장을 말한다. 다음 12까지는 여러분이 생명을 불어넣어 봅시다.

● 아이들이야기

그럼 우리가 이제 생명이 가득한 땅을 만들어 보아요.

1 아무것도 없는 땅에 씨앗 하나가 날아왔습니다.
2 새싹이 두 개 나왔습니다.
3 새싹에서 꽃이 피었습니다.
4 꽃이 커지고 비가 내립니다.
5 꽃에서 나무로 마술처럼 변했습니다. 나뭇잎이 다섯 장 있습니다.
6 나무에서 사과 여섯 개가 열렸습니다.
7 큰 나무에서 포도도 일곱 송이 열렸습니다.
8 나무 위에 벌이 여덟 마리 놀러 왔습니다.
9 가지 아홉 개인 부채나무가 있습니다.
10 나무 위에 문이 10개 있는 집이 생겼습니다.
11 나무에 새집이 있습니다.
12 새가 알을 12개 낳았습니다.

● 선생님 이야기

아침 출근길과 집 앞 화단에서 항상 보는 나무와 꽃이 병에 걸리거나 시들면 슬쩍 마음이 쓰인다. '아이고, 어제만 해도 싱그럽던 나뭇잎들이 어째 하루 만에 구멍이 뚫렸을까…….' 뭘 해 주진 못해도 한 번 더 눈길이 간다.

이 책을 처음 봤을 때 상당히 충격적이었다. 맡은 학급이 1학년이고, 한창 숫자를 가르치고 있을 때여서 물고기 숫자나 같이 세어 볼까 싶어 펼쳐 든 책의 내용에 깜짝 놀랐다. 바다 생태계가 파괴되고 있다는 소식은 가끔 기사를 통해 봤지만 집 앞 화단의 나무처럼 내 옆에 있는 것이 아니어서 그런지 생생하지가 않았다. 그런 나에게 이 책은 바다가 없어지는 모습을 실제로 보여주었다. '아! 이렇게 바다의 온 생명들이 사라질 수도 있겠구나.' 텅 빈 바다 그림과 '0'이란 숫자를 보며 아무것도 없다는 것이 나의 감각에 훅 들어왔다. 순간 오싹했다. 바다에도 땅에도 정말 이렇게 아무것도 없게 되면 어쩌지? 이것을 아이들도 느꼈나 보다. 그림책의 물고기가 점점 줄어들고 숫자가 0에 가까워질수록 아이들도 조바심이 나는지 "선생님, 물고기 진짜 다 없어져요?", "진짜 다 사라져요?"라며 책장을 넘길 때마다 계속 물었다. 결국 '0'이 되었을 때 아이들은 안타까움이 가득한 한숨을 뱉었다.

아이들은 물고기가 한 마리씩 사라질 때마다 "왜 이렇게 물고기가 죽어요?"라며 이유를 궁금해 했다. 책의 왼쪽 아래에 생태계 파괴 원인이 설명되어 있지만 1학년이어서 책에 적힌 대로 모두 설명하지는 못했다. 5~6학년이라면 충분히 함께 이야기 나눌 수 있을 것이다. 책의 구성을 보면 0에서 12까지의 숫자와 물고기 그림이 주된 것이어서 너무 단순해 보이지만 주제가 묵직해서 고학년들과 보기에도 충분하다.

마지막 장, 아무것도 없는 바다를 보고 있으니 가슴이 답답했다. 뭔가 생명을 불어넣고 싶었다. 그래서 아무것도 없는 땅에 씨앗 하나가 날아오게 했다. 그 뒤는 아이들이 생명을 가득 채웠다. 아이들은 친구들이 그리는 그림을 보며 "꽃을 그려.", "새도 날아오게 해."라며 신이 나서 훈수를 뒀다. 멋을 부리며 그리는 그림도 아니고, 생각나는 대로 칠판에 끼적이는 그림이지만 생명을 피워내는 일은 모두가 즐거웠다.

#바다_생태계 #환경_오염 #산호초 #그레이트_배리어_리프 #생명 #실크페인팅

모든학년 그림책

생명을 돌보다

안녕, 아이반

캐서린 애플게이트 글 · G. 브라이언 카라스 그림 · 김율희 옮김 / 다른

● 책이야기

> 쇼핑몰에서 외롭게 살아가는 아이반을 보며 사람들은 화를 내기 시작했어요.
> 아이들과 어른들이 불쌍한 아이반을 위해 편지를 써서 주 정부에 보냈어요.
> 아이반에게 자유를 주라고 외치며 거리를 함께 걸었어요.

중앙아프리카 열대 숲에서 태어난 아기 고릴라가 있었다. 밀렵꾼에게 잡혀 워싱턴의 쇼핑몰, 좁은 우리에 갇혀 산 고릴라는 마침내 사람들의 도움으로 애틀랜타 동물원으로 옮겨지게 된다. 『안녕, 아이반』은 이 고릴라의 실화를 담은 그림책이다.

열대 숲에서 워싱턴으로 잡혀 온 아이반은 사람들의 손에서 아기처럼 키워진다. 아이반이란 이름을 얻고, 옷을 입고, 야구를 관람하고, 침대에서 잠을 잤다. 3년쯤 지나 덩치 큰 고릴라가 되자 사람들은 아이반을 쇼핑몰 우리에 가둬 버린다. 아무것도 없는 좁은 시멘트 우리에 갇힌 은빛 털 고릴라는 27년을 홀로 지낸다. 이런 모습에 분노한 사람들은 워싱턴 정부에 고릴라의 생활환경을 개선해 줄 것을 강력히 요구하고, 아이반은 드디어 정글의 냄새와 소리가 나는 애틀랜타 동물원으로 가게 된다.

『안녕, 아이반』은 모든 학년을 아울러 다양한 관점으로 이야기할 것이 풍부한 책이다. '동물원이 필요할까?', '야생성을 잃은 동물이나 멸종 위기 종은 인간이 보호해 줘야 하지 않을까?', '동물원은 어떤 모습이어야 할까?', '동물 복지란 말 속에서 찾을 수 있는 쟁점은 무엇이 있을까?' 등 주제를 정하는 것에 따라 다양한 수업이 가능하다. 여기에선 1학년 학생들과 함께 동물원의 환경 조성을 주제로 온작품 읽기 수업을 했다.

●1학년 수업이야기

1차시	2차시	3차시
책 읽어주기	대구 달성공원 동물원 사진 보기 세렝게티 국립공원 사파리투어 동영상 보기	새로운 동물원 만들기

흐 름	활 동
읽기 앞서	**표지 읽기** 누가 아이반인 것 같나요? 아이반이 누구에게 안겨 있는 것 같나요? • 아기 고릴라가 아이반이에요. • 엄마 고릴라 품에 안겨 있어요. **예측하기** 아이반이란 아기 고릴라는 진짜 있었던 고릴라래요. 아이반에게 어떤 일이 있었을까요? • 동물원에 있는 고릴라예요? / 고릴라 가족끼리 사는 고릴라 책일 것 같아요. • 엄마 고릴라랑 아기 고릴라의 여행 이야기일 것 같아요.
읽으면서	**읽어주기** ⏸ '어느 날, 무시무시한 밀렵꾼이 아기 고릴라와 다른 고릴라를 몰래 데려갔어요.'까지 읽어주기 고릴라만 살던 정글에 사람이 나타났어요. 밀렵꾼은 고릴라를 어디로 데려갔을까요? • 동물원인가? / 애완동물 파는 곳이요. / 마트 가면 햄스터 팔아요. 마트에 데려갔나요?

	▶️ ' '버마'와 '아이반'이 좋은 이름으로 뽑혔어요.'까지 읽어주기

아기 고릴라가 지내는 모습을 보니 어때요?

- 완전 사람이에요. / 좋아 보여요.

좋아 보여요? 어떤 점이 좋아 보여요?

- 고릴라가 웃고 있잖아요. 맛있는 걸 먹어서 좋은가 봐요.

- 아니다. 동물들은 저런 거 먹으면 죽는다. 우리 집 강아지도 아이스크림 먹고 배 아팠다.

- 동물들은 나무가 많은 숲에서 뛰어 다녀야 해요.

- 그래도 저런 침대에서 자면 좋을 것 같은데…….

▶️ '아이반은 쇼핑몰에 있는 좁은 우리에서 살게 되었어요.'까지 읽어주기

왜 아이반이 쇼핑몰 좁은 우리로 가게 되었죠?

- 너무 많이 먹어서 덩치가 너무 커졌어요. / 집보다 더 커져서 같이 살 수 없어요.

읽으면서

맞아요. 아이반이 너무 커져서 쇼핑몰로 보냈어요. 여기에 대해서 어떻게 생각해요?

- 당연히 너무 크면 같이 살 수 없지요.

- 근데 쇼핑몰이 뭐예요?

큰 마트 같은 곳을 쇼핑몰이라고 해요.

- 근데 왜 쇼핑몰로 보내요? 동물원으로 보내면 되지.

혹시 집에서 동물을 키우다가 다른 데 보낸 적이 있나요?

- 저요. 우리 집에서 개를 키웠는데 엄마가 키우기 싫다면서 이모 집에 줬어요. / 우리 엄마도요. 햄스터, 거북이 전부 옆집에 줬어요.

▶️ '하지만 아이반에게는 돌볼 가족이 없었어요.'까지 읽어주기

아이반이 은색 등 고릴라가 되었어요.

- 아빠가 된 거예요?

그래요. 아빠만큼 크게 되었어요. 그런데 진짜 아빠는 아니에요. 돌볼 가족이 없네요.

- 근데 10년이나 혼자 산 거예요?

읽으면서	10년 동안 혼자서 우리에 갇혀 살았대요. 여러분한테 일주일 동안 방안에만 있으라고 하면 어떨 것 같아요? • 으, 진짜 끔찍해요. • 발로 방문을 쾅쾅 차서 나와야지요. • 우리 방 진짜 작아요. 거기서 일주일이나 어떻게 있어요? 일주일도 견디기 힘든데 10년을 갇혀 산 아이반의 기분은 어땠을까요? • 너무 답답해요. / 정말 끔찍했을 것 같아요. 그런데 10년이 아니래요. 무려 27년을 갇혀 살았대요. ⏸ '이번에 아이반을 데려간 손은 따뜻했어요.'까지 읽어주기 아이반이 또다시 어디론가 떠나네요. 어디로 갈까요? • 정글이요. / 가족들이 있는 곳으로요. 아프리카 밀림으로 가면 좋겠지만 여기로 가게 되었대요. ⏸ 끝까지 읽어주기 아이반이 드디어 밖으로 나왔어요. 초록 잔디밭에 발을 딛었을 때 기분이 어땠을까요? • 아! 정말 좋았을 것 같아요. / 신기했을 것 같아요. ⏸ 아이반이 꽃을 만지고 있는 사진 보여주기 실제 아이반이에요 • 우와. 진짜 있네요. 꽃을 만지고 있는 아이반은 어떤 기분일까요? • 오랜만에 꽃을 봐서 신기해 할 것 같아요. / 밖에 나와서 기분 좋을 것 같아요.
읽고 나서	**대구 달성공원 동물원의 사진을 보고 동물원 환경에 대해 이야기 나누기** 여기 대구에도 유명한 동물원이 있어요. • 달성공원이요. / 저도 가봤어요. 달성공원 동물들 기억나요? • 사자도 있고 코끼리도 있어요. / 독수리도 봤어요.

동물들이 있는 곳이 어땠는지도 기억나요?

- 그냥 우리에 갇혀 있었는데요.

달성공원 동물들을 한번 볼게요. 동물들이 있는 우리 안에 무엇이 있는지 자세히 보세요.

포털 사이트에서 '달성공원'을 검색하여 나오는 사진을 활용한다. 대부분 달성공원에 다녀온 블로거들이 올린 사진들이다. 특별히 사진을 고르지 않고 처음부터 20장 정도의 사진을 순서대로 보여 준다.

- 사자가 누워만 있어요. / 오리가 있는데 물은 하나도 없어요.
- 독수리가 저기에 있어요? 어떻게 날아요? 네이처 파크 가면 새들이 날 수 있는데
- 전부 흙밖에 없어요. / 풀도 없고 나무도 하나도 없어요.

달성공원에 있는 동물들을 보니 어때요?

읽고 나서

- 엄청 더위 보이는데 그늘이 하나도 없어요. / 물도 없어요. 불쌍해요. / 힘이 없어서 누워만 있어요.

세렝게티 국립공원의 사파리투어 동영상 보기

이번에는 다른 나라에 있는 동물원을 볼게요. 아프리카에 세렝게티 국립공원이란 곳이에요.

세렝케티 국립공원 영상은 포털 사이트에서 '걸어서 세계 속으로' 탄자니아 편을 검색하여 5분 정도 보여 준다.

- 이게 동물원이에요? / 이건 동물원이 아니라 그냥 정글인데요.
- 우와 재밌겠다. 사파리 투어예요. 대전에서 해 봤어요.

맞아요. 여긴 동물원이 아니라 그냥 밀림이고 산이고 숲이에요. 동물은 원래 여기 살고 있었고, 사람들이 동물을 보기 위해 동물이 사는 곳으로 찾아간 거예요. 여러분은 달성공원이랑 세렝게티 국립공원 중에 어디를 가고 싶어요?

- (모두) 세렝게티 국립공원이요.

왜 그런가요?

- 달성공원엔 동물들이 누워만 있어요. / 동물이 가만히 서 있어요. 아무것도 안 해요.
- 세렝게티 동물들이 더 멋있어요. / 동물 종류도 더 많은 것 같아요.

사람들은 동물원을 왜 만든 걸까요?

- 동물을 보고 싶어서요. / 사자를 보려면 없으니까 데려와야 해요. / 사자나 호랑이는 위험하니까 동물원을 만들어서 가둬 놓은 거예요.

그럼 우리에 가둬 놓는 동물원 말고, 동물이 보고 싶으면 세렝게티 국립공원같이 동물이 사는 곳에 우리가 찾아가면 안 될까요?

- 그런 곳이 없잖아요. / 있으면 거기로 가지요. / 내가 대전에 있는 동물원에 가 봤는데 비슷해요. 저런 차 타고 구경해요.

새로운 동물원 만들기

읽고 나서

달성공원 동물원이 새로운 곳으로 이사를 한대요. 월드컵 경기장 옆에 새로운 동물원을 만든대요. 달성공원에는 코끼리도 있고, 사자도 있고, 독수리도 있고, 얼룩말도 있어요. 이 동물들이 살게 될 새로운 동물원이 어떤 곳이면 좋겠는지 친구들이랑 이야기해 보고 그림으로 그려 봅시다.

미리 코끼리, 독수리, 사자, 얼룩말 등 달성공원에 있는 동물들의 사진을 출력해 오려 둔다. 사진을 하나하나 칠판에 붙이며 이 동물들이 즐겁게 살 수 있는 환경에 대해 모둠별로 이야기한 후 각자 새로운 동물원의 그림을 그리도록 안내한다.

● 아이들 이야기

달성공원 동물원이 새로운 곳으로 이사를 한대요. 달성공원에는 코끼리도 있고, 사자도 있고, 독수리도 있고, 얼룩말도 있어요. 이 동물들이 살게 될 새로운 동물원이 어떤 곳이면 좋겠는지 친구들이랑 이야기해 보고 그림으로 그려 봅시다.

- 독수리는 우리에 가둬 놓으면 안 돼. 그냥 하늘을 날아다니면 돼.
- 나는 얼룩말이 좋아. 넓은 들판이 있어서 뛰어다닐 수 있어야 해.
- 코끼리도 들판에 있었으면 좋겠어. 물도 있어야 돼. 목욕하는 걸 좋아하잖아.
- 저기 학도 물에 있어야 해. 물고기도 있어야지. 그래야 잡아먹지.
  (그림을 그린 후)
- 선생님, 하늘만 그렸어요. 여기에는 독수리 붙여 주세요.
- 저는요 얼룩말을 생각하면서 그렸어요. 들판이에요.
- 저는요 밤하늘도 그렸어요. 밤이 낮으로 바뀌어요. 여기엔 모든 동물들이 다 살 수 있어요.
※ 지금까지의 아이들 이야기는 1모둠의 대화 내용만 실었습니다.

【함께 만든 새로운 달성공원 모습】

● 선생님이야기

어렸을 때, 달성공원 동물원은 특별한 날 아빠, 엄마와 함께 가는 우리 가족의 나들이 장소였다. 10살 무렵에 본 달성공원의 동물들 모습은 생각이 나지 않는다. 그들이 선명하게 다가온 것은 20대 후반, 남편과 데이트를 하려 달성공원에 갔을 때였다.

왜 하필 하고 많은 곳 중, 동물원을 데이트 장소로 골랐을까. 거의 20여년 만에 찾은 동물원에서 본 동물의 모습은 충격이었다. 흙도 아닌 시멘트 바닥에 우두커니 서서 나를 바라보는 코끼리를 차마 정면으로 마주보지 못해 고개를 돌렸던 기억이 선명하다. 내 키보다 조금 더 높은 새장에 갇힌 채 나무 활대에 앉아 있는 날지 못하는 독수리를 보고선 아무 말도 나오지 않았다. 이 수업을 하기 위해 30대 후반이 된 지금 달성공원 동물원의 모습을 찾아보니 10여 년 전과 전혀 달라진 것이 없었다.

나는 동물원 자체가 폐지되어야 한다고 생각하지만 그럴 수 없다면 그들이 그들답게 살 수 있는 환경이 마련되어야 한다고 본다. 이러한 생각이 수업 중에 아이들에게 너무 강요되지는 않았나 싶다. 이런 주제 중심의 수업에서 주제를 던지는 것 자체가 아이들의 생각을 옭아맬 수 있기에 어떤 장면에서 어떤 발문을 해야 할까 많이 생각했지만 적절했는지 의문이 든다. 어디서 읽기를 멈추고 무슨 질문을 할지, 아이들의 질문에 어떤 답을 해줘야 할지, 후속 활동의 내용은 어울리는지 등에 대한 적절성이다.

아이반이 애틀랜타 동물원에 핀 꽃을 만지고 있는 사진을 보는 순간 여러 가지 감정이 교차하며 울컥 했다. 사람들의 횡포로 30여년을 갇혀 지낸 아이반이 '초록 잔디에 발을 내딛'는 순간 어떤 감정이었을까?

【 『안녕, 아이반』 마지막 장면 】

'평화로운 숲 속 따뜻한 자연의 품에서 어느 고릴라의 삶이 다시 시작되었어요.'

애틀랜타 동물원을 두고 작가가 쓴 마지막 장의 글이다. 과연 그런가? 학생들과 함께 곱씹어 보고 싶었다.

#동물원은_필요한가? #동물쇼 #동물복지 #생명 #인간의_이기심 #자연_그대로

생명을 돌보다

돼지 이야기

유리 글·그림 / 이야기꽃

4-6학년 그림책

●책이야기

> 돼지들에게는 그것이 처음이자 마지막 외출이었습니다.
> ……
> 그 뒤로 몇 년이 지났지만 돼지들의 세상은, 별로 달라진 것이 없습니다.

옅은 눈발이 흩날리는 까만 하늘을 향해 고개를 든 돼지가 보인다. 향긋한 냄새라도 찾았는지 코는 쭉 뻗어 있고 감긴 눈과 다문 입은 희미한 웃음을 띠고 있다.

이 책은 2010년 돼지 구제역 살처분 사태를 흑빛의 파스텔로 그려낸 그림책이다. 책장을 넘길 때마다 공장식 축산 방식이 하나하나 자세히 드러난다. 돼지들은 영문도 모른 채 고통에 내몰리고, 그 아픔이 그림마다 가득하다. 제 뜻대로 몸을 움직이지 못하는 좁은 틀, 새끼를 낳자마자 또 인공수정을 하는 것도 모자라 산 채로 구덩이에 내던져지기까지 돼지들을 위한 배려는 없다. 캄캄한 어둠으로 떨어진 돼지들의 머리 위로 빛이 점점 사라지는 장면에서 슬픔은 극대화 된다.

동물 살처분이 비단 그때뿐이겠으며 구제역 때문 만일까. 돼지·소 구제역과 가금류의 조류독감 등 해마다 반복되는 질병으로 살처분 된 동물들은 2000년 이래로 8천만 마리를 넘었다. 질병 주기는 짧아지고 그때마다 정부는 농가의 허술한 방역 탓을 하며 살처분 외에 별다른 대책을 내놓지 못한다. 얼마 전 OECD에서는 우리나라에 구제역과 조류독감이 자주 발생하는 까닭을 밀집사육이라고 발표했다. 2012년 밀집사육 금지법을 만든 유럽에서는 이후 구제역 발병이 눈에 띄게 낮아졌다.

  책이 알려 주는 것처럼 공장식 축산 방식을 하는 까닭에 의문을 품고 그 원인을 파헤치다 보면 보다 싼 값으로 많은 고기를 만들고픈 생산자와 많은 고기를 싼 값에 먹고픈 소비자에게 닿는다. 그래서 이 책은 아이들이 우리가 먹는 고기가 어떻게 생산되는지 알아보고, 고기를 주는 가축들의 생명권, 나아가 고기를 먹는 습관·문화까지 돌아보게 할 수 있다. 비록 얕은 수준이라 할지라도 동물에 대한 단순한 연민이 아니라 그들을 어떻게 길러야 하는지, 우리의 식습관을 어떻게 바꾸어야 옳은지 생각하는 계기가 되었으면 한다.

● 6학년 수업이야기

1차시	2~3차시	4~8차시
배경 지식 쌓기 책 읽어주기	토론하기	관련 온작품 읽기

흐 름	활 동
읽기 앞서	**배경 지식 쌓기** 고기 좋아하지요? 일주일 동안 얼마나 자주, 얼마나 많이 고기를 먹었는지 떠올려 봐요. 고기를 생각보다 많이 먹고 있지요. 그런데 요즘 고기 먹는 게 께름칙할 때가 있어요. • AI 때문에요. / 조류독감이요. 구제역은 들어봤나요? 알게 된 사실, 생각이나 느낌을 끄적거리며 뉴스를 봅시다.

읽기 앞서	 - 경북 의성 구제역 발생… 돼지 6백 마리 살처분 (YTN 2014.7.23.) https://www.youtube.com/watch?v=3A_l3JdplbU - 구제역 발생 열흘… 살처분 소 1천 400마리 넘어 (연합뉴스TV 2017.2.15.) https://www.youtube.com/watch?v=B1wvE6NJ8GU - 또다시 조류독감 공포 엄습… 추석 앞두고 농가 긴장 (연합뉴스TV 2015.9.17.) https://www.youtube.com/watch?v=bq1ne226P3Y 지금까지 이렇게 살처분 된 동물은 그 수가 얼마나 될까요? 2000년 이후 구제역, 조류독감으로 살처분 된 동물은 8천만 마리가 넘는다고 합니다. 남북한 인구수와 맞먹어요.
읽으면서	### 읽어주기  - 1m 길이의 자 또는 크기를 견줄 만한 상자를 준비하여 돼지 사육장의 크기와 모습을 쉽게 가늠하도록 한다. - 1000만 마리, 폭 60cm, 여섯 달 등 돼지 사육의 실태를 드러내는 수지 부분을 살짝 강조해 읽어 주어도 좋다.
읽고 나서	### 토론하기 책을 읽고 어떤 생각이나 느낌이 드나요? 왜 이런 일이 자꾸 일어날까요? - 저렇게 좁은 곳에 가둬 키우니까 **뉴스를 보며 원인을 생각해 봅시다.**  - '철새는 억울하다'…방역 생활화·사육 문화 바꿔야 (YTN사이언스 2017.1.19.) https://www.youtube.com/watch?v=-bUybNQ7HjE - 밀집사육이 구제역·AI 초래…"축산정책 재검토해야" (YTN 2017.2.19.) https://www.youtube.com/watch?v=unRaMYOkns0

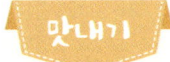

축산법에 따르면 산란계 1마리당 사육시설 면적은 0.05㎡로 A4보다 작다. 종이를 보며 크기를 확인하면 더 실감난다.

유럽연합은 2012년 밀집사육 금지법을 만들었습니다. 이후로 AI 발생이 눈에 띄게 낮아졌다고 하는데요, 우리나라는 어떨까요?

- 법이 없어요.

우리도 밀집사육 금지법을 만들어야 할까요? 만약, 이 법이 만들어진다면 어떤 일이 일어날까요?

- 돼지가 병에 걸리지 않는다. / 더 넓은 공간이 필요하다. / 돈이 많이 들 것 같다. / 고기 값이 비싸진다. / 우리가 고기를 못 먹게 될 수도 있다.

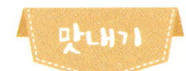

아이들은 생산 비용과 고기 값이 오르는 것은 곧바로 생각하지 못할 수 있다. 이때는 교사가 직접 설명해 주어도 좋다.

읽고 나서

'밀집사육 금지법을 만들어야 한다'는 주제로 토론해 봅시다.

- 모둠 활동판에 찬성/반대 각각의 입장에서 근거를 찾아 쓴다.
- 월드카페 형식으로 다른 모둠에서 이야기한 내용을 공유한다.
- 각자 포스트잇(활동지) 2장에 찬성/반대 입장에서 근거를 쓴다.
- 짝과 찬반을 정하여 1대 1 토론을 한다. 입안과 반박, 반대편 입안과 반박을 번갈아 하되 말할 시간을 1분가량 정하는 것이 좋다. 같은 방법으로 2대 2 토론도 가능하다.
- 각자 자기 입장을 정한 후 표결한다. 더 궁금한 것을 조사하고, 전체 토론을 할 수 있다.

토론하면서 알게 된 점이나 가축 사육 방식에 대한 자신의 생각을 정리하여 써 봅시다.

	관련 온작품 읽기
읽고 나서	「네모 돼지」(김태호, 창비) 읽기
	영화 『옥자』(봉준호 감독) 관람하기

● 아이들 이야기

책을 읽고 어떤 생각이나 느낌이 드나요?

❶ 돼지 사육과 살처분에 대한 느낌
- 구덩이에서 산 채로 죽어 가는 걸 보니 난 사람으로 태어나서 다행이라고 생각했다.
- 내가 돼지라면 정말 무서울 것 같다.
- 돼지들이 살아 있는 채로 생매장이 되어 썩을 때까지 구덩이에 있어야 된다는 게 끔찍하다.
- 돼지가 태어나자마자 이빨과 꼬리가 잘린다는 것을 처음 알아 놀랐다. 아무렇지 않게 땅에 묻어 버리는 것이 너무 잔인했다.
- 돼지의 삶이 이렇게 가혹하고 슬프고 불쌍하고 불행하다.
- 동물들이 이렇게 많이 처분 된다는 것을 알았다. 처분될 때 돼지들이 어떤 기분일까.

❷ 겪은 일 떠올리기
- 내가 자주 가는 슈퍼에 고양이가 있는데 내가 맨날 놀래킨다. 그런데 돼지들이 어이없게 죽는 모습을 보고 고양이를 놀래키지 않아야겠다는 생각이 들었다.

❸ 살처분에 대한 생각
- 구제역이 일어나도 우리나라가 제대로 돌보지 못한 게 아쉽다.
- 돼지들을 처리할 다른 방법을 구하면 좋겠다.
- 제대로 처분이 안 돼서, 처분이라도 제대로 해 줬으면 돼지들이 마지막 가는 길을 편안하게 갈 수 있었을 것 같다.

'밀집사육 금지법을 만들어야 한다'는 주제로 토론해 봅시다.

❶ 찬성 근거
- 동물이 병에 걸리지 않고 건강하게 살 수 있다.
- 사람이 안전하게 고기를 먹을 수 있다.
- 동물이 병에 걸리면 (고기가 적어져서) 오히려 고기 값이 오른다.
- 밀집사육은 잔인하다.

❷ 반대 근거
- 우리가 계속 고기를 먹기 위해서이다.
- 고기집도 장사가 안 된다.
- 밀집사육을 안 해도 구제역이 생길 수 있다.
- 밀집사육이 아닌 방식은 비용이 많이 든다.
 (시설을 고쳐야 하고 고기 값도 비싸진다.)

토론하면서 알게 된 점이나 가축 사육 방식에 대한 자신의 생각을 정리하여 써 봅시다.

- 인간의 입장에서는 밀집사육이 편리하고 비용이 절감되지만 동물의 입장에서는 평생 불편하게 살다가 죽는 것보다 자유롭게 살다가 죽는 것을 바랄 것 같다. 그리고 자유로워서 동물들이 스트레스를 덜 받으면 인간들도 더 건강하고 맛있는 음식을 먹을 수 있을 것이다. 나는 밀집사육을 하더라도 가끔 동물들에게 자유를 주는 것이 좋을 것 같다.
- 동물들에게 미안하지만 밀집사육을 하되, 그 공간을 넓히고 이빨과 꼬리는 자르지 않았으면 좋겠다. 앞으로 고기를 먹을 때마다 감사한 마음으로 먹자는 생각이 들었고 구제역 백신을 빨리 개발하면 좋겠다.
- 우리가 먹는 돼지, 소, 닭 등이 이렇게 힘들게 살다 죽은 건지 알았고 조금 불쌍한 것 같다. 밀집사육을 금지하고 밖에 풀어놓고 동물들이 살았으면 좋겠다. KFC 치킨의 뒷모습이 밤 없는 닭일 줄은 몰랐다. 밀집사육 금지가 안 되어도 그 안이라도 더 넓었으면 좋겠다. 백신도 개발 되었으면 좋을 것 같다.

- 법이 만들어져 밀집사육 농장을 철거하고, 밀집사육을 불법으로 정하고 가축을 방목 사육 했으면 좋겠고 '가축권'을 만들어 주면 좋겠다. '가축권'이란 가축학대×, 밀집사육× 등이다.
- 돼지의 꼬리나 이빨을 자른다는 것은 너무 심한 동물 학대인 것 같다. 동물이 힘들었던 존재임을 알고 소중히 여겨야겠다. 밀집사육을 하는 대신 가축들이 좋아하는 풀이나 진흙 같은 것들로 바닥을 바꾸는 것도 좋은 방법이라고 생각한다. 구제역을 예방하기 위해 시설을 깨끗이 하고 청소도 2배, 3배 늘리고 백신을 만들려고 노력하면 좋겠다. 동물들이 건강하면 좋겠다.
- 사람을 사육한다면 찬성하는 사람은 없을 것이다. 사람은 자유롭게 다니는데 왜 동물은 사육하는 걸까? 사람처럼 자유롭지도 않은데 움직일 수 없기까지 하면 얼마나 불쌍할까? 나는 동물을 사람처럼은 아니더라도 조금은 더 넓혀 줬으면 좋겠다. 또 구제역에 걸려도 낫게 할 수 있는 약을 만들면 좋겠다. 동물은 사람처럼은 안 대해도 되지만 그래도 생명은 있기 때문에 밀집사육은 하면 안 된다.
- 비록 사람의 소비(비용)는 많이 들겠지만, 안전한 고기를 먹고 사람이 행복해질 수 있게 방목 목장을 운영하면 좋겠다. 구제역, 조류독감이 걸리지 않도록 안전하고 쾌활한 목장이면 좋겠다. 그리고 앞으로 동물을 보면 감사한 마음으로 봐야겠다.
- 이 토론을 하고 나서 우리가 먹는 동물들에게 많이 미안해진다. 이제부턴 고기를 자주 먹지 않고, 동물에게 고마워하면서 먹어야겠다. 밀집사육을 하지 않고 자유롭게 동물을 키웠으면 좋겠다. 그래야 동물도, 사람도 피해가 덜할 것 같다.
- 동물 같은 생명을 마구잡이로 대하는 거 같다. 앞으로는 동물이라도 소중한 생명이니 농장을 크게 만들어 자유롭게 뛰어놀게 했으면 좋겠다. 그리고 빨리 백신이 개발되었으면 좋겠다. 구제역에 걸려도 백신으로 치료할 수 있기 때문이다.
- 우리가 먹는 동물 고기를 우리는 그냥 먹었지만 동물들에게 많은 고통이 있었다는 걸 알았다. 앞으로 고기를 먹을 때 동물한테 고마운 마음으로 먹어야겠다. 동물을 풀어 놓으면서 키우면 좋겠다.
- 구제역이라는 병이 무섭고 우리가 많이 먹는 돼지가 너무 불쌍하게 길러지고 있어서 충격이었다. 돼지와 닭 같은 동물을 좀 더 넓은 곳에서 키우고 쾌적한 환경에서 키우면 좋겠다. 이렇게 하면 소비자도 안심하고 사서 먹을 수 있기 때문이다.

영화 『옥자』 보고 나서 이야기한 것

- 끝이 뭔가 아쉬워요. 확 다 풀어줬으면 좋겠는데. (교사: 미자가 할 수 있는 일이 아니잖아?) 미자가 할 수 있을 것 같아요.
- 돼지가 죽는 장면이 넘 넘 ……. 흐윽. 이렇게 잔인한 걸 보여줘요?
- 우리가 먹는 고기가 그렇게 오다니…….
- 우리나라에도 블랙초크 같은 게 있어요?(*블랙초크는 미란도 기업의 하청 사설 경호업체로 동물해방전선 운동가를 무력으로 저지한다.)
- 말하기 어려울 정도로 재밌어요.
- 생각보다 스릴 넘치지 않았어요! (미란도 기업을) 그대로 두면 안 되지!
- 재밌어요. (교사: 고기 먹고 싶은 생각이 뚝 떨어지니?) 고기 더 먹고 싶어요……. 피식
- 낭떠러지에 미자가 떨어졌을 때 옥자가 구해 주는 장면이 생각나요.

●선생님이야기

　생각보다 고기를 많이 먹고 있다는 사실에 놀라고, 사육장의 크기에 놀라고 돼지들에게 가혹한 처사에 놀라고, 아직도 변화 없는 세상에 놀라고, 그러면서도 고기는 계속 먹어야겠다는 자신들에게 놀랐던 시간이다.

　앞표지와 뒤표지에 걸쳐진 돼지의 부드러운 등허리를 보며 우스갯소리 하던 아이들은 사라지고 한 장 한 장 넘길 때마다 한숨을 내뱉었다. "돼지들에게는 그것이 처음이자 마지막 외출이었습니다."에서 가장 강렬하게 안타까워했다.

　사육 시설을 넓히고 동물에게 친근한 환경으로 기르면 고기 값이 비싸져 지금처럼 자주 먹지 못한다는 말에 아이들은 눈을 동그랗게 떴다. 턱을 괸 채 심각하게 고민하는 아이를 보니 이 문제는 꼭 한 번은 짚고 가야 하는 것이었음을 확실히 깨달았다. 밀집사육 금지법에 대해서는 처음에는 찬반 의견이 비슷하더니 마지막에는 15대 4로 찬성이 많았다.

　마침 영화 『옥자』(봉준호 감독)를 상영하는 곳이 대구에 있어 아이들과 같이 보러 갔다. 『돼지 이야기』를 보듯 『옥자』를 보면서도 한숨과 안타까운 탄성이 터졌다. 그러면서도 어떤 아이는 고기는 포기 못하겠다고 한다. 영화 속 슈퍼 돼지를 생산하는 기업가 루시 미란도가 말한 것처럼 고기는 "맛있으니까." 그 마음을 어찌 모를까. 다만 이 시간이 동물에 대한 단순한 동정을 넘어 생명에 대한 존중과 함께 동물 복지를 생각하고 우리의 식습관을 점검하는 작은 발걸음이 되기를 바랄 뿐이다.

#구제역　#살처분　#밀집사육　#동물복지　#친환경_사육　#육식을_줄여야_한다

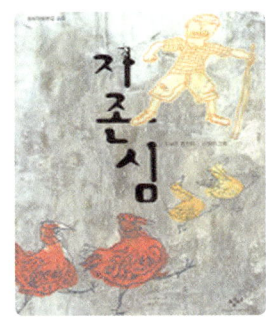

5-6학년 단편동화

생명을 돌보다

자존심

김남중 글 · 이형진 그림 / 창비

● 책이야기

> 우리는 친해지기 위해 꺾어야 할 고집이라고 생각했는데
> 딱따구리로서는 목숨을 건 싸움이었나 보다.
> 우리 쪽에서 보면 실패한 장난일 뿐이지만 딱따구리에게는 온 식구가 죽어 버린
> 슬픈 일이다. 야생 딱따구리는 제 뜻대로 살거나 아니면 죽을 뿐이라는 걸
> 우리는 너무 늦게 알았다.

『자존심』은 다양한 나이대의 인물들이 동물과 겪었던 특별한 일을 7편의 짧은 이야기에 담고 있다. 각각의 이야기는 저마다의 매력으로 눈길을 끌지만, 모든 이야기가 동물이 스스로 동물답게 살아가고자 하는 의지, 곧 동물의 자존심을 말하고 있다. 그래서 막연히 동물을 사랑하고 보호해야 한다고 말하는 것보다 훨씬 묵직하고, 그 여운이 오래 간다.

표제작 「자존심」은 사람에게 길들여지기 싫어하는 딱따구리와 그런 딱따구리를 끝까지 꺾으려다 도리어 후회와 죄책감을 지게 된 인물의 이야기이다. 공간 배경이 군대이고, 인물들이 모두 성인이라 아이들이 읽기에 다소 불편할 수 있다. 그렇지만 아이들은 숨죽이며 딱따구리의 사투에 마음을 기울이고, 어미 딱따구리가 죽었을 때 안타까운 소리를 뱉어 낸다. 목숨을 잃을지언정 야생을 버리고 길들여지지 않겠다는 딱따구리의 자존심이 마음과 마음으로 고스란히 아이들에게 전해지는 순간이다.

김남중은 작가의 말에서 '살아 있는 것은 모두 자존심이 있다.'고 하였다. 이 책은 아이

들로 하여금 동물들도 자기가 지키고자 하는 것과 자기만의 삶이 있다는 것을 알게 해 주는 작품이다. 자신을 귀하게 여기는 만큼 다른 생명을 대접하며 생명을 지닌 것과 함께 살아가는 방법을 배우는 것이 우리 삶을 더 풍요롭게 하리라 믿는다.

●6학년 수업이야기

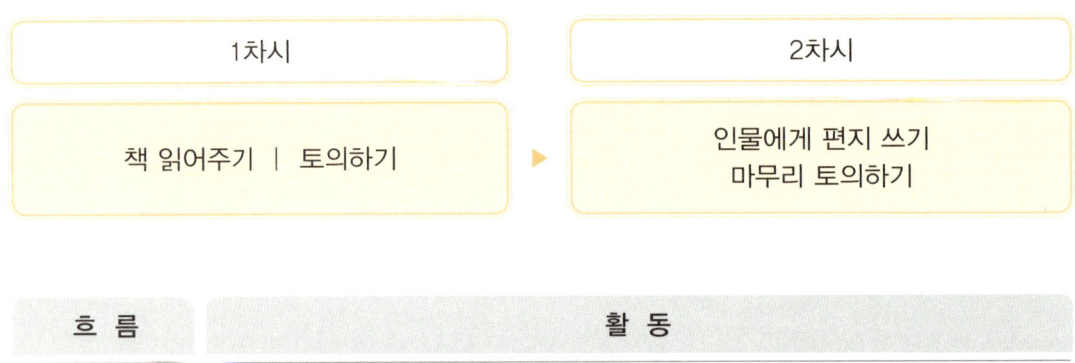

흐름	활 동
읽기 앞서	### 겪은 일 이야기하기 누군가가 '자존심이 있다'고 할 때 어떤 생각이 떠오르나요? '자존심'은 어떤 말과 비슷한가요? • 고집 세다. / 쓸데없이 고집 피운다. / 지기 싫어한다. / 다른 사람에게 얕보이고 싶지 않다. 동물에게도 자존심이 있는 걸 본 적 있나요? • 있을 것 같아요. / 고양이에게 자존심 많아요. / 옥상에 있는 고양이가 불쌍해서 우유를 줬는데 안 먹어요. / 강아지 두 마리를 키우는데 한 마리만 예뻐해 주면 다른 한 마리가 짜증을 내요. ### 표지 읽기 무엇이 보이나요? 이 책은 동물의 자존심에 대한 이야기 7편을 모은 책입니다. 그 중 한 편을 함께 읽도록 하겠습니다.

읽어주기

⏸ 88쪽. '~이성진 병장과의 첫 만남이었다.'까지 읽어주기

군대 계급과 분위기에 대해 알고 있는 것을 말해 볼까요?

⏸ 90쪽. '~찾아다니다 보니 생각보다 쉽게 답이 나왔다.'까지 읽어주기

'저놈'은 무엇일까요?

⏸ 91쪽. "~내일부터는 수색이다."까지 읽어주기

이 병장은 어떤 사람인가요? 지금까지의 말과 행동으로 알 수 있는 이 병장의 성격은?

- 예민하다. / 이기적이다. / 자기 마음대로 생각한다.

⏸ 93쪽. '~어떻게 잡을까 궁리하는 게 분명했다.'까지 읽어주기

이 병장이 이렇게 딱따구리를 잡으려고 하는 까닭은 무엇인가요?

- 잠자는 걸 방해하니까. / 딱따구리를 없애고 싶어 해요.

읽으면서

⏸ 95쪽까지 읽어주기

이 병장이 딱따구리를 잡아온 까닭은 무엇이었나요?

- 애완동물로 하려고요. / 심심해서 그랬어요. / 심심할 때 괴롭히려고 / 화풀이 대상

⏸ 98쪽. '~사람이 딱따구리한테 질 수는 없었다.'까지 읽어주기

딱따구리는 지금 음식을 거부하고 있어요. 왜 그럴까요?

- 자존심 때문에요. / 내가 너 따위에 잡혔다는 자존심 때문에
- 단식 투쟁

딱따구리가 지금 온몸으로 말하고 있는 것은 무엇인가요?

- 풀어 달라.

토의하기

⏸ 100쪽. '문 상병이 ~ 이 병장은 아무 말이 없었다.'까지 읽어주기

딱따구리가 죽음을 선택한 건가요? 어쩔 수 없이 죽은 건가요? 왜 그렇게 생각하나요?

- 죽음을 선택했다. 인간한테 굴복하지 않겠다고 음식을 안 먹었으니까.

딱따구리가 죽음을 택한 데 대한 내 생각을 친구들과 이야기해 봅시다.

읽으면서

각자 자기 생각을 포스트잇에 적고 모둠 친구들과 이야기한다. 그리고 칠판에 포스트잇을 붙이는데, 이미 붙은 내용과 비슷하면 그 아래에, 다르면 옆으로 붙이도록 하여 자연스럽게 서로의 생각을 나누도록 한다.

끝까지 읽어주기

인물에게 편지쓰기

딱따구리에게 지키고픈 자존심은 무엇이었나요?

이 병장의 자존심은 무엇이었나요?

이 병장에게 해 주고 싶은 말을 떠올려 편지를 써 봅시다.

읽고 나서

마무리 토의하기

'자존심'이란 무엇인가요?

책을 읽고 든 생각이나 느낌, 궁금한 점을 이야기해 봅시다.

●아이들이야기

딱따구리가 죽음을 택한 데 대한 내 생각을 친구들과 이야기해 봅시다.

- 그 어려운 상황에서라면 나라도 죽었을 것이다. 그래서 나는 이해한다.
- 딱따구리는 자유를 원했던 것 같다.
- 딱따구리의 죽음은 안타깝다. 자연환경, 자유도 없는 곳에서 죽었기 때문이다.

- 딱따구리는 자신의 길을 따라 죽었다. 마이웨이
- 딱따구리가 죽을 수밖에 없었던 이유는 이 병장이 딱따구리를 자신의 부하처럼 부리는 게 싫었던 것이고 자신의 새끼까지 죽으니까 자기도 더 이상 먹기 싫고 이 병장도 더욱 싫어져서 죽은 것 같다. 딱따구리가 자유도 찾지 못하고 새끼도 잃어서 슬프다.
- 슬프다. 딱따구리는 자신의 환경에서 살아 가야 되지만 그것을 포기해야 돼서, 밥도 먹지 않고 죽어야 돼서 슬프다.
- 딱따구리가 불쌍하다. 자신이 살던 곳을 벗어나고 자유롭게 살지도 못해서 죽음을 선택할 정도로 슬펐던 것 같아서.
- 스스로 죽음을 선택했다. 충분히 먹고 살 수 있었는데 죽은 게 불쌍하다.
- 새와 새끼들이 자유롭지 못하고 새장에 갇혀 있고 새끼들도 죽어서 불쌍하다.
- 자기의 환경과 사람들의 환경이 맞지 않아서이다.
- 행복한 삶을 살지 못해서, 새끼들을 못 지켜 준 죄책감 때문에 죽었다.
- 자식을 잃은 슬픔을 못 이겨 죽은 것 같다. 이해한다.
- 새끼가 죽고 그 죄책감과 슬픈 마음으로 스스로 죽은 것이다.

이 병장에게 해 주고 싶은 말을 떠올려 편지를 써 봅시다.

- 이 병장! 자존심 때문에 소중한 걸 잊지 마. 딱따구리에게 소중한 것이 있고, 너에게도 소중한 것이 있어. 그냥 사람들에게 너의 생각을 (솔직히) 말해.
- 안녕하세요, 이 병장님. 저는 말년 이 병장님의 이야기를 들은 후 이 병장님이 나쁘게만 느껴지지는 않았어요. 물론 이 병장님이 최고참인 걸 알지만 딱따구리도 생명이에요. 이제부터는 이 병장님이 남의 생각을 해 보며 행동을 해 주셨으면 해요. 평생 딱따구리를 미안해 하며 살 것 같네요. 힘내세요.
- 이 병장님께. 딱따구리가 살기 위해 나무를 파는데 그걸 시끄럽다고 잡아 오시면, 동물도 목숨이 소중한데 그러시면 안 됩니다. 그리고 신입들도 그만 좀 괴롭히세요. 저도 몇 년 뒤 쯤 군대 갑니다. 병장님처럼 나쁜 사람이 있으면 화나서 죽을 것 같아요. 그럼 이만!
- 안녕 이 병장? 나는 처음 니가 딱따구리를 잡으려 하고, 잡아서 놓아 주려고 하지 않았을 때 이해가 되지 않았어. 너한테는 장난일 수 있겠지만 딱따구리한테는 장난이 아니잖아.

그래도 니 잘못을 안 것 같아서 다행인 것 같아.
- 이 병장에게, 잘 때 시끄럽다고 딱따구리를 잡아서 새장에 가둬 두지 않았으면 좋겠습니다. 왜냐하면 동물들은 자연에서 자라나야 되는데 이병장이 생활하는 곳에서 잘 자라날 수 없습니다. 이 세상 사람들이나 환경, 동물들은 자유를 가질 권리가 있습니다. 그런데 새장에 가둬 놓으면, 딱따구리의 자유가 없습니다. 그러므로 아무리 잠을 못 자도 딱따구리를 보호해 주셨으면 좋겠습니다.
- 이 병장이 왜 딱따구리를 그렇게 대하는지 이상하게 생각했어요. 그런데 마지막에 잠꼬대로 딱따구리에게 "미안해"라고 하니 살짝은 이해가 갔어요.
- 안녕하세요, 이병장님. 왜 잠을 못 자는 이유가 딱따구리 때문이라고 생각한 건가요? 잠을 못 잔 것이 낮잠 때문이라는 생각을 할 수 있는데 그 집착 때문에 살아 있는 생명을 죽여 버렸어요. 처음 새끼 2마리가 죽었을 때 풀어 줄 수도 있었는데……. 다음부턴 조금 더 생각을 하고 실행을 하는 것이 좋을 것 같아요.
- 이 병장님, 딱따구리를 놓아 주자는 병사의 말을 듣지 않고, 계속 내버려 두었다가 딱따구리를 죽게 만든 것은 잘못이지만 딱따구리를 잘 알지 못해서 그러므로 너무 힘들어 하지 말고 이제부터 동물들을 아끼세요.
- 이 병장 아저씨, 생명은 누구도 함부로 할 수 없는 거예요. 밥 안 먹는다고 던질 필요가 있었을까요? 누군가가 아저씨를 혼자 방에 가둬 놓고 밥도 마음대로 주는데 누가 순순히 받아먹어요. 앞으로는 생명을 소중하게 여기시며 사세요.
- 자존심 때문에 생명을 버려서 되게 나쁜 사람이라고 생각했는데 밤에 잠꼬대로 미안하다고 다 자기 잘못이라고 하는 것을 보니 나쁜 사람은 아닌 것 같아요. 앞으로는 갈구지 말고 다른 사람이나 동물을 존중하며 살았으면 좋겠어요.

'자존심'이란 무엇인가요?

- 목숨과도 같은 것이다.
- 내가 가진 필요한 감정 중 나를 내세우는 것
- 나를 나타내는 것이다.
- 자기 존경심
- 자기 자신을 존경하며 자신을 나타내는 것. 굴복적인 것을 시켜도 하지 않는 것
- 상대방이 빌려주는 물건을 받지 않고 그냥 묵묵히 해 나가는 것
- 자신의 마지막 희망
- 자기가 존재하는 이유와 굴복하지 않는 마음(현혹되지 않는 마음)
- 동물이 가지고 있는 자신의 생각을 표현하는 것
- 남에게 약해 보이기 싫은 것
- 자신의 고집
- 굳이 고집을 피우는 것, 쓸데없는 고집
- 윗사람의 특권

책을 읽고 든 생각이나 느낌, 궁금한 점을 이야기해 봅시다.

❶ 인물에 대한 생각
- 죽을 만큼 그 자존심이 소중했나?
- 이 병장이 쓸데없는 자존심을 내세웠다.
- 서로의 자존심이 너무 크면, 둘 다 상처를 입기 마련이다. 딱따구리의 굴복하지 않겠다는 자존심과 병장의 굴복시키겠다는 자존심이 서로 죽음과 상처를 주지 않았을까?

❷ 인상 깊은 장면
- 이 병장이 딱따구리에게 다 내 잘못이라고 잠꼬대를 한 게 인상 깊다.
- 딱따구리가 단식 투쟁하는 부분이 인상적이다.
- 딱따구리가 죽었을 때 가장 인상 깊었다.

- 이 병장이 잘못했지만 딱따구리에게 사과하는 장면은 감동적이었다. 마지막에 이 병장이 하는 행동이 인상적이다.

❸ 궁금한 점
- 딱따구리 새끼들은 사람들이 음식을 줄 때 어떤 기분이었을지 궁금하다.
- 만약 딱따구리가 사람이 주는 먹이를 먹으면 이 병장은 잘 잘 수 있었을까?
- 이 병장은 왜 속으로만 딱따구리에게 미안해 하고 있었을까?
- 진심을 담아 딱따구리를 키우려고 한 건가?

❹ 작가의 메시지
- 때로는 사람이 자존심을 꺾어야 할 때도 있다.
- 야생동물에게 먹이를 주지 말라. 복종을 강요하지 말라.

●선생님이야기

책이 나온 지 10년이 넘었다. 그 동안 작가는 동물과의 특별한 이야기를 몇 권 더 출간했다. 이 외에도 동물에 대한 이야기는 차고 넘친다. 그럼에도 이처럼 짧고 강렬하게 아이들의 마음을 파고드는 이야기는 드물다. 책을 여러 아이들에게 읽어 주었지만 하나같이 딱따구리의 죽음에 조용해졌다. 그리고 딱따구리가 온몸으로 표현한 꼿꼿한 자존심에 존경을 드러냈다.

사실 사람들과의 관계에서는 자존심을 내세우다 피해를 입는 경우도 종종 있다. 그래서 '쓸데없는 고집'이라느니 '목숨이 중하지, 그깟 자존심이 중하냐.'고 말하기도 한다. 그렇지만 동물과의 관계에서처럼 어느 한 쪽이 우월하게 높은 지위를 차지할 때, 높은 지위에 있는 자는 상대방을 쉽게 여기며 자기 마음대로 하려고 한다. 이 병장이 신병에게, 그리고 딱따구리에게 그랬던 것처럼 알게 모르게 복종시키려고 하는 마음 말이다. 작은 동물에게조차 자기 뜻으로 살아가고자 하는 의지가 있는데, 이 짧은 이야기로 한번 쯤 내 곁의 동물과 여린 친구들에게 따스한 존중의 말을 건네 본다면 좋겠다.

한편, 올해 아이들은 지금까지와는 사뭇 다른 반응이 많았다. 딱따구리의 자존심에 감동하기도 하고, 이 병장을 잘못됐다고 말하기도 했지만, 딱따구리가 쓸데없는 자존심으로 목숨을 잃는 것은 어리석은 고집이라는 말도 많이 나왔다. 자신이 이런 상황이라면 그냥 시키는 대로 할 것 같다는 아이들은 사람과의 관계에서도 자신의 주장을 쉽게 접는 성향을 보였다. 그래서 두루두루 잘 지내는 건지도 모르겠지만, 그렇다 해도 아이들의 마음 깊은 곳에 차마 건드려선 안 되는 자존심이 없을 리 없다. 그리고 어느 정도까지는 양보할 수 있다고 마음 먹는 것도 그 아이의 자존심일 것이다. 아이들이 좀 더 자라서 자기 내면의 자존심을 스스로 깨닫게 될 때 이 「자존심」을 기억하고 되새겨 본다면 지금과는 다른 의미로 자리할 것 같다.

#살아_있는_것은_모두_자존심이_있다 #동물의_자존심 #생명_존중

부록

온작품 읽기 Q&A

Q1. 온작품 읽기가 무엇인가요?

온작품 읽기는 쪼개어진 작품이 아닌 통으로 된, '온전한 작품으로 수업'하는 것을 말해요. 이때 '온'은 전체 또는 완전함을 뜻하며 '작품'은 책(동화, 시, 그림책 등 책의 꼴을 갖추고 있는 것)뿐만 아니라 연극, 영화, 만화, 삶이 모두 포함 되어요. 이런 온작품은 작품 전체의 느낌을 오롯이 느끼게 해주며 갈래, 주제, 지식, 활동을 얼마든지 통합해 수업할 수 있어요. (참고 : 『삶의 이야기판을 펼치는 온작품 읽기』, 『이야기 넘치는 교실 온작품 읽기』)

Q2. 온작품 읽기를 왜 해야 하나요?

수업을 하다 보면 가르칠 것이 너무 많아 숨이 찰 때가 있지요. 성취기준은 왜 이렇게 개연성 없이 쪼개져 있나 한숨이 나올 때도 많아요. 교과서는 이야기 중간 토막을 잘라 실어놓고 흉내 내는 말을 찾으라고 하곤, 뒷 단원에 가니 작가가 누군지도 모를 글을 읽어보고 일어난 일을 정리하래요. 이럴 때 '『오소리네 집 꽃밭』을 함께 읽고 흉내 내는 말도 찾고 일어난 일도 알아보면 안 되나?' 하는 생각이 들지요.

이렇게 질 좋은 온작품으로 교재와 내용을 구성해 적합한 방법으로 수업을 하면 아이들은 수업 내용뿐만 아니라 통으로 된 작품에서 오는 감동까지 맛 볼 수 있어요. 우리 모두 그 정도의 수업 구성 능력은 있잖아요? 온전한 삶이 들어 있는 온전한 작품을 맛보며 우리 아이들이 조화로운 삶을 살 수 있게 도와줘요.

Q3. 온작품 읽기를 하기 위해 선생님이 준비해야 하는 것이 있나요?

온작품 읽기를 하다보면 아이들의 예상하지 못했던 질문, 깜찍한 발상, 아이들의 사생활이 툭툭 튀어 나올 때가 많아요. 이런 것이 온작품 읽기의 재미이기도 하니 모든 돌발 상황을 넉넉히 품겠다는 마음이 있으면 좋겠지요. 주제 중심의 온작품 읽기 수업이라면 그 주제에 대한 충분한 지식도 갖추어야 할 것이고요, 작품을 미리 꼼꼼히 읽어 끊어 읽어 줄 곳, 발문 내용, 활동 내용도 준비해야 해요. 교육과정 속에 온작품 읽기를 녹일 것이라면 교육과정 재구성도 학기 초에 해 놓으면 좋아요. 이 모든 것을 다 떠나서 온작품 읽기를 하다 보면 나의 가치관과 아이들의 가치관, 책 속 인물의 가치관이 서로 엉키는 것을 느낄 때가 있어요. 그것을 안을 마음의 준비를 하시면 됩니다.

Q4. 온작품 읽기 책은 어떻게 선정하는 것이 좋을까요?
책을 고르는 특별한 방법이 있나요?

온작품을 선택할 때는 학생들이 아무런 제한 없이 책을 고를 수도 있고, 선생님이 정해주는 범위 안에서 고를 수도 있지만, 온작품 읽기로 수업을 할 경우 선생님이 책을 고르게 되지요. 이때 무슨 책을 골라야 할까요? 평소 아이들 책을 많이 읽어두고 나만의 목록표를 작성해 두는 것이 가장 좋지만 그러려고 해도 매년 수천 권씩 쏟아지는 책을 다 읽을 수도 없어요. 그럴 때 찾게 되는 것이 권장도서 목록인데요, 웬만한 규모가 되는 도서관이나 출판사는 모두 자체의 권장도서 목록집을 펴내요. 그리고 전국초등국어교과모임이나 어린이도서연구회, 사서협회 등 책과 관련된 단체에서도 권장도서 목록을 만든답니다.

'나는 검증된, 유명한 책부터 읽고 싶다.'라는 마음이시면 어린이 책과 관련된 이론서나 평론집, 책을 이용한 수업 사례집을 읽어보세요. 그 속에는 작가, 출판사, 나라, 시대를 통틀어 읽어볼 만한 책들을 많이 소개하고 있어요. 그 책들부터 읽어 가시면 어린이 책 공부도 되고, 흔히들 '양질'이라고 하는 책도 많이 읽을 수 있어요.

'나는 신간 위주로 읽고 싶어요.' 하는 분들은 서점의 신간코너를 정기적으로 가보셔도 되지만, 막상 가보면 신간 서적의 양도 어마어마해서 무엇을 읽어야할지 모를 때가 있어요. 그럴 땐 어린이책과 관련된 잡지(계간지나 월간지)를 보셔도 도움이 되요. 『어린이와 함께 여는 국어교육』이나 『창비어린이』, 『어린이와 문학』, 『동화 읽는 어른』 등에는 신간 소개와 광고, 서평 등이 많이 실려 있어 큰 도움이 된답니다. 오픈키드(열린어린이)에도 출판사를 가리지 않고 다양한 책의 서평이 올려져있고, 책 관련 팟캐스트에서도 책에 대한 정보를 많이 얻을 수 있어요.

이렇게 읽은 책은 아이들과 함께 지내는 일 년을 시기별로 나눠 살펴보면 좋아요. 학기 초에 가장 먼저 고르는 책은 친구를 주제로 하는 책이면 좋겠지요. 아이들에게 가장 중요한 문제는 친구 관계이니까요. 아이들 모두가 줄거리를 쉽게 이해할 수 있는 그림책부터 몇 권 같이 읽으며 아이들의 어휘력과 경험의 폭을 파악해 다음 책을 골라요. 쉽게 읽을 수 있는 그림책이나 단편은 학급의 갈등을 겉으로 드러내고 마음의 근육을 튼튼히 할 가치관이 담겨 있으면 좋아요. 학기 말에는 교육과정과 연계할 수 있는 장편을 골라 다양한 활동과 함께 아이들의 삶 전반에 대해 이야기 나눌 수 있게 계획한다면 책 읽는 힘도 기르고 교육과정도 알차게 진행할 수 있어요.

이렇게 많은 책을 읽어내려면 혼자 보다는 여럿이가 좋답니다. 전국초등국어교과 모임도 지역 모임이 있고, 책과 관련된 선생님 모임도 주변에 많아요. 아니면 내가 모임을 만들어도 좋고요.

Q5. 그렇게 고른 책을 선생님이 다 읽어 줘야 하나요? 책을 읽는 방법이 궁금해요.

그림책이나 단편동화라면 선생님이 충분히 읽어줄 수 있지만, 중·장편동화일 경우 벅찰 때가 있지요. 그렇지 않더라도 아이들 스스로 읽으며 깊이 음미했으면 하는 부분도 있지요.

가장 기본적인 방법은 선생님이 읽어 주기예요. 장편이라도 하루에 다 읽어주는 것이 아니라, 하루에 한 장씩 읽어주면 열흘 정도면 다 읽어줄 수 있어요.

두 번째는 혼자 읽기예요. 학생 스스로 정해준 부분을 읽는 거예요. 자유롭게 읽으라고 할 수도 있지만 선생님이 "~부분 밑금 치며 읽으세요.", "~부분을 찾으며, 또는 생각하며 읽으세요."라고 과제를 줄 수도 있어요.

세 번째는 함께 읽기예요. 짝끼리 또는 모둠끼리 한 쪽 정도씩 서로 읽어 주는 거예요. 긴 책을 혼자 읽기 어려워하는 학생이 작품을 끝까지 읽을 수 있게 도와주는 읽기 방법이에요.

장편 같은 경우는 수업 계획 단계에서 어느 부분을 어떤 방법으로 읽으면 효과적일지 생각하신 후 읽기 방법을 미리 계획해 놓으시면 좋아요.

Q6. 아이들이 함께 책을 읽는다면 책이 많이 필요할 텐데요, 학급 아이들 수만큼 책을 모으는 방법이 있나요?

선생님께서 책을 읽어 주실 때는 한 권이면 되지만 함께 읽기를 할 경우 복본이 필요하지요. 가장 좋은 방법은 학기 초 학교 도서관에서 새 책 구입을 할 때 30권 정도 한 반 분량의 복본을 구입해 두는 거예요. 두고두고 볼 만한 책은 선생님이 사 놓는 것이 가장 편해요. 학급운영비나 교사 공동체 지원비를 이용하면 좋겠지요.

학부모님의 도움도 받을 수 있어요. 학기 초 학급 교육과정 설명회 때 학부모님께 온작품 읽기 취지를 충분히 설명 드리고 모두들 같은 책을 구입한 뒤 학기 말에 집으로 가져가면 되요.

또 다른 방법은 지역 도서관을 이용하는 것이에요.

도서관 이용 첫 번째 방법은 '학교도서관지원집중센터 책 꾸러미' 활용이에요. 대구시립 대봉도서관의 경우 학교도서관지원집중센터를 운영하고 있어요. 여기서는 매년 2회 정도 선생님들의 신청을 받아 한 학급 분량의 도서를 준비하고, 선생님들의 요청이 있을 시 꾸러미로 배달해 준답니다.

두 번째 방법은 '지역공공도서관 상호대차' 제도를 이용하는 것이에요. 공공도서관은 비슷한 지역의 타 공공도서관과 협약을 맺어 무료로 타관의 자료를 이용할 수 있게 해 준답니다.

마지막 방법은 '책바다 국가상호대차 서비스'를 이용하는 것이에요.(www.nl.go.kr) 이 서비스를 이용하면 전국의 도서관에 있는 자료를 받아 볼 수 있답니다. 상호대차와 비슷한 개념이지만, 택배비는 본인이 부담해야 해요.

Q7. 책까지 다 모았다면 언제 읽어 주면 되나요? 책을 읽으려면 시간도 많이 걸릴 텐데 무작정 수업 시간을 계속 할애할 순 없잖아요.

짧은 그림책은 10분 안에도 읽어 줄 수 있지만 그렇게 후딱 읽어버리는 것이 목표는 아니지요. 책 표지부터 내용까지 이런저런 이야기를 나누며 읽다 보면 그림책이라도 1시간이 걸릴 때가 있는데, 장편동화라면 시간이 더 많이 필요하지요. 그래서 일정한 시간을 확보해 두면 좋아요. 일상적인 온작품 읽기라면 아침시간이 제일 좋고요, 교육과정과 밀착된 온작품 읽기를 하려면 교육과정을 재구성해서 온작품 읽기를 하는 시간을 확보해야 해요. 그리고 2018년부터는 한 학기 한 권 읽기가 교육과정으로 들어오니 그 시간을 이용하는 것이 좋을 듯해요.

Q8. 온작품 읽기를 교육과정과 연계할 수 있나요? 있다면 어떤 과목이나 단원이 좋은가요?

각 과목의 내용과 주제를 살펴 비슷한 것들을 이어 재구성할 수 있어요. 그리고 다루고자 하는 교육과정의 내용과 주제와 관련된 온작품을 선정해 함께 수업할 수 있어요. 주로 국어 교과를 기본으로 도덕, 사회, 과학, 음악, 미술과 쉽게 이을 수 있어요. 작품을 보는 선생님의 역량과 함께 수업을 준비하는 동학년 선생님과의 협력이 풍성한 교육과정을 만들어 낼 수 있어요. 또는 교육과정 중심의 재구성이 아니라 온작품을 중심으로 교육과정을 구성하는 것도 좋은 방법이에요.

Q9. 책을 읽어줄 때 모든 아이들이 좋아하는 것은 아닐 텐데요, 집중하지 못하는 아이들 때문에 방해가 되지 않을까요?

책 읽기가 익숙하지 않은 아이들은 듣기에도 집중하지 못하는 경우가 많지요. 책을 읽어 주는 동안 집중을 못하거나 듣기 힘들어 하는 아이들을 보면 선생님도 조바심이 나고 자신감이 떨어지지요. 그럴 땐 책 듣기(보기)를 억지로 강요하지 말고 책을 읽기 시작할 때부터 중간 중간 간단히 답할 수 있는 질문을 하고, 선생님이 고개를 크게 끄덕여 주며 공감해 주는 등 격려를 아끼지 않는다면 대부분의 아이들은 이야기에 마음을 열고 집중하게 되요. 책의 내용과 관련된 아이들의 하고 싶은 이야기를 실컷 들어주는 것도 괜찮고요. 아이들은 이야기를 좋아해요. 자신감을 갖고 도전해 보세요.

Q10. 온작품 읽기를 할 때 독후 활동을 꼭 해야 하나요? 독후 활동이 아이들에게 부담이 되기도 하고, 책을 읽는 것만으로도 충분히 가치가 있지 않나요?

누가 나에게 "책을 읽으면 무조건 글을 쓰거나 그림을 그리거나 어쨌든 뭐든 해야 해!"라고 말했다면 아마 책을 읽지 않을 것 같아요. 온작품 읽기는 작품 하나를 통으로 맛본 것만으로도 충분히 가치가 있다고 생각해요. 글 열 줄을 못 읽어 내는 아이에게 선생님이 장편동화 한 권을 모두 읽어 준다면, 그 아이는 책 한 권을 모두 읽었다는 사실만으로도 얼마나 기쁠까요? 읽은 후 활동에 집착할 필요는 없지만, 활동을 해서 더 맛깔나게 읽을 수 있는 작품이라면 하면 좋겠지요. 우리 책에 실려 있는 책은 그런 책들이에요. 넉넉히 이용하세요.

Q11. 온작품 읽기를 하면 아이들에게 어떤 변화가 있나요?

　온작품 읽기를 하고 나면 '아이들이 스스로 책을 찾아 읽을 것이다, 책읽기에 엄청난 흥미를 보일 것이다, 도서관이 북적댈 것이다.' 그럴 수도 있고 아닐 수도 있어요. 모두 이렇게 된다면 얼마나 좋을까요? 선생님이 무엇을 기대하며 온작품 읽기를 하는지에 따라 아이들의 변화는 다를 거예요. 그렇지만 분명한 건 책을 읽어 주고 함께 이야기하는 그 순간만큼은 아이들과 선생님이 하나가 되어 소통하고, 서로의 진심을 느끼게 된다는 것이에요. 이런 찰나의 빛나는 시간이 켜켜이 쌓여 우리들의 삶이 더 아름답게 되지 않을까요? 아이들 마음에 작은 씨앗을 뿌린다고 생각하면 될 것 같아요.

이 책도 좋아요 (온작품 읽기 추천 이야기책)

나를 가꾸다

연번	제목	작가	출판사	갈래
1	내 말 좀 들어 주세요	윤영선 글 · 전금화 그림	문학동네	모든 학년 그림책
2	까불지 마!	강무홍 글 · 조원희 그림	논장	1-2학년 그림책
3	나는 나의 주인	채인선 글 · 안은진 그림	토토북	1-2학년 그림책
4	난 내가 좋아!	낸시 칼슨 글 · 그림	보물창고	1-2학년 그림책
5	난 네가 부러워	영민 글 · 그림	뜨인돌어린이	1-2학년 그림책
6	민들레는 민들레	김장성 글 · 오현경 그림	이야기꽃	1-2학년 그림책
7	짧은 귀 토끼	다원시 글 · 탕탕 그림	고래이야기	1-2학년 그림책
8	꼬마 스파이더	박하잎 글 · 그림	비룡소	1-2학년 단편동화
9	학교에서 오줌 싼 날	이정아 글 · 신지수 그림	주니어김영사	2-3학년 단편동화
10	거짓말	카트린 그리브 글 · 프레데리크 베르트랑 그림	씨드북	3-4학년 그림책
11	나는 3학년 2반 7번 애벌레	김원아 글 · 이주희 그림	창비	3-4학년 중편동화
12	슈퍼 깜장봉지	최영희 글 · 김유대 그림	푸른숲주니어	3-4학년 장편동화
13	용돈 좀 올려 주세요	아마노 유우끼찌 글 · 오오쯔끼 아까네 그림	창비	3-5학년 그림책
14	으랏차차 뚱보클럽	전현정 글 · 박정섭 그림	비룡소	4-5학년 장편동화
15	길거리 가수 새미	찰스 키핑 글 · 그림	사계절	5-6학년 그림책
16	변신	로렌스 데이비드 글 · 델핀 뒤랑 그림	보림	5-6학년 그림책
17	제후의 선택	김태호 글 · 노인경 그림	문학동네	5-6학년 단편동화
18	수평선 학교	김남중 글 · 정현 그림	창비	5-6학년 장편동화
19	엄마의 마흔 번째 생일	최나미 글 · 정문주 그림	사계절	5-6학년 장편동화
20	이모의 꿈꾸는 집	정옥 글 · 정지윤 그림	문학과지성사	5-6학년 장편동화
21	푸른 사자 와니니	이현 글 · 오윤화 그림	창비	5-6학년 장편동화

더불어 살다

관계맺기

연번	제목	작가	출판사	갈래
1	개구리와 두꺼비가 함께	아놀드 로벨 글·그림	비룡소	1–2학년 그림책
2	날 좀 도와줘, 무지개 물고기!	마르쿠스 피스터 글·그림	시공주니어	
3	어느 날 고양이가 왔다	케이티 하네트 글·그림	트리앤북	1–3학년 그림책
4	파리 먹을래, 당근 먹을래?	마티아스 조트케 글·그림	비룡소	1–3학년 단편동화
5	다른 쪽에서	로랑스 퓌지에 글·이자벨 카리에 그림	다림	2–4학년 그림책
6	알사탕	백희나 글·그림	책읽는곰	
7	화요일의 두꺼비	러셀 에릭슨 글·김종도 그림	사계절	2–4학년 장편동화
8	우리 가족입니다	이혜란 글·그림	보림	3–6학년 그림책
9	위를 봐요!	정진호 글·그림	은나팔	
10	내 탓이 아니야	레이프 크리스티안손 글·딕 스텐베리 그림	고래이야기	4–6학년 그림책
11	어느 날 구두에게 생긴 일	황선미 글·신지수 그림	비룡소	4–6학년 중편동화
12	꽃신	김소연 글·김동성 그림	파랑새어린이	5–6학년 단편동화
13	생쥐와 친구가 된 고양이	루이스 세풀베다 글·노에미 비야무사 그림	열린책들	5–6학년 중편동화
14	소나기밥 공주	이은정 글·정문주 그림	창비	
15	우리 동네 전설은	한윤섭 글·홍정선 그림	창비	5–6학년 장편동화
16	혼자 되었을 때 보이는 것	남찬숙 글·정지혜 그림	미세기	

반편견

연번	제목	작가	출판사	갈래
1	눈을 감아 보렴!	빅토리아 페레스 에스크리바 글·클라우디아 라누치 그림	한울림스페셜	모든 학년 그림책
2	반이나 차 있을까 반밖에 없을까?	이보나 흐미엘레프스카 글·그림	논장	
3	아나톨의 작은 냄비	이자벨 까리에 글·그림	씨드북	
4	고제는 알고 있다	김기정 글·조원희 그림	낮은산	2–3학년 중편동화
5	루빈스타인은 참 예뻐요	펩 몬세라트 글·그림	북극곰	3–5학년 그림책
6	남자와 여자는 같아요	플란텔 팀 글·루시 구티에레스 그림	풀빛	4–6학년 그림책
7	따로 따로 행복하게	배빗 콜 글·그림	보림	
8	병하의 고민	조은수 글·그림	양철북	
9	아기돼지 세 자매	프레데릭 스테르 글·그림	파랑새	
10	왜, 내가 이상하니?	쉴러 디르 글·그림	파란하늘	
11	이안의 산책	로리 리어스 글·카렌 리츠 그림	큰북작은북	
12	우리 누나	오카 슈조 글·카미야 신 그림	웅진주니어	4–6학년 단편동화

평화

연번	제목	작가	출판사	갈래
1	비무장지대에 봄이 오면	이억배 글·그림	사계절	모든 학년 그림책
2	더 커다란 대포를	후타미 마사나오 글·그림	한림	1–3학년 그림책
3	춤추고 싶어요	김대규 글·그림	비룡소	
4	안 돼!	데이비드 맥페일 글·그림	시공주니어	3–6학년 그림책
5	긴 여행	프란체스카 산나 글·그림	풀빛	5–6학년 그림책
6	적	다비드 칼리 글·세르주 블로크 그림	문학동네	
7	전쟁광과 어느 목수 이야기	이반 바레네체아 글·그림	고래이야기	
8	춘희는 아기란다	변기자 글·정승각 그림	사계절	
9	대추리 아이들	김정희 글·홍정선 그림	사계절	5–6학년 장편동화
10	무기 팔지 마세요!	위기철 글·이희재 그림	청년사	

떳떳하게 일하다

연번	제목	작가	출판사	갈래
1	밥춤	정인하 글·그림	고래뱃속	모든 학년 그림책
2	탁탁 톡톡 음매! 젖소가 편지를 쓴대요	도린 크로닌 글·베시 르윈 그림	주니어랜덤	1–4학년 그림책
3	할머니 농사 일기	이제호 글·그림	소나무	
4	물싸움	전미화 글·그림	사계절	3–4학년 그림책
5	우리 아빠는 택배맨	양지안 글·김선배 그림	낮은산	3–4학년 단편동화
6	달려라 오토바이	전미화 글·그림	문학동네	4–6학년 그림책
7	블루시아의 가위바위보	김중미 글·윤정미 그림	창비	4–6학년 단편동화
8	나의 를리외르 아저씨	이세 히데코 글·그림	청어람미디어	5–6학년 그림책
9	우리 엄마는 청소 노동자예요	다이애나 콘 글·프란시스코 델가도 그림	고래이야기	
10	짜장면 불어요	이현 글·윤정주 그림	창비	5–6학년 단편동화
11	당신은 어느 편이죠	조지 엘라 라이온 글·크리스토퍼 카디널 그림	고인돌	6학년 그림책

정의롭게 내딛다

연번	제목	작가	출판사	갈래
1	자꾸자꾸 초인종이 울리네	팻 허친즈 글·그림	보물창고	1-3학년 그림책
2	오늘은 5월 18일	서진선 글·그림	보림	2-4학년 그림책
3	진짜 영웅	미야니시 타츠야 글	베틀북	
4	왕따 선생님 구출 작전	김하늬 글·허구 그림	채우리	3-4학년 중편동화
5	6번 길을 지켜라 뚝딱	김중미 글·도르리 그림	낮은산	3-6학년 그림책
6	신고해도 되나요?	이정아 글·윤지회 그림	문학동네	4-5학년 중편동화
7	소리 질러, 운동장	진형민 글·이한솔 그림	창비	4-5학년 장편동화
8	운동화 비행기	홍성담 글·그림	평화를품은책	4-6학년 그림책
9	줄넘기 요정	엘리너 파전 글·샬럿 보크 그림	문학과지성사	
10	진짜 도둑	윌리엄 스타이그 글·그림	베틀북	4-6학년 장편동화
11	폭력은 싫어	엘리자베스 죌러 글·신민재 그림	주니어김영사	
12	갈색 아침	프랑크 파블로프 글·레오니트 시멜코프 그림	휴먼어린이	5-6학년 그림책
13	꽃할머니	권윤덕 글·그림	사계절	
15	나무 도장	권윤덕 글·그림	평화를품은책	
16	드림 하우스	유은실 글·서영아 그림	문학과지성사	5-6학년 장편동화
17	랄슨 선생님 구하기	앤드류 클레멘츠 글·김지윤 그림	내인생의책	
18	몬스터 바이러스 도시	최양선 글·정지혜 그림	창비	
19	바이러스 국가	장광균 글	현북스	
20	봉주르 뚜르	한윤섭 글·김진화 그림	문학동네	
21	싸움의 달인	김남중 글·조승연 그림	낮은산	
22	씨앗을 지키는 사람들	안미란 글·윤정주 그림	창비	
23	연이동 원령전	김남중 글·오승민 그림	상상의힘	
24	우리는 돈 벌러 갑니다	진형민 글·주성희 그림	창비	
25	로봇의 별	이현 글·오승민 그림	푸른숲주니어	6학년 장편동화
26	블랙 아웃	박효미 글·마영신 그림	한겨레아이들	

생명을 돌보다

연번	제목	작가	출판사	갈래
1	달 샤베트	백희나 글	책읽는곰	1–2학년 그림책
2	덩쿵따 소리 씨앗	이유정 글·그림	느림보	
3	야, 우리 기차에서 내려!	존 버닝햄 글·그림	비룡소	
4	강아지가 태어났어요	조애너 콜 글·제롬 웩슬러 사진	비룡소	1–4학년 그림책
5	무지개 욕심 괴물	김규정 글·그림	철수와영희	
6	고래들의 노래	다이안 셀든 글·개리 블라이드 그림	비룡소	3–4학년 그림책
7	앗, 깜깜해	존 로코 글·그림	다림	
8	이제 숲은 완벽해	에밀리 그래빗 글·그림	주니어김영사	
9	지구를 위한 한 시간	박주연 글·조미자 그림	한솔수북	
10	플라스틱 섬	이명애 글·그림	상	4–6학년 그림책
11	우리 아빠 숲의 거인	위기철 글·이희재 그림	사계절	4–6학년 중편동화
12	과수원을 점령하라	황선미 글·김환영 그림	사계절	4–6학년 장편동화
13	늑대가 돌아왔다	진 크레이그헤드 조지 글·웬델 마이너 그림	다산기획	5–6학년 그림책
15	밀양 큰 할매	김규정 글·그림	철수와영희	
16	서로를 보다	윤여림 글·이유정 그림	낮은산	
17	이빨 사냥꾼	조원희 글·그림	이야기꽃	
18	지혜로운 멧돼지가 되기 위한 지침서	권정민 글·그림	보림	
19	네모 돼지	김태호 글·손령숙 그림	창비	5–6학년 단편동화
20	웅녀의 시간 여행	배미주 글·양정아 그림	문학과지성사	
21	버들붕어 하킴	박윤규 글·아이완 그림	푸른숲주니어	5–6학년 장편동화
22	최후의 늑대	멜빈 버지스 글·이선주 그림	푸른나무	
23	마지막 거인	프랑수아 플라스 글·그림	디자인하우스	6학년 그림책